PAULO
NA ORIGEM DO CRISTIANISMO

COLEÇÃO BÍBLIA E HISTÓRIA

- Culto e comércio imperiais no apocalipse de João – *J. Nelson Kraybill*
- Jesus exorcista: estudo exegético e hermenêutico de Mc 3,20-30 – *Irineu J. Rabuske*
- Metodologia de exegese bíblica – *Cássio Murilo Dias da Silva*
- O projeto do êxodo – *Matthias Grenzer*
- Os evangelhos sinóticos: formação, redação, teologia – *Benito Marconcini*
- Os reis reformadores: culto e sociedade no Judá do Primeiro Templo – *Richard H. Lowery*
- Para compreender o livro do Gênesis – *Andrés Ibañez Arana*
- Profetismo e instituição no cristianismo primitivo – *Guy Bonneau*

SÉRIE MAIOR

- A morte do Messias; comentário das narrativas da Paixão nos quatro Evangelhos (2 vols.) – *Raymond E. Brown*
- Anjos e Messias; messianismos judaicos e origem da cristologia – *Luigi Schiavo*
- Entre o céu e a terra, comentário ao "Sermão da Montanha" (Mt 5-7) – *Franz Zeilinger*
- Fariseus, escribas e saduceus na sociedade palestinense – *Anthony Saldarini*
- Introdução ao Novo Testamento – *Raymond E. Brown*
- O nascimento do Messias; comentário das narrativas da infância nos evangelhos de Mateus e Lucas – *Raymond E. Brown*
- Rei e Messias em Israel e no Antigo Oriente Próximo – *John Day (Org.)*
- Ressuscitado segundo as Escrituras – *Willibald Bölsen*
- Tobias e Judite – *José Vílchez Líndez*
- Paulo na origem do cristianismo – *Carlos Gil Arbiol*

Carlos Gil Arbiol

PAULO
NA ORIGEM DO CRISTIANISMO

Dados Internacionais de Catalogação na Publicação (CIP)

(Câmara Brasileira do Livro, SP, Brasil)

Gil Arbiol, Carlos J., 1970-
Paulo na origem do cristianismo / Carlos Gil Arbiol ; tradução Paulo
F. Valério. -- São Paulo : Paulinas, 2018. -- (Bíblia e história. Série maior)

Título original: Pablo en el naciente cristianismo
Bibliografia
ISBN 978-85-356-4398-5

1. Cristianismo - Origem 2. Igreja - História 3. Paulo, Apóstolo, Santo
4. Teologia I. Título II. Série.

18-14369   CDD-270.092

Índice para catálogo sistemático:

1. Paulo, Apóstolo : Cristianismo : Origem : História 270.092

Título original: *Pablo en el naciente cristianismo*
© Editorial Verbo Divino, (Navarra), España, 2015.

1ª edição – 2018

Direção-geral: *Flávia Reginatto*
Conselho editorial: *Dr. Antonio Francisco Lelo*
Dr. João Décio Passos
Maria Goretti de Oliveira
Dr. Matthias Grenzer
Dra. Vera Ivanise Bombonatto
Editores responsáveis: *Vera Ivanise Bombonatto*
e Matthias Grenzer
Tradução: *Paulo F. Valério*
Copidesque: *Mônica Elaine G. S. da Costa*
Coordenação de revisão: *Marina Mendonça*
Revisão: *Sandra Sinzato*
Gerente de produção: *Felício Calegaro Neto*
Capa e diagramação: *Tiago Filu*

Nenhuma parte desta obra poderá ser reproduzida ou transmitida
por qualquer forma e/ou quaisquer meios (eletrônico ou mecânico,
incluindo fotocópia e gravação) ou arquivada em qualquer sistema ou
banco de dados sem permissão escrita da Editora. Direitos reservados.

Paulinas

Rua Dona Inácia Uchoa, 62
04110-020 – São Paulo – SP (Brasil)
Tel.: (11) 2125-3500
http://www.paulinas.com.br – editora@paulinas.com.br
Telemarketing e SAC: 0800-7010081
© Pia Sociedade Filhas de São Paulo – São Paulo, 2018

Para Lucas e para Clara;
para Nico e para Pablo.

Sumário

Apresentação 11

Introdução 15

Primeira parte
Como chegamos até aqui?

Capítulo 1 • Como ler Paulo, hoje.. 19

    1. Perspectivas atuais nos escritos paulinos.................................... 20

    2. Como ler Paulo hoje 35

    Bibliografia 39

Segunda parte
Quais são os aspectos centrais do tema?

Capítulo 2 • A vocação de Paulo e a origem de sua vocação.................. 45

    1. O judaísmo de Paulo... 45

    2. Os judeus messiânicos (helenistas) de Damasco........................ 49

    3. Encontro de Paulo com os helenistas de Damasco 52

    4. Cronologia.. 59

    Bibliografia 60

Capítulo 3 • A cosmovisão de Paulo... 63

    1. O judaísmo de Paulo relido a partir de Damasco........................ 63

    2. A novidade teológica que a morte de Jesus traz para o judaísmo 67

    3. As consequências desta nova visão teológica para a identidade judaica.................. 78

    4. O olhar retrospectivo e prospectivo de Paulo 82

    Bibliografia 84

Capítulo 4 • O início da *ekklêsia*.. 87

    1. A preparação de sua missão 88

    2. O início da *ekklêsia* 94

    Bibliografia 103

Capítulo 5 • A identidade da *ekklêsia* 105

    1. Primeiros conflitos e desafios da *ekklêsia* 105

    2. A nova identidade na *ekklêsia* 109

    3. O "gênio" de Paulo 125

    4. A relação da *ekklêsia* paulina com outros 127

    Bibliografia 132

Terceira parte
Questões abertas ao debate atual

Capítulo 6 • A pseudoepigrafia e o *corpus* paulino.................................... 135

    1. A atividade literária na *ekklêsia* paulina 135

    2. A recopilação das cartas originais de Paulo 150

    3. O nascimento do *corpus* paulino 158

    Bibliografia 161

Capítulo 7 • Paulo e a memória de Jesus.. 163

    1. Paulo e Jesus em seu(s) tempo(s).. 164

    2. O conhecimento que Paulo teve de Jesus 169

    3. Importância de Jesus na história de Paulo................................. 173

    Bibliografia 175

Capítulo 8 • A reconstrução de Paulo no cristianismo nascente................. 177

    1. Os silêncios de Lucas sobre Paulo... 177

    2. As coincidências e as discrepâncias sobre Paulo em suas cartas e nos Atos............ 179

    3. A reconstrução de Paulo 182

4. Paulo como modelo da Igreja no início do segundo século 186

Conclusão 190

Bibliografia 191

Quarta parte
Para aprofundar

Capítulo 9 • Relevância atual de Paulo e sua tradição 195

1. O projeto de Paulo no marco do judaísmo de seu tempo e do cristianismo nascente 197

2. A relação de Paulo e seu projeto com o Império e o mundo 201

3. A estratégia da autoestigmatização e a imagem de Deus 205

Bibliografia 208

Bibliografia comentada 209

Apresentação

Por mais que se tenha pesquisado, inquirido, escrito e debatido sobre Paulo, sua pessoa, sua formação, suas ideias, seu papel no cristianismo nascente e as diversas interpretações de seus escritos multiplicam-se com incrível velocidade.

Gil Arbiol, após anos de investigação sobre a figura paulina, oferece-nos uma obra um tanto diversa de outras com as quais estamos habituados. Primeiramente, sua obra integra uma prestigiosa coleção espanhola denominada *Qué se sabe de...*, "O que se sabe de...", publicada por Editorial Verbo Divino. O escopo dessa coleção é oferecer livros que descortinem os estudos bíblicos e histórico-bíblicos mais recentes a um público não especializado; portanto, trata-se de uma obra de divulgação que será útil tanto aos mais iniciados nos estudos bíblicos quanto àqueles que desejam obter uma visão geral de como esse assunto é compreendido nos tempos atuais.

Em segundo lugar, Arbiol não se concentra em temas propriamente teológicos de Paulo; seu objetivo é outro. Em seu livro, ele demonstrará que a Igreja, tal como se organizou a partir da destruição de Jerusalém em 70 d.C., não era aquela imaginada e pregada pelo apóstolo dos gentios, como ficou conhecido. O projeto histórico de Paulo era renovar o judaísmo, enxertando nele novos ramos não judaicos, conforme exprime em Rm 11,16-24. Algo, aliás, muito próximo ao pretendido também por Jesus de Nazaré. No entanto, Paulo não logrou êxito com seu projeto. Dois fatores foram determinantes, segundo Arbiol: "a progressiva e, às vezes, traumática penetração dos crentes em Cristo nas estruturas do Império [romano]... e seu progressivo distanciamento do judaísmo rabínico, muito menos proselitista que durante o período helenístico". Esses fatores, aliados à necessidade de encontrar uma identidade para o cristianismo, levaram os cristãos a recorrer aos escritos de Paulo, mas não da maneira como este teria pretendido.

O cristianismo surgirá, especialmente após o Edito de Tessalônica por parte do imperador Teodósio (380 d.C.), como uma nova religião, algo bem distante daquilo que desejara Paulo. Isso fará com que a obra paulina seja utilizada pelos cristãos, especialmente pelos Padres da Igreja, como antagonista ao judaísmo: "os cristãos criam na graça como condição de salvação e no indivíduo como sujeito receptor desse dom divino inalcançável de outro modo; os judeus criam no esforço e no mérito próprios, assim como o povo de Israel como sujeito coletivo dos favores divinos". Lutero, com sua reforma, aprofundará essa perspectiva opondo justiça humana à gratuidade da justiça divina. Nascerá, daí, uma oposição: lei (Torá ➡ judaísmo) e Evangelho (graça ➡ cristianismo). Essa caricatura da teologia paulina redundará em uma interpretação ridícula do judaísmo e bloqueará as consequências que essa teologia poderia ter para o próprio cristianismo. Isso durou, constata Arbiol, até os séculos XIX e XX.

Portanto, este livro que agora chega às mãos dos estudiosos brasileiros buscará recolher as contribuições que foram dadas pelas diferentes formas de abordar Paulo e seus escritos: a "perspectiva tradicional" (BAUR, WEBER, BOUSSET, BULTMANN, BORNKAMM et al.); a "nova perspectiva" (SANDERS, DUNN et al.); a "nova perspectiva radical" (STENDAHL, GASTON, THOMSON, NANOS, STOWERS, EISENBAUM et al.); a abordagem "pós-colonial" (HORSLEY, GEORGI, KOESTER, FIORENZA, ELLIOTT et al.); e a abordagem levando em conta as ciências sociais, como a antropologia cultural, a sociologia, a psicologia social etc. (ELLIOTT, THEISSEN, MEEKS, ESLER et al.). Segundo Arbiol, todas as formas de abordagem trazem sua contribuição e ajudam, de um modo ou outro, a melhor conhecer a pessoa, o pensamento e a atuação de Paulo. Contudo, o leitor de Paulo deverá sempre escolher de qual perspectiva desejará interpretar o pensamento paulino. Um lugar hermenêutico é fundamental, pois não existe leitura isenta de um determinado ponto de vista, ou seja, com a pretensão de total objetividade. Inclusive, destaca Arbiol, "não há leituras inócuas; todas têm consequências, algumas mais que outras (e mais profundas)".

Por isso, Arbiol detecta seis critérios que lhe parecem úteis para alguém se situar criticamente diante da história da interpretação de Paulo: a) superar a oposição judaísmo-cristianismo, compreendendo melhor o judaísmo do tempo paulino; b) situar Paulo em seu lugar, como alguém que intentava renovar o judaísmo e não fundar uma nova religião; c) aceitar as ambiguidades e incoerências de Paulo, afinal, os escritos dele são "situacionais", dependem do contexto; d) hierarquizar as afirmações, ideias e opções de Paulo; é bom recordar que as cartas paulinas são apenas uma parte, talvez nem a mais importante, de seu projeto messiânico; portanto, nem tudo aquilo que Paulo diz em suas cartas tem valor igual; e) enquadrar os dados em uma visão teológica correta; talvez aquilo que seja mais "original" em

Paulo é a paradoxal centralidade da cruz, do Crucificado, diante de outras imagens de Jesus (cf. Fl 2,6-8); a revelação ocupa lugar central em sua "teologia"; f) utilizar outras abordagens além da teológica, como a histórica, a sociológica etc.

Nesse sentido, o autor deste livro deixa claro que não adotará um ponto de vista doutrinal, mas afirma que usará "as perguntas e recursos conceituais do método histórico-crítico e, subsidiariamente, de outras disciplinas (sociologia, antropologia cultural, psicologia...), incluindo a teológica, que nos dará instrumentos para descobrir tanto as imagens de Deus que aparecem nas cartas de Paulo como a proposta que Paulo faz ao leitor de seu tempo".

Caríssimo leitor, você tem em mãos um livro que o respeita e busca fornecer-lhe os instrumentos necessários para ler e compreender Paulo em seu tempo, em sua religião, em suas aspirações e projetos. Obviamente, Paulo pode nos dizer muito nos tempos atuais, nos quais vivemos desorientados por uma globalização que provocou uma crise nas identidades nacionais e étnicas, fazendo ressurgir o apetite nacionalista e tribalista, bem como distanciou os centros de decisão dos cidadãos comuns, que torna o poder algo mais abstrato e sem um rosto, mas nem por isso menos opressor e repressor. Por isso, mais do que nunca, Paulo é bem-vindo para nos fazer compreender que a fé nasce do vazio de garantias e é a sensibilidade para descobrir o sentido de nossa existência. Deus é graça e dom a um povo que busca fugir do mal para iniciar uma nova vida (BAGETTO, Luca. *San Paolo: l'interruzione della legge*, 2018, p. 14).

A Associação Brasileira de Pesquisa Bíblica (ABIB) é honrada por poder contar com a presença de Carlos Gil Arbiol em seu VIII Congresso Internacional de Pesquisa Bíblica (27-30 de agosto de 2018, PUC-Paraná, Curitiba), bem como por promover a publicação desta sua primeira obra em nosso país.

São Paulo, 8 de março de 2018
Dia Internacional da Mulher

Pe. Dr. Telmo José Amaral de Figueiredo
Presidente da ABIB

Introdução

Paulo de Tarso é uma das figuras mais contraditórias, influentes e arredias da história da humanidade; e uma das mais incompreendidas. Ele teve papel insubstituível na origem do cristianismo, mas foi interpretado frequentemente como um espelho dos preconceitos e desejos de seus intérpretes, que o apresentaram, às vezes, ou como o fundador do cristianismo ou como traidor do judaísmo; outras vezes, como revolucionário romano; outras vezes ainda, como grande pensador, filósofo ou teólogo; e outras mais, como um misógino digno de ostracismo. A maioria dessas imagens se apoia em algum dado histórico, mas também deixa transparecer pressupostos que apenas permitem ver a complexidade e a riqueza, a genialidade e a limitação, o êxito e o fracasso de alguém que sonhou um mundo novo em um tempo difícil.

Como se percebe no título, este livro não se concentra na figura histórica de Paulo, mas principalmente em sua contribuição para o momento conturbado que lhe coube viver. Paulo foi um judeu de seu tempo que pretendeu restaurar o judaísmo voltando a suas raízes, tal como o havia descoberto no paradoxal acontecimento da morte de outro judeu, Jesus de Nazaré. O sentido que Paulo conferiu àquela morte na cruz foi teológico: Iahweh revelava-se de modo novo. E as consequências foram políticas, sociais e religiosas (sem que se possam separar umas das outras): renovar o judaísmo mediante a transformação das relações sociais e perante a iminência do final da história. No entanto, seu projeto, concretizado na criação da *ekklêsia*, sofreu uma profunda transformação depois de sua morte, de modo que nem Israel aceitou sua proposta nem o tempo chegou a seu fim. Esta reconstrução é o que deu lugar, juntamente com outra série de acontecimentos, à origem do cristianismo como religião.

Este livro pretende oferecer uma leitura historicamente plausível e teologicamente coerente da contribuição de Paulo para o surgimento do cristianismo, e da transformação de seu legado após sua morte. Não discute, portanto, alguns temas que mereceriam atenção, caso se tratasse de um livro somente sobre ele, como sua cristologia, por exemplo. O primeiro capítulo oferece uma visão de conjunto das perspectivas e correntes que mais influenciaram na pesquisa histórica atual sobre Paulo de Tarso. Os quatro capítulos seguintes (2, 3, 4 e 5), agrupados sob o título dos aspectos centrais do tema, desenvolvem o projeto de Paulo, enraizado em sua própria experiência religiosa e desdobrado em uma estratégia de criação de assembleias de fiéis. Os três capítulos subsequentes (6, 7 e 8), dentro do parágrafo de questões abertas, mostram o desenvolvimento e a transformação daquele projeto paulino, aparentemente fracassado, mediante a reconstrução de sua memória, de sua imagem e de seus textos. Por fim, os dois últimos capítulos (9 e 10) oferecerem reflexões sobre a importância atual de alguns temas desenvolvidos no livro, assim como uma seleção bibliográfica comentada para aprofundar.

PRIMEIRA PARTE

Como chegamos até aqui?

Capítulo I
Como ler Paulo, hoje

A figura de Paulo de Tarso revela-se uma das mais paradoxais, atraentes e esquivas da história da humanidade, não tanto pela personagem histórica, mas pelas leituras e interpretações que se fizeram dele, por seus seguidores e detratores, que construíram uma imagem caleidoscópica de infinidade de cores, mais do que um retrato reconhecível. A seu respeito, Friedrich Nietzsche escreveu que era "uma das almas mais ambiciosas e inoportunas, de mente tão supersticiosa quanto astuta", um homem "muito atormentado e miserável, tão desagradável para os outros quanto para si mesmo". O paradoxo de Paulo, tal como o capta Nietzsche, é que, de um lado, "sem esta história singular, sem os desvarios e arroubos de uma cabeça semelhante, de uma alma assim, não existiria o cristianismo; apenas teríamos tido notícias de uma pequena seita judia, cujo mestre morreu na cruz". No entanto, continua, "se se tivesse lido [Paulo], se tivesse sido *realmente lido...*, há muito tempo teria desaparecido o cristianismo" (*Aurora*, 68). A linguagem exagerada de Nietzsche não nos deve impedir de ver a porção de verdade que sua leitura contém: Paulo teve um papel de monumental importância nas origens do cristianismo, mas foi lido demasiadas vezes como um espelho dos preconceitos e dos desejos de seus intérpretes.

Um dos livros recentes sobre Paulo que aspira a ser um manual de referência (WESTERHOLM, 2011) abriga, em sua introdução, uma opinião extremista: que a exegese histórico-crítica que dominou a interpretação bíblica no último século e meio findou por tornar irrelevante a Bíblia, de modo geral, e particularmente Paulo, porque distanciou das preocupações do leitor o significado dos textos. Deste diagnóstico deriva uma espécie de retorno às preocupações teológicas da leitura de Paulo, perceptíveis, como veremos, em diversas obras atuais. Entretanto, curiosamente, faz-se um diagnóstico radicalmente diferente a partir de instâncias menos teológicas (MATE, 2006): no momento em que se resgata Paulo do confinamento dogmático no qual alguns teólogos o enclausuraram, é possível descobrir a importância de seu pensamento e de sua visão. Descobre-se tal influência na dimensão

PRIMEIRA PARTE • Como chegamos até aqui?

filosófica e política de sua luta para encontrar a relação entre a justiça e a lei, de sua busca da hospitalidade e do universalismo etc. Desse modo, muitos recuperaram a relevância de Paulo também hoje.

1. Perspectivas atuais nos escritos paulinos

No processo de criação de identidade dos que creem em Cristo que se iniciou no fim do século I de nossa era, foi decisivo o recurso à figura de Paulo. Quando este conjunto de fiéis superou a crise da esperada parúsia, que não chegou depois do ano 70 d.C., começou a crescer exponencialmente e mudou radicalmente de estratégia: de um conjunto de grupos de resistência passou a ser uma organização cada vez mais institucionalizada, que foi penetrando pouco e pouco nas estruturas do Império Romano, em um processo de mútua influência, marcado pela acolhida e rejeição mútuas.

Esta situação se viu afetada definitivamente por um fenômeno em grande medida inverso: a deterioração da imagem dos judeus depois das duas guerras perdidas (ano 67 e 135 d.C.) fez diminuir o número de pagãos interessados no estilo de vida judaico. Ambos os processos – a progressiva e às vezes traumática penetração dos crentes em Cristo nas estruturas do Império, de um lado, e seu distanciamento gradual do judaísmo rabínico, muito menos proselitista do que durante o período helenístico, de outro – criaram uma situação absolutamente nova, que mudou para sempre a configuração do mundo conhecido, e que assentaria as bases da construção da Europa (SAND, 2011). Em fins do século IV de nossa era, ambos os processos se haviam concluído: com o Edito de Tessalônica, por parte de Teodósio (380 d.C.), confirma-se a nova religião, o cristianismo, única religião oficial do Império. Durante esses anos, as interpretações de Paulo foram fundamentais no processo de identificação da origem do cristianismo diante do judaísmo rabínico.

Contudo, este não foi o propósito de Paulo, cujo projeto era renovar a árvore do judaísmo, enxertando nela novos ramos não judaicos (cf. Rm 11,16-24). Poderíamos dizer, portanto, que o cristianismo, como religião, foi, contrariamente à opinião mais difusa, a consequência do fracasso do projeto histórico de Paulo, como veremos ao longo destas páginas. Aqueles ramos de oliveira silvestre enxertados na oliveira cultivada para mostrar o projeto de Deus (uma árvore na qual haveria ramos de qualquer procedência), não lograram seu objetivo. Não sabemos que balanço Paulo teria feito dos anos que se seguiram à sua morte, mas não resta dúvida de que a gradativa separação entre o judaísmo rabínico e os crentes em Cristo, juntamente com o posterior surgimento do cristianismo como religião ante o judaísmo, está muito distante de corresponder aos sonhos de Paulo. É preciso buscar outros atores históricos, muitos anos depois, para entender como se transformou a memória de Paulo.

Primeiramente Tertuliano de Cartago (160-220 d.C.) e, posteriormente, Agostinho de Hipona (354-430 d.C.) assentaram as bases para uma leitura de Paulo marcada por um antagonismo: os cristãos acreditavam na graça como condição de salvação e no indivíduo como sujeito receptor desse dom divino inalcançável de outro modo; os judeus acreditam no esforço e no mérito próprios, assim como no povo de Israel como sujeito coletivo dos favores divinos. A disputa de Agostinho com Pelágio, que defendia ser possível viver uma vida sem pecado porque as pessoas estavam dotadas de liberdade e de vontade, determinou para os séculos posteriores a leitura hegemônica de Paulo, principal argumento de Agostinho para defender que todas as pessoas são pecadoras e que somente Deus determina quem é salvo e quem não. A partir desse momento, Paulo foi lido como o apóstolo da graça que deu identidade ao cristianismo diante do judaísmo que se apoiava em suas próprias forças e estava destinado à perdição.

Quando Lutero entra em cena no século XVI, a situação não havia mudado muito. Sua leitura de Paulo, especialmente de algumas passagens como Rm 1,17 ("O justo viverá pela fé"), permitiu-lhe estabelecer um princípio básico: a graça de Deus é primeira, gratuita; as ações boas vêm depois, como consequência daquela, nunca como condição para ganhá-la. Esta interpretação teve em Lutero um forte componente biográfico. Parece-me bastante esclarecedor permitir que Lutero fale um momento; no prólogo da edição latina de suas obras completas, escreveu o seguinte:

> Senti-me instigado por um estranho desejo de conhecer Paulo na carta aos Romanos; minha dificuldade radicava-se não no cerne, mas em uma só palavra que se encontra no capítulo primeiro: "A justiça de Deus está revelada nele". Odiava a expressão "justiça divina", que sempre havia aceitado, seguindo o uso e o costume de todos os doutores, em um sentido filosófico da chamada "justiça formal e ativa", em virtude da qual Deus é justo e castiga os pecadores e injustos. Apesar de minha vida monacal ser irrepreensível, sentia-me pecador diante de Deus, com a consciência mais perturbada, e minhas satisfações revelavam-se incapazes de

conferir-me a paz. Não o amava, mas detestava cada vez o Deus justo, castigador de pecadores. Indignava-me contra esse Deus, alimentando secretamente se não uma blasfêmia, pelo menos uma violenta murmuração (...).

Até que, enfim, por piedade divina, e depois de meditar noite e dia, percebi a concatenação das duas passagens: "A justiça de Deus se revela nele", "conforme está escrito: o justo vive da fé". Comecei a dar-me conta de que a justiça de Deus não é outra senão aquela pela qual o justo vive o dom de Deus, ou seja, da fé, e que o significado da frase era o seguinte: por meio do Evangelho se revela a justiça de Deus, isto é, a justiça passiva, em virtude da qual Deus misericordioso nos justifica pela fé, conforme está escrito: "o justo vive da fé". Senti-me, então, um homem renascido e vi que se me haviam aberto as comportas do paraíso. A Escritura inteira apareceu-me com aspecto novo (LUTERO; EGIDO, 2001, p. 370).

Este testemunho mostra-nos tanto a paixão de Lutero em sua interpretação de Paulo como a parcialidade com a qual o leu: a oposição entre a impossível justiça humana (baseada no descumprimento da Torá judaica) e a gratuita justiça divina (oferecida no Evangelho de Cristo). Para Lutero, que nisto é devedor de uma tradição herdada, a função da Torá havia sido temporal, até à vinda de Cristo, que estabeleceu o verdadeiro mecanismo de salvação: o Evangelho. Destarte, a contraposição entre lei (Torá) e Evangelho (graça) determinará a oposição entre judaísmo e cristianismo. Infeliz e surpreendentemente, esta leitura descontextualizada de Paulo tornou-se hegemônica até há muito pouco tempo e, entre outras consequências, fez do judaísmo uma caricatura, uma religião ridícula e impossível.

1.1. As perspectivas tradicionais e suas alternativas

Assim chegamos ao século XIX e XX na história da interpretação de Paulo, a qual se chegou a chamar de "perspectiva tradicional", defendida por autores como Ferdinand Christian Baur, Ferdinand Weber, Wilhelm Bousset, Rudolf Bultmann e Gunther Bornkamm, entre outros (cf. ZETTERHOLM, 2009). Bultmann propôs-se, no marco da teologia liberal da primeira metade do século XX, libertar a fé cristã de seus mitos e milagres, de tudo aquilo que a tornava irracional e inaceitável para a compreensão liberal. Parte importante deste programa de "desmitologização" era livrar-se das obras justas como condição necessária para a salvação, de modo que ficasse evidente, com toda a sua radicalidade, a "justificação pela fé", a gratuita iniciativa de Deus, que pede uma aceitação sem condições. Para defender esta leitura de Paulo com o brilhantismo necessário, precisava-se de um pano de fundo obscuro, de um contexto no qual contrastasse suficientemente: assim, cultivou-se nos ambientes acadêmicos cristãos uma visão simplificada e distorcida do judaísmo.

Esta leitura via o judaísmo como uma religião do passado e, talvez, do futuro, mas não do presente. Para a teologia liberal, Deus havia intervindo no passado através das muitas ações com as quais tinha mostrado ao povo de Israel seu projeto de salvação que se cumpriria em um futuro que ainda não havia chegado. O presente, de acordo com esta perspectiva, revelava-se um parêntese que só tinha sentido como uma espera na qual Deus recompensava as obras de justiça; a pessoa devia alcançar a fidelidade de Deus e a esperança de estar, no final, entre os eleitos. Este judaísmo havia substituído a piedade por um sistema legalista de controle, fazendo com que a vida cotidiana estivesse dominada por conceitos totalmente anacrônicos que, longe de oferecer o que prometiam, redundavam ridículos. Ademais, dado que toda a esperança dependia do cumprimento de cada crente, e toda pessoa fiel é falível e continuamente transgride os preceitos de Deus, o único destino de quem punha sua esperança neste sistema religioso era a morte. Agindo assim, cada crente se convertia em uma ofensa ao próprio projeto de Deus. A conclusão óbvia desta leitura era que o judaísmo é uma religião inferior, uma preparação para a religião absoluta, perfeita, que é o cristianismo.

Neste pano de fundo obscuro, a "perspectiva tradicional" permitia destacar Paulo como um relâmpago na noite. Paulo descobriu e mostrou em suas cartas que a Torá (e, portanto, as obras de justiça) apenas dão conhecimento do pecado, da própria limitação da pessoa. Esta interpretação de Paulo sublinhava, além do mais, que a Torá, em vez de alcançar a vida, conduz e, inclusive, incita ao pecado, à tendência da pessoa ao mal e à morte. Nesta situação, Paulo afirma que somente a fé em Cristo liberta de tal amarra, mostrando a vontade salvífica de Deus: a justificação pela fé, pela confiança em sua ação redentora. Cristo oferece uma nova aliança no Evangelho que deixa antiquada e caduca a anterior, a da lei. Esta nova aliança permite o acesso a Deus de um povo que transcende as fronteiras de Israel. Trata-se de uma oferta de caráter universal, mediante a promessa gratuita do Evangelho para todos. Portanto, Paulo aparece, nesta perspectiva, fora do judaísmo; sua proposta do Evangelho mostra-se como contrária à Torá. Paulo, o "convertido do judaísmo", é o "fundador do cristianismo".

Mesmo que eu tenha feito uma apresentação simplificada, pois, obviamente, esta perspectiva oferece muito mais nuances, o leitor percebeu claramente o problema fundamental desta leitura de Paulo: precisa defender uma visão negativa e equivocada do judaísmo. Isto é o que desmoronou com o trabalho de um exegeta que mudou o panorama dos estudos paulinos, dando início à chamada "nova perspectiva" (citada geralmente em inglês como "new perspective").

Ed Parish Sanders estudou o judaísmo do tempo de Paulo e apresentou um resultado surpreendente (SANDERS, 1977): compreende-se melhor o judaísmo quando concebido como uma religião centrada na aliança, não na lei. A teologia da aliança permite acessar o núcleo da identidade judaica do tempo de Paulo: Deus havia feito com seu povo uma aliança por iniciativa própria, gratuitamente. Ou seja, esta perspectiva mostrava que a aliança não era senão uma amostra da graça do Deus de Israel que havia decidido oferecer a um povo a salvação por pura misericórdia (*hesed* ou *hasadim*, em hebraico). Neste contexto, o cumprimento da Torá para um judeu era a resposta agradecida a Deus ao aceitar essa oferta gratuita, misericordiosa. A lei, as obras de justiça, não obtinham nada para o crente judeu, apenas o mantinham dentro da aliança que Deus oferecia gratuitamente, por graça. Logicamente, esta perspectiva contava também com a possibilidade das transgressões, falhas e injustiças; por isso mesmo, a lei incluía um sistema de sacrifícios que devolvia ao crente o caminho da aliança. Sanders citou uma multidão de textos do judaísmo do tempo de Paulo que provavam a centralidade da graça (*Mekiltá Bahodesh* 5-6.9; *Mixná Berakot* 2,2; 1QM col. XI,3-5; 1QH col. IV, 11-12; col. V,19-25; col. IX,7-33, etc.). Cito um dos hinos encontrados em uma coleção de Qumrã (1QH col. XIX,29-32):

> Bendito sejas,
>
> ó Deus de misericórdia e compaixão,
>
> pela força de teu poder
>
> e pela grandeza de tua verdade,
>
> e pela multidão de tua graça (*hasadim*)
>
> e por todas as tuas obras!
>
> Que se alegre a alma de teu servo com tua verdade,
>
> limpa-me com tua justiça.

Como tenho confiado em tua bondade,

e esperado tua graça (*hasadim*),

assim me libertaste de minhas calamidades

conforme tua misericórdia;

e em minha aflição me confortaste

porque me apoiei em tua misericórdia (GARCÍA MARTÍNEZ, 2000, p. 390).

Neste pano de fundo judaico, muito menos obscuro do que aquele mostrado pela "perspectiva tradicional", a contribuição de Paulo também se mostra diferente. Longe de descobrir o "fracasso" do judaísmo, Paulo compreendeu o tempo em que vivia: o tempo final (*eschaton*, em grego). Os acontecimentos vividos (a morte do Messias, assim como sua exaltação à direita de Deus) faziam-no pensar que Deus havia antecipado o final prometido para o tempo presente: Paulo estava vivendo o final da história. A tradição pós-exílica contida no Segundo e no Terceiro Isaías (até os séculos VI e V a. C.) havia concebido o projeto de salvação de Deus como um projeto inclusivo ao qual estavam chamadas todas as nações no tempo final: "As nações caminharão na tua luz, e os reis, no clarão do teu sol nascente. Ergue os olhos em torno e vê: todos eles se reúnem e vêm a ti. Teus filhos vêm de longe, tuas filhas são carregadas sobre as ancas..." (Is 60,3-4). Visto que Paulo acreditava que o tempo final se antecipara, a morte de Jesus devia significar a união de judeus e pagãos, a destruição das fronteiras entre uns e outros, a abertura das portas de Jerusalém para todos os que acreditaram na nova oferta. A lei, portanto, que havia servido para conservar na aliança os judeus (e somente os judeus), fora superada por um novo acontecimento: o Evangelho oferecido a todos por Cristo em sua morte. A Torá, nesta visão de Paulo, era sinônimo de exclusivismo e etnocentrismo, situações abolidas com a morte de Cristo. A nova marca de identidade dos que aceitavam esta nova aliança não era a lei, mas a fé em Cristo (DUNN, 2005).

Esta "nova perspectiva" ofereceu, portanto, uma nova visão do Deus da aliança, assim como da história da salvação, tal como se havia visto até então. A criação, a partir desta leitura, é percebida como um dom de Deus, que fez bem a terra e tudo o que ela contém ("muito bom", Gn 1,31). No entanto, apesar disso, algo saiu errado, porque o ser humano não respondeu ao plano inicial e truncou a vontade de Deus, deixando à mostra sua tendência à desobediência (Gn 3). Deus, uma vez mais, gratuitamente, ofereceu a Abraão uma aliança que queria evitar esta tendência da pessoa ao mal; entretanto, também desta vez algo deu errado porque o povo eleito desobedeceu e não respondeu à lei (Ex 32). Em vez de obediência à lei, o povo utilizou-a como motivo de orgulho, de elitismo, de separação do restante dos povos: foi idolatrada. Perante este novo erro, Deus decidiu intervir gratuitamente outra vez, desta feita de modo definitivo, e escrever o último capítulo da história na morte e ressurreição de Jesus, renovando a aliança de modo inclusivo, sem nenhuma condição étnica que separasse judeus de pagãos. A partir desta leitura, a contribuição paulina pode ser resumida como a redefinição da identidade judaica e da eleição em torno de um novo critério: Cristo, a fé nele (WRIGHT, 2005).

Embora seja verdade que esta "nova perspectiva" se tenha generalizado e estendido sobre a leitura tradicional, ela merece duas considerações. Em primeiro lugar, esta nova leitura de Paulo provocou certa reação em alguns exegetas que se reafirmam na leitura tradicional, oferecendo dela visões renovadas (por exemplo: GATHERCOLE, 2002). Em segundo lugar, esta visão não acaba de livrar-se de determinados preconceitos a respeito do judaísmo que, na opinião de muitos estudiosos, continua padecendo de uma visão dominada pelos pressupostos cristãos.

Precisamente por isso, surgiu uma perspectiva que quer corrigir esta limitação, a chamada "nova perspectiva radical" (citada em inglês como "radical new perspective"). Boa parte dos promotores desta leitura de Paulo (não todos, porém) provém de tradições judaicas (Krister Stendahl, Lloyd Gaston, Peter J. Thomson, Mark D. Nanos, Stanley K. Stowers, Pamela Eisenbaum), o que explica a sensibilidade para corrigir os preconceitos mencionados e, como direi em seguida, talvez também a tendência a fazer leituras paulinas condicionadas por visões modernas do judaísmo (em espanhol se podem ler EISENBAUM, 2014, e SEGOVIA, 2013).

O ponto de partida para compreender esta leitura é colocado, geralmente, em alguns textos de Paulo nos quais ele afirma categoricamente a vigência e a validade da Torá e nos quais valoriza a perspectiva judaica da aliança com grande apreço: "Que vantagem há então em ser judeu? E qual a utilidade da circuncisão? Muita e de todos os pontos de vista. Em primeiro lugar, porque foi a eles que foram confiados os oráculos de Deus" (Rm 3,1-2); "Então eliminamos a Lei através da fé? De modo algum! Pelo contrário, a consolidamos" (Rm 3,31); "De modo que a Lei é santa, e santo, justo e bom é o preceito" (Rm 7,12); "São os israelitas, aos quais pertencem a adoção filial, a glória, as alianças, a legislação, o culto as promessas, aos quais pertencem os patriarcas, e dos quais descende o Cristo, segundo a carne, que é, acima de tudo, Deus bendito pelos séculos" (Rm 9,4-5). Estes autores se propõem a ler os textos de Paulo sobre a lei, buscando uma coerência com estas afirmações.

A ideia-chave desta perspectiva é que Paulo continuou pensando toda a vida que a Torá conduzia à justificação todos aqueles que se mantinham sob a aliança, todos os circuncidados. Como os pagãos não estavam dentro da aliança, Paulo dirigiu-se a eles para oferecer-lhes um caminho alternativo de salvação. No entanto, não podia pedir-lhes o cumprimento da lei (a não ser que se circuncidassem), porque Deus a havia dado somente para seu povo eleito (Rm 3,19), ao passo que para os demais se convertia em instrumento de condenação (Rm 9,22-23); isto é o que, segundo esta perspectiva, Paulo chama "as obras da lei" que levam à morte (Rm 3,20). Portanto, Paulo criou uma alternativa para os pagãos (a justificação pela fé), e somente para eles, visto que os judeus já tinham o modo de salvar-se (conservando-se no cumprimento da lei). Desse modo, Paulo entende que Cristo ofereceu, segundo esta leitura, uma solução para o dilema dos pagãos: os judeus tinham a lei e os pagãos, a fé em Cristo.

Esta "nova perspectiva radical" entende que Paulo permaneceu dentro do judaísmo de seu tempo e que dirigiu sua missão somente aos pagãos. Por conseguinte, é preciso entender seus textos como dirigidos a estes, e não a judeus; nada dos textos de Paulo deveria afetar, pois, o modo de compreender o judaísmo de seu tempo, que, consoante esta perspectiva, não oferece nenhum problema para ele. Dessa maneira, Paulo aceitou sem problemas os judeus crentes em Cristo, observantes da lei; seu problema era esclarecer o lugar dos crentes em Cristo não judeus dentro de Israel.

Este ponto é o que apresenta mais dificuldades em uma leitura crítica desta perspectiva, uma vez que Paulo parece enfatizar a adoção dos batizados como filhos de Abraão (Gl 3) e o enxerto dos ramos pagãos no tronco de Israel (Rm 11). Isto obrigaria a uma reflexão profunda sobre o alcance destas imagens na cosmovisão de Paulo: é possível afirmar que Paulo não modificou os mecanismos de manutenção na aliança para os judeus, quando a identidade de Israel é transformada tão profundamente (tornando os pagãos filhos de Abraão)? Esta perspectiva tende a ignorar ou omitir aqueles textos nos quais Paulo fala da justificação pela fé; neles, sistematicamente, Paulo dirige-se a judeus e pagãos: "Agora, porém, independentemente da Lei, se manifestou a justiça de Deus, testemunhada pela Lei e pelos Profetas, justiça de Deus que opera pela fé em Jesus Cristo, em favor de todos os que creem – pois não há diferença, visto que todos pecaram e todos estão privados da glória de Deus" (Rm 3,21-22); "pois há um só Deus, que justificará os circuncisos pela fé e também os incircuncisos através da fé" (Rm 3,30). No pensamento de Paulo, não parecem caber dois mecanismos de justificação ou duas alianças: circuncisos e incircuncisos são justificados do mesmo modo.

Em minha opinião, poder-se-iam fazer algumas considerações em torno destas três perspectivas em seu conjunto; cada uma, separadamente, contribuiu, por certo, para melhor conhecimento de Paulo, destacando aspectos de enorme valor; por outro lado, porém, também mostram limitações que favoreceram visões parciais, distorcidas ou exageradas de alguns aspectos das cartas de Paulo. Talvez se possam extrair de tudo quanto foi dito até agora alguns critérios que permitam ao leitor situar-se criticamente diante da tarefa de compreender o projeto de Paulo e interpretar melhor seus textos. A seguir, enumero os seis critérios que me parecem mais úteis para situar-se criticamente diante da história da intepretação de Paulo:

1. Superar a oposição judaísmo-cristianismo. Este tem sido (e continua sendo) o ponto de partida e o horizonte em muitos estudos de Paulo: mostrar a distância entre judaísmo e cristianismo (o valor do segundo acima do primeiro) ou, com outras palavras, desligando Paulo de seu contexto original. É preciso rigor e respeito às fontes, evitando que os preconceitos (sejam eles indignos ou louváveis) condicionem o resultado. Devolver à Torá seu lugar no judaísmo do tempo de Paulo e apresentar uma visão rigorosa da chamada "História sagrada" são condições fundamentais para não forçar nossa compreensão de Paulo.

2. Situar Paulo em seu lugar. Os estudos recentes sobre a figura histórica de Jesus têm dado como resultado, entre outros, a recuperação do projeto histórico de Jesus no marco do judaísmo de seu tempo, como um projeto de renovação intrajudaico (AGUIRRE et al., 2009). Nesse mesmo contexto, salvando as diferenças, devemos situar Paulo: seu projeto nasce como uma tentativa de renovar o judaísmo, de dar a Israel toda a dimensão que adquire, aos olhos de Paulo, depois do acontecimento histórico de Jesus.

3. Aceitar a ambiguidade e imprecisão de Paulo. Um dos erros mais comuns na hora de estudar Paulo é querer fazer com que seu pensamento e seu projeto sejam lógicos e coerentes conforme os parâmetros do pesquisador. No entanto, suas cartas não têm essa pretensão: são "cartas de situação", escritas a destinatários diferentes, em situações diversas, sem a ambição de que um dia fossem reunidas

para formar uma coleção de "textos completos de Paulo". Respeitar a ambiguidade (e, inclusive, a arbitrariedade), que alguns sociólogos e historiadores explicaram como parte do carisma de certos líderes, é requisito fundamental para evitar anacronismos, exageros ou apologias sutis.

4. Hierarquizar as afirmações, ideias e opções de Paulo. Talvez por uma leitura excessivamente apressada ou preocupada com atualizar as cartas de Paulo, às vezes com um interesse moralizador, tomaram-se as cartas de Paulo como um compêndio de princípios sapienciais, eclesiológicos ou políticos, descuidando-se o contexto literário e sócio-histórico no qual se encontravam. Em minha opinião, resulta muito saudável lembrar que as cartas de Paulo são apenas uma parte (talvez não a mais importante) de seu projeto messiânico; Paulo acrescentava-lhes sua presença pessoal, a de seus colaboradores enviados, o conhecimento em primeira mão da situação de seus destinatários, a estratégia dos líderes locais etc. Nem tudo o que Paulo diz em suas cartas tem o mesmo peso, nem tudo tem o mesmo valor: há afirmações imprescindíveis que servem de sustento a todo o arcabouço de seu pensamento e missão, assim como outras menores, muito limitadas a determinadas circunstâncias particulares ou que se chocam com aquelas, e que devemos matizar, esclarecer ou atualizar. Não devemos absolutizar o texto para compreender o projeto e a missão de Paulo; é fundamental referi-lo a seu contexto e a sua vida.

5. Situar os dados em uma visão teológica correta. As três perspectivas que vimos (tradicional, nova e radical) convivem atualmente nos estudos sobre Paulo; não é difícil encontrar representantes das três nas estantes de novidades de livrarias especializadas. As três enquadram-se entre as abordagens teológicas que estudam Paulo procurando descobrir sua originalidade teológica, seja esta a "justificação pela fé", a "nova aliança", o "lugar da lei no novo Israel", ou o "viver em Cristo". Como veremos posteriormente, não é fácil responder à pergunta acerca da "originalidade teológica" de Paulo, supondo-se que exista uma resposta satisfatória para tal pergunta. Em todo caso, como desenvolverei nos capítulos subsequentes, creio que essa busca deve levar em conta a paradoxal centralidade da cruz, do Crucificado, ante outras imagens de Jesus (Fl 2,6-8) e, portanto, creio que se deve buscar a "novidade teológica" de Paulo na imagem de Deus que ele descobre na cruz (2Cor 3,12–4,6). A "teologia de Paulo", se se pode falar de tal coisa, deve estar marcada pela centralidade da "revelação" (*apocalypsis*) de Deus e de sua atuação na história, que se explica como reconciliação gratuita (2Cor 5,19),

não como reconciliação expiatória. Neste mesmo sentido, dever-se-á entender seu projeto de "construção da *ekklêsia*" (1Cor 14,4), bem como a urgência escatológica e sua cosmovisão apocalíptica, que conferiram a esse projeto uma radical novidade histórica (Gl 3,28). Falaremos a respeito de tudo isso mais adiante.

6. Recorrer a outras análises (históricas, sociais...), além da teológica. Uma leitura atualizada e justa de Paulo não pode limitar-se, como fazem preferentemente as três perspectivas dominantes hoje, aos aspectos teológicos. É importante superar as visões luteranas e antiluteranas, as perspectivas novas, tradicionais ou radicais que impeçam descobrir outros aspectos igualmente importantes de Paulo de Tarso, de sua missão, de sua maneira de ser no mundo, de seu projeto, de seu diálogo cultural, de sua forma de enfrentar problemas cotidianos, de sua relação com o dinheiro, com as minorias sociais, com a natureza, com o poder e a autoridade etc. Entre estas novas abordagens, é oportuno destacar duas: a pós-colonial, que inclui contribuições da perspectiva de gênero ou da filosófica, e a abordagem sociocientífica, que inclui várias disciplinas. Vejamos alguns traços, possibilidades e limites de ambas as abordagens.

1.2. A abordagem pós-colonial

A abordagem pós-colonial situa-se no fim da época colonial e no início de uma reflexão que supere as consequências fatais que deixou na história. Academicamente, tem sua origem em uma obra já clássica de Edward Said (SAID 1990; original inglês de 1978), na qual, baseando-se nos trabalhos de Michel Foucault sobre o poder, sua legitimação e a construção do "outro", mostrava como o Ocidente elaborou uma imagem do "Oriente" determinada pelo princípio de dominação (deve haver alguém que imponha sua autoridade e alguém que se submeta para que o equilíbrio se mantenha). Para superar esta ideia da dependência, Homi Bhabha elaborou, em 1985, um trabalho sobre os mecanismos que determinam a relação entre o colonizado e o colonizador, e mostrou que esta relação não é somente de dominado e dominador, mas está marcada por três características: em primeiro lugar, a ambivalência, ou seja, as relações entre colonizado e colonizador são marcadas, simultaneamente, pela atração e pela repulsa, pela resistência e pela cumplicidade; em segundo lugar, o mimetismo, isto é, o colonizado tende a internalizar e a replicar a cultura do colonizador, mesmo que frequentemente inclua a zombaria; e, em terceiro lugar, a hibridação ou mestiçagem, isto é, a convicção de que toda

Como ler Paulo, hoje

cultura é mistura de tradições e de que não existem culturas ou povos puros. O caso é que estas reflexões trouxeram uma conclusão desconcertante: a Bíblia foi utilizada como instrumento de colonização e de dominação; fora usada como arma contra todo "paganismo", como ferramenta da "missão cristã" que entendeu esta missão, ao menos em parte, como contribuição à "civilização" do "Oriente".

Diante deste diagnóstico, surge a leitura pós-colonial que busca atingir vários objetivos: em primeiro lugar, pretende desconstruir leituras, ideologias, práticas, símbolos etc., dominantes na cultura (talvez seja necessário esclarecer que "desconstruir" não é "destruir", mas desmontar cognitivamente os elementos que contribuíram para a aceitação acrítica daquelas ideologias, a fim de estudar possibilidades inéditas); em segundo lugar, tenta deslegitimar as relações de poder entre dominadores e dominados e, assim, tratar os dominados como sujeitos históricos, capazes de oferecer a própria voz aos processos de construção da sociedade; em terceiro lugar, procura rejeitar todos os dualismos ou "binarismos" que estabelecem fronteiras artificiais entre os de dentro e os de fora, e resguardar a hibridação, ou seja, defender as realidades múltiplas, complexas, que contêm sempre muitas outras possibilidades e virtualidades do que as que os instrumentos de controle estabelecem; em quarto lugar, além dessas técnicas de deslegitimação e de desconstrução, deseja também oferecer estratégias de libertação dos povos colonizados, favorecendo alianças entre grupos diferentes ou opostos e reabilitando origens deslegitimadas ou marginalizadas; e em quinto lugar, à guisa de projeto profilático, aspira a elaborar um discurso de resistência contra todo imperialismo, seja do passado (que deixou vestígios no presente), seja do futuro. Todos estes objetivos cristalizam frequentemente a criação de uma linguagem coerente com estes princípios, que permita compreender adequadamente conceitos e termos como "império", "raça" e "etnicidade", "diáspora", "marginalidade" ou "hibridação" etc. (cf. STANLEY, 2011).

Nos estudos sobre Paulo de Tarso, tal abordagem está sendo utilizada a partir de duas perspectivas diferentes, ainda que não excludentes. A primeira busca recuperar as chaves paulinas de determinada posição diante do Império Romano, ou seja, pergunta-se como Paulo agiu perante o Império e como resistiu (ou desafiou) às suas intenções de assimilá-lo culturalmente e como conseguiu manter uma identidade que abriu caminho ao oferecer uma alternativa que se pode recuperar hoje. Esta primeira corrente tem em Richard Horsley seu representante mais famoso (HORSLEY, 1997), embora possamos citar também Dieter Georgi,

Helmut Koester, Elisabeht Schüssler Fiorenza (esta última, por sua vez, faz uma leitura crítica desta perspectiva) etc. Todos eles, de um modo ou de outro, deixaram em evidência a limitação dos enfoques tradicionais ("perspectiva tradicional" ou "nova perspectiva") e pleitearam distanciar-se do debate agostino-luterano, a fim de superar o dualismo judaísmo-cristianismo que dominou a leitura teológica de Paulo e deslocar o foco de atenção para o Império. Desse modo, mostraram que alguns conceitos paulinos, estudados a partir do ponto de vista exclusivamente teológico, mostram-se como empréstimos culturais que têm origem na teologia imperial (Evangelho, cruz, salvação, senhorio, parúsia, *ekklêsia* etc.).

A segunda perspectiva assume os objetivos da abordagem pós-colonial para situar-se em um contexto hermenêutico de comunidades atualmente marginalizadas ou que se encontram sob o poder colonizador, com o fito de oferecer resistência ao domínio dos novos impérios; em outras palavras, defende um deslocamento decidido a partir do enfoque histórico-crítico até o hermenêutico. O lema que orienta esta interpretação poderia ser este: para que Paulo seja libertador, é preciso libertá-lo de seu enclausuramento na santidade (ELLIOTT, 1994). O melhor contexto para ler Paulo é, portanto, o geopolítico, aquele que parte de determinada realidade: o aumento da distância entre ricos e pobres, as guerras políticas (amiúde legitimadas religiosamente), as políticas imperialistas dos países poderosos, as relações de poder e de dominação (de pessoas, países, culturas etc.). Portanto, esta abordagem lê Paulo desconstruindo leituras coloniais, mostrando as interpretações que justificaram a opressão de determinados grupos humanos e buscando estratégias de resistência aos novos impérios (SCOTT, 2003; original inglês de 1990).

No entanto, os teóricos da abordagem pós-colonial (SUGIRTHARAJAH, 2009) sublinharam um aspecto que estas perspectivas mencionadas ocasionalmente esqueceram: a hibridação (ou mestiçagem). Tal como vimos antes, colonizados e colonizadores tendem a misturar suas visões e legitimações, de modo que fica difícil estabelecer uma linha divisória. No caso de Paulo, isto significa que também ele teve de compartilhar tal ambiguidade: nenhuma postura nem opção de Paulo é somente anti-imperial e pró-imperial: dá-se uma combinação de resistência e submissão (ou inculturação), um processo de criação de uma identidade "intermediária" (hibridação) que, no entanto, pode alterar o *statu quo*. Esta mestiçagem situa Paulo entre a opressão e a oportunidade (e aí se cria uma transformação mútua), permitindo que tanto colonizado quanto colonizador possam gerar novas realidades. Dessa maneira, concluem os seguidores desta abordagem, nem Paulo deixou o Império como o encontrou, nem vice-versa. Esta perspectiva mais matizada evita projetar em Paulo a imagem de um rebelde moderno ou a que o próprio exegeta quer dele, que podem ser leituras sutilmente apologéticas de Paulo, para torná-lo atual e relevante. Entretanto, também mostra que, combinando todos os fatos de submissão, aceitação, adaptação e construção alternativa de espaços novos, os textos de Paulo adquirem uma luz nova, que ilumina situações passadas e presentes.

1.3. A abordagem a partir das ciências sociais

Ao lado desta perspectiva pós-colonial, gostaria de mencionar brevemente a abordagem a partir das ciências sociais (antropologia cultural, sociologia, psicologia social etc.), visto que produziu, como a anterior, notáveis frutos que ajudaram a captar melhor duas dimensões das cartas de Paulo.

De um lado, a abordagem a partir das ciências sociais mostrou com mais clareza o mundo social em que nasceram estes textos, bem como a inter-relação que seus autores e leitores originais tinham com ele. As cartas de Paulo foram escritas como textos de situação, isto é, como respostas concretas às circunstâncias de determinados destinatários que vivem problemas específicos, que se faziam perguntas particulares, que tinham, enfim, necessidades próprias. Diante dessa situação particular, cada carta de Paulo está desenhada para enfrentar tais necessidades, perguntas e problemas peculiares, e oferece resposta a essa situação, e não a outras (ELLIOT, 1995, p. 11-56). Para compreender esta perspectiva, foram especialmente úteis os trabalhos históricos e sociais que revelaram o contexto e as circunstâncias nos quais se iniciaram e se desenvolveram os grupos que Paulo formou em algumas cidades da costa norte do Mediterrâneo (THEISSEN, 1985). Foram de utilidade especial os estudos sobre instituições e estruturas do Império Romano (a casa/família, as associações voluntárias, os cultos mistéricos, a organização da sinagoga na diáspora, o culto ao imperador etc.), bem como os estudos sobre valores, práticas e crenças dominantes na área do Mediterrâneo (honra e vergonha, sacrifícios, relação patrão e cliente, personalidade corporativa etc.). Tudo isso permitiu interpretar as cartas de Paulo em seu contexto original e evitar as leituras anacrônicas (MEEKS, 1988).

Por outro lado, a abordagem das ciências sociais permitiu compreender melhor a função que tiveram as cartas de Paulo (assim como suas viagens e visitas, o envio de colaboradores, a coleta etc.) no processo de construção do mundo social a que pertencem o autor e os destinatários originais. Um dos objetivos da missão de Paulo, quando não o mais importante do ponto de vista sociológico, foi elaborar uma identidade coerente, unificada e satisfatória para aqueles que faziam parte dos grupos que criou; isto supôs um processo de desconstrução parcial das identidades passadas e de construção de uma nova identidade que integrasse a pluralidade em uma visão de conjunto coerente. Do mesmo modo que, hoje, se pode observar o processo de desmoronamento da identidade de pessoas em crise, que vivem conflitos de vários tipos, também acontecia (posto que de modo diferente) que muitos dos destinatários das cartas de Paulo tinham sua valorização pessoal e grupal sob séria ameaça, gerando-se mecanismos de segregação e marginalização. Paulo não era ignorante de tudo isso, e se pode descobrir em suas cartas estratégias de construção de identidades pessoais satisfatórias que buscavam elevar a própria valorização de cada indivíduo (aos olhos de Deus e dos demais) e eliminar tensões internas e externas, mitigar confrontos, refazer relações mediante a proposta de uma identidade corporativa capaz de integrar a diferença em uma visão sublimada do grupo (ESLER, 2006).

São duas perspectivas diferentes que o leitor atual pode adotar ao usar as ciências sociais para interpretar os textos; ambas têm ferramentas e metodologias diversas, mas podem ser úteis na medida em que se ajustem ao objeto de estudo e respeitem sua idiossincrasia. Uma das críticas que se têm feito a esta abordagem é o perigo de projetar no texto esquemas mentais, teorias ou ideias próprias do intérprete moderno, que são alheias ao objeto de estudo. No entanto, o risco de forçar o texto para que se encaixe no modelo do intérprete é comum a todas as abordagens, inclusive as mais tradicionais, como a teológica (que por vezes constrangeu o sentido dos textos de acordo com a visão teológica pessoal do intérprete) ou a literária (que fragmentou ou manipulou ocasionalmente as cartas para que se inserissem no modelo de evolução de fontes e de tradições que se pressupõem nelas). Não obstante, convém levar em conta este perigo, e o melhor modo de evitá-lo é interpretar as cartas de Paulo fazendo um esforço prévio para explicitar os pressupostos com os quais são lidas, o lugar social e histórico a partir do qual são interpretadas, o horizonte hermenêutico e o objetivo ou fim a que tal leitura serve. Levando em conta essa limitação, a abordagem das ciências sociais permitiu descobrir a importância atual de textos antigos que mostram uma grande capacidade de adaptação a um ambiente complexo, enquanto trazem a própria visão da realidade e sua proposta de um mundo melhor.

2. Como ler Paulo hoje

Diante deste panorama plural e complicado, cabe perguntar-nos como podemos ler hoje os textos cuja paternidade paulina (real ou suposta) remonta ao primeiro século de nossa era, um tempo e um lugar que não nos são absolutamente familiares. Todas as perspectivas e abordagens que vimos nas páginas anteriores oferecem pistas e dados úteis, assim como limitações. O leitor deve escolher uma perspectiva, um lugar hermenêutico, porque não se pode interpretar levando-se em conta todas as perspectivas. Esta pode ser a primeira consequência importante do que foi dito até agora: todo leitor é responsável por escolher o ponto de vista sob o qual ler as cartas de Paulo. Geralmente, esta tarefa é feita inconscientemente, mas sempre se faz: todo exegeta, intérprete ou leitor adota um ponto de vista, um lugar a partir do qual interpretar Paulo; não se pode não fazer (e quem acredita não optar por nenhum lugar hermenêutico, que é totalmente objetivo, adota acriticamente o ponto de vista hegemônico em seu contexto). Por isso, ao longo da história, houve e haverá tantas leituras diferentes de Paulo. Isto significa que só é válido um ponto de vista? Não o creio, tampouco. Contudo, este debate, geralmente em âmbitos eclesiásticos e não limitado a Paulo, mas abrangendo toda a Bíblia, deu ensejo a acalorados confrontos e a poucas conclusões.

Uma segunda consequência do que foi visto nas páginas anteriores é que não há leituras inócuas; todas têm consequências, algumas mais que outras (e mais profundas). Embora a objetividade do estudioso seja desejável acima de todo posicionamento ideológico, sabemos que isto é impossível (PESCE, 2011, p. 25-29). Por isso, é crucial o ponto de vista que alguém adota, o horizonte hermenêutico em que se situa; este exercício não está desprovido de responsabilidade ética. Não é a mesma coisa ler os textos paulinos a partir da comodidade de uma poltrona de um gabinete de universidade ou de uma empresa, e lê-los no penoso solo de um campo de refugiados ou sob a ameaça de condenação ou marginalização por ser diferente. No primeiro caso, lê-se Paulo pensando que a explicação vai ser lida por colegas que examinarão a qualidade do texto, a exatidão da terminologia, a amplitude das citações e referências bibliográficas ou a justificação dos argumentos. Isto é perfeitamente legítimo e produz um tipo de resultado. No segundo caso, lê-se Paulo pensando que a explicação que se faz de seus textos vai ser lida por pessoas que experimentaram o abuso e a opressão (legitimada, às vezes, com textos paulinos) e buscam libertar-se de estigmas e recuperar a dignidade e a identidade; ou por pessoas que lutam pela justiça e que examinarão as possibilidades de suas cartas para serem criativas e pensar novamente a realidade buscando possibilidades inéditas; ou por fiéis que buscam um rosto crível de Deus, mesmo sabendo que a verdade sempre se encontra mais além. Isto, também, é perfeitamente legítimo e produz outro tipo de resultado.

Aqui é onde o leitor de Paulo, não somente o autor deste livro, mas todo leitor de Paulo, tem uma palavra inescapável, uma responsabilidade ética; deve perguntar-se: quais são as consequências e efeitos de minha leitura? Inclusive os exegetas ou historiadores mais receosos deste princípio (em benefício da suposta objetividade) terão de reconhecer que sua interpretação de Paulo produz alguns resultados e efeitos que convém avaliar. Este ponto, em minha opinião, é crucial na exegese bíblica, porque serve como critério de discernimento. Uma boa leitura seria a realizada a partir de Dt 30,19: "Eu te propus a vida ou a morte, a bênção ou a maldição. Escolhe, pois, a vida, para que vivas tu e a tua descendência". Nas páginas que se seguem, portanto, vou combinar, da melhor maneira possível, uma aplicação rigorosa da metodologia crítica com uma preocupação igualmente exigente com as consequências de nossa leitura.

Quanto à metodologia (as ferramentas e disciplinas a serem utilizadas), neste livro não adotarei um ponto de vista doutrinal, ainda que legítimo; usarei basicamente as perguntas e recursos conceituais do método histórico-crítico e, subsidiariamente, de outras disciplinas (sociologia, antropologia cultural, psicologia...), incluindo a teológica, que nos dará ferramentas para descobrir tanto as imagens de Deus que aparecem nas cartas de Paulo quanto a proposta que Paulo faz ao leitor de seu tempo. Trata-se, portanto, de um ponto de vista aberto, que não pressupõe resultados e que não se fecha à proposta que Paulo faz ao leitor.

Isto se concretiza em uma séria de pressupostos e opções metodológicas que estão desde o começo deste livro sustentando-lhe as páginas, e que não posso explicar detalhadamente agora, conquanto espere que se justifiquem na coerência do conjunto. Fazem parte do que considero um crescente consenso em torno do estudo de Paulo (que nunca é total e é, em algum ponto, inclusive questionado, mas, no geral, cada vez mais aceito). Em concreto, são cinco pressupostos:

1. Três gerações de cartas. O conjunto de catorze escritos atribuídos a Paulo são, na realidade, um *corpus* composto, ao longo de três gerações, de crentes em

Cristo, o que dá ideia de seu valor como testemunho do nascimento de algumas comunidades urbanas no ocidente da Palestina. Excetuando-se a Carta aos Hebreus, que já ninguém considera paulina, as outras 13 se dividem em uma margem de aproximadamente 80 anos da seguinte maneira:

a. Cartas originais de Paulo: 1Ts, Gl, 1Cor, 2Cor, Fl, Fm e Rm, escritas na década dos anos cinquenta do primeiro século.

b. Cartas deuteropaulinas: Cl, Ef e 2Ts, escritas na década dos anos oitenta do primeiro século.

c. Cartas pastorais: 1Tm, 2Tm e Tt, escritas em algum momento da primeira metade do segundo século.

2. Necessidade de contextualizar. As cartas paulinas (tanto as originais quanto as pseudoepígrafas) foram compostas para ser lidas (escutadas) nas circunstâncias históricas e sociais dos destinatários imediatos, e não por outros destinatários não previstos por seus autores. Isto obriga o leitor atual a fazer um esforço para recuperar aquela *situação* original e descobrir a *estratégia* com a qual querem enfrentar aquelas circunstâncias. "Situação" e "estratégia" são dois conceitos úteis para distinguir os dados que aparecem nas cartas.

3. Teologia em situação. As cartas originais de Paulo (em menor medida as deuteropaulinas e pastorais), como dissemos, foram escritas em razão de determinadas circunstâncias históricas que podemos identificar com bastante segurança. Paulo desenvolve suas ideias teológicas conectando-as estreitamente com essas circunstâncias. Longe de ser um teólogo sistemático (o que não equivale a renunciar a uma busca de coerência em seu pensamento), Paulo foi desenvolvendo suas respostas em relação dialética com seu ambiente. As ideias teológicas que nelas aparecem, portanto, não caíram do céu, mas foram se formulando para aquelas circunstâncias, não para outras quaisquer.

4. Uso das ciências sociais e históricas, juntamente com as teológicas. Para enfrentar os desafios colocados nos três pontos anteriores, há um crescente consenso em torno da conveniência de combinar diversas disciplinas na exegese das cartas de Paulo. As leituras exclusivamente teológicas ou exclusivamente literário-históricas têm mais limitações do que as perspectivas interdisciplinares (mesmo que estas tenham, como dissemos antes, seus próprios problemas). Por

isso, mostra-se mais rico incorporar, com prudência e perspectiva crítica, as ferramentas e princípios das ciências sociais (antropologia cultural, psicologia social, sociologia, etc.) e históricas (história, arqueologia, papirologia etc.), além das literárias e teológicas.

5. Peso da tradição e das leituras de Paulo. Todo leitor, como dissemos, tem seus próprios pressupostos de leitura; no caso das imagens de Paulo, dada a sua popularidade e importância na configuração do cristianismo do Ocidente, elas têm um peso ainda maior. Além da imagem lucana (que aparece no livro dos Atos dos Apóstolos), santo Agostinho, Lutero e uma ampla lista de intérpretes marcaram o imaginário dominante da figura de Paulo. As duas imagens de Paulo mais influentes e ainda presentes na arena das discussões acadêmicas e eclesiásticas (como apontei nas páginas anteriores) são a de Paulo judeu e a de Paulo cristão. Neste livro assumimos um princípio (por outro lado, óbvio) ainda surpreendente para alguns: Paulo não foi cristão. Paulo foi judeu toda a sua vida; sua vocação o levou a viver uma forma de judaísmo diferente da que ele havia recebido e vivido, mas, em sua opinião, um judaísmo mais radical (de raiz). O cristianismo como religião se define muitos anos depois da morte de Paulo. Portanto, embora a missão e o legado literário e teológico de Paulo tenham sido fundamentais para o nascimento do cristianismo, seria um erro metodológico grave retroprojetar em Paulo a definição da identidade cristã, que se alcançou mais tarde. O cristianismo, como indiquei, é muito mais resultado do fracasso do projeto histórico de Paulo. Para finalizar, quero indicar quatro características que nos ajudam a situar Paulo no lugar que ocupa nas origens do Cristianismo, a entender a que se deve sua importância e por que foi sempre objeto de tanta controvérsia e estudo.

1. A vocação. O acontecimento histórico da vida de Paulo que mais influenciou no devir do cristianismo é, sem dúvida, o de sua vocação, tanto porque Lucas fez dele um relato memorável (At 9) quanto porque marcou biográfica, ideológica e praticamente sua vida. No entanto, Paulo, diferentemente de Lucas, não fez deste episódio um modelo de conversão; ele, que jamais descreve o fato, referiu-se às consequências históricas e teológicas que teve para ele e para o judaísmo de seu tempo.

2. O diálogo criativo entre helenismo, judaísmo e sua própria experiência de ambos. Aquela experiência mencionada no tópico anterior foi o fator desencadeador de uma reflexão que levou Paulo a reformular grande parte de seus próprios pressupostos religiosos, culturais e históricos, obrigando-o a pôr em diálogo realidades e

identidades até então excludentes. Assim, Paulo viu-se na necessidade de redefinir a identidade judaica incorporando o acontecimento histórico de Cristo, o que o levou a abrir-se culturalmente ao helenismo até certos limites nunca antes apresentados por um judeu. Foi um projeto ambicioso que não se circunscrevia às ideais religiosas, mas abarcava sua concepção do mundo, de Israel, do Império Romano, do futuro, das relações pessoais, do exercício da autoridade e da liberdade etc.

3. Uma opção inicial marginal e minoritária. Este projeto foi, inicialmente, um projeto marginal no contexto do nascente movimento de seguidores de Jesus (crentes em Cristo). Poucos seguidores de Jesus da primeira geração aceitaram e apoiaram este ambicioso projeto de reformular Israel como o fez Paulo. No entanto, com a ajuda de circunstâncias histórias alheias a este processo, paulatinamente foi ganhando adeptos até o ponto de converter-se, com as modificações que introduziram os discípulos de Paulo (os autores das cartas deuteropaulinas) e Lucas, no modelo hegemônico do cristianismo emergente.

4. As consequências que teve sua compreensão particular do acontecimento histórico de Jesus. No núcleo deste projeto está sua vocação e o significado que Paulo lhe conferiu (a identidade daquele crucificado). No entanto, as necessárias consequências teológicas, históricas e sociais a que isso o levou obrigaram-no a revisar profundamente grande parte de seus próprios pressupostos. Assim, como veremos no capítulo terceiro, teve que redefinir o papel da Torá no passado, o que provocou profundas repercussões no devir da tradição a que ele deu início. Mesmo que seja um tema muito discutido, a relação da fé com a lei, reflexão iniciada por ele, continua sendo um ponto em torno do qual se têm acaloradas discussões e se definem identidades excludentes.

Com isso concluímos nossa primeira etapa. Nos capítulos seguintes vamos ver os temas centrais para entender a figura histórica de Paulo de Tarso: o acontecimento de sua vocação, sua cosmovisão (a visão de mundo que teve de formular a partir dela), o projeto que surgiu dali e, por último, a estratégia que adotou para construir uma identidade de crente em Cristo coerente com sua própria experiência e com o contexto no qual se encontrava.

Bibliografia

AGUIRRE, Rafael; BERNABÉ UBIETA; Carmen; GIL ARBIOL, Carlos, *Jesús de* Nazaret, Verbo Divino, Estella, 2009.

DUNN, James D. G., *The new perspective on Paul: Collected essays*, Mohr Siebeck, Tubinga, 2005.

EISENBAUM, Pamela, *Pablo no fue cristiano: el mensaje original de un apóstol mal entendido*, Verbo Divino, Estella, 2014.

ELLIOTT, John Hall, *Un hogar para los que no tienen patria ni hogar: estudio crítico social de la Carta primera de Pedro y de su situación y estrategia*, Verbo Divino, Estella, 1995.

ELLIOTT, Neil, *Liberating Paul: the justice of God and the politics of the Apostle*, Orbis Books, Maryknoll, NY, 1994.

ESLER, Philip Francis, *Conflicto e identidad en la carta a los Romanos: el contexto social de la carta de Pablo*, Verbo Divino, Estella, 2006.

GARCÍA MARTÍNEZ, Florentino, *Textos de Qumrán*, Trotta, Madrid, [2]2000.

GATHERCOLE, Simon J., *Where is boasting? Early Jewish soteriology and Paul's response in Romans 1-5*, William B. Eerdmans Pub., Grand Rapids, MI, 2002.

HORSLEY, Richard A., *Paul and empire: Religion and power in Roman Imperial society*, Trinity Press International, Harrisburg, PA, 1997.

LUTERO, Martín; EGIDO, Teófanes, *Obras*, Sígueme, Salamanca, [3]2001.

MATE, Reyes, *Nuevas teologías políticas: Pablo de Tarso en la construcción de Occidente*, Anthropos, Rubí, 2006.

MEEKS, Wayne A., *Los primeros cristianos urbanos: el mundo social del apóstol Pablo*, Sígueme, Salamanca, 1988.

PESCE, Mauro, *Da Gesù al cristianesimo*, Morcelliana, Brescia, 2011.

SAID, Edward W., *Orientalismo*, Libertarias, Madrid, 1990.

SAND, Shlomo, *La invención del pueblo judío*, Akal, Madrid, 2011.

SANDERS, Ed Parish, *Paul and Palestinian Judaism: a comparison of patterns of religion*, Fortress Press, Minneapolis, 1977.

SCOTT, James C., *Los dominados y el arte de la resistencia: discursos ocultos*, Txalaparta, Tafalla, 2003.

SEGOVIA, Carlos A., *Pablo de Tarso ¿judío o cristiano?*, Atanor Ediciones, Madrid, 2013.

STANLEY, Christopher D., *The colonized Apostle: Paul through postcolonial eyes*, Fortress Press, Minneapolis, 2011.

SUGIRTHARAJAH, R. S., *La Biblia y el Imperio: exploraciones poscoloniales*, Akal, Madrid, 2009.

THEISSEN, Gerd, *Estudios de sociología del cristianismo primitivo*, Sígueme, Salamanca, 1985.

WESTERHOLM, Stephen, *The Blackwell companion to Paul*, Wiley-Blackwell, Malden, 2011.

WRIGHT, Nicholas Thomas, *Paul in fresh perspective*, Fortress Press, Minneapolis, 2005.

ZETTERHOLM, Magnus, *Approaches to Paul: a student's guide to recent scholarship*, Fortress Press, Minneapolis, 2009.

Segunda parte

Quais são os aspectos centrais do tema?

Capítulo 2
A vocação de Paulo e a origem de sua vocação

Como indiquei na seção anterior, a vocação de Paulo é, indubitavelmente, o acontecimento de sua biografia que mais consequências teve, não só em sua vida, mas no devir dos grupos que ele criou. Dificilmente se pode exagerar o impacto deste acontecimento no cristianismo nascente. Entretanto, onde melhor se entende sua vocação não é no marco do cristianismo, mas no complexo entrelaçamento de circunstâncias históricas em que aconteceu: um judeu fariseu aparece em cena para tentar anular a ameaça que outra corrente de judeus representaria para a identidade comum e para o futuro de Israel. Esta outra corrente judia era um grupo helenista (de língua grega) e messiânico, porque acreditava que Jesus, crucificado por Pilatos, era o Messias de Iahweh, o Filho de Deus. A partir daí, este grupo propunha uma série de consequências que ameaçavam solapar os pilares da identidade judia, não tanto por seu caráter messiânico, mas por questionar o valor de algumas de suas instituições, e diluir as fronteiras étnicas de Israel.

Apresentarei a vocação de Paulo nestas circunstâncias históricas; para isso, veremos, em primeiro lugar, as características do judaísmo de Paulo e, em segundo lugar, as do judaísmo dos helenistas messiânicos. Isso nos permitirá imaginar o cenário em que acontece a vocação de Paulo e poderemos, em terceiro lugar, explicar o significado e as consequências que teve para a vida de Paulo e para seu projeto de renovação de Israel.

1. O judaísmo de Paulo

Paulo declara-se fariseu em uma passagem polêmica da Carta aos Filipenses (Fl 3,5). Alguns especialistas consideram que Fl 3,1–4,1 é um texto posterior, acrescentado depois da morte de Paulo; se assim for, sua identificação com um fariseu perderia parte de seu fundamento, dado que, além disso, alguns duvidam da presença de fariseus na diáspora (VIDAL, 2007, p. 38). Entretanto, também Flávio Josefo, judeu originário da Galileia, desenvolveu sua vida fora da Palestina e se declara fariseu (FLÁVIO JOSEFO, *Autobiografia*, p. 2), mostrando que era possível identificar-se como tal na diáspora. O problema é, em minha opinião, o alcance que se dá à pertença ao partido fariseu, seja a de Flávio Josefo, seja a de Paulo. Se se considera o farisaísmo deles no sentido de que haviam realizado todas as provas de admissão (que requeriam aproximadamente três anos) e se haviam filiado para serem "membros efetivos" do partido fariseu, dever-se-ia dizer que não o eram; se, ao contrário, entende-se o farisaísmo deles como uma afinidade, uma sintonia ou uma atração pela cosmovisão e pela forma de viver dos fariseus, então não há maiores dificuldades (isto é o que, de fato, sugere a frase original de Flávio Josefo: "Fiz-me seguidor do partido fariseu"). Com efeito, a maioria dos judeus do tempo se sentia vagamente vinculada a um partido ou outro, sem necessariamente entrar nas fileiras de nenhum deles. Em grande parte, o farisaísmo nesse tempo compartilhava as práticas e as crenças mais importantes com os judeus de outros partidos; estas características comuns faziam do judaísmo, apesar de sua grande pluralidade, uma realidade reconhecível (é o que alguns têm chamado "judaísmo comum"; cf. SANDERS, 1977, p. 419-428; COLLINS, 2000, p. 62-63 e 273-275). Além destas particularidades comuns que apresentarei em seguida, os fariseus distinguiam-se por um apreço à "Torá oral", ou seja, "as tradições dos pais" que, embora não estivessem contidas explicitamente na lei escrita de Moisés, vinham sendo cultivadas como um modo de fortalecer a santidade do povo, a pureza do templo e os sacrifícios, e a separação dos judeus (MEIER, 2003, p. 303-348).

Por conseguinte, as características do judaísmo que Paulo partilha com a maioria de seus contemporâneos podem ser resumidas em seis:

1. Já havia algum tempo, o judaísmo vinha sofrendo uma crise de identidade devido ao processo de helenização iniciado com a conquista de Alexandre Magno e intensificado por Antíoco IV Epífanes. Muitos judeus viviam a dominação romana, e os problemas derivados dela, como uma consequência dessa crise de identidade.

2. Movimentos piedosos (como o fariseu, talvez o mais popular) pretendiam superar essa crise mediante o fortalecimento da aliança, a oferta que Deus, por pura iniciativa de sua liberdade, havia concedido ao povo de Israel como sinal de sua graça e misericórdia. Este aspecto é, provavelmente, o mais importante da

A vocação de Paulo e a origem de sua vocação

identidade judaica no período de Paulo: a aliança, a justiça e a misericórdia são dons que Deus concede a cada membro de seu povo, inclusive, antes de nascer; dons, portanto, independentes de suas obras. A este respeito, podem-se ler textos rabínicos e essênios muito ilustrativos, como os citados no capítulo anterior (leia-se também: GARCÍA MARTÍNEZ, 2000, p. 355-397).

3. A resposta que se esperava de todo judeu crente era a aceitação, a incorporação voluntária e comprometida na dinâmica da aliança mediante o cumprimento da vontade de Deus expressa na Torá. Todos os partidos desejavam espaço para a liberdade (uns com mais ênfase do que outros, inclusive o essênio, o mais "determinista"). Portanto, a parte prática que assumia todo judeu neste programa de restauração da identidade judia era o apreço ao valor da lei, o cuidado pelo cumprimento rigoroso de todos os aspectos concretos que determinavam a vida de um judeu; tudo isso como resposta à eleição gratuita de Deus. O cumprimento da lei não obtinha nada que o judeu já não tivesse ganhado: era sua decisão livre manter-se no povo da aliança.

4. Até os judeus mais piedosos e esforçados cometiam transgressões; algumas involuntárias, outras voluntárias (a diferença entre elas não é muito clara, mas recebem tratamentos diferentes na Torá). No entanto, essas transgressões não afastavam para sempre o judeu do povo (salvo em casos excepcionais); se se arrependia e oferecia os sacrifícios requeridos como sinal de que aceitava de novo a oferta incansável de Deus para permanecer na aliança, voltava a recuperar a santidade e a justiça originais que Deus lhe havia conhecido. Consequentemente, a lei contemplava a possibilidade da transgressão e oferecia mecanismos possíveis e viáveis para a reintegração sem perda de privilégios.

5. Tudo o que foi dito tinha um marco de compreensão determinado: nesse tempo se havia estendido extraordinariamente certa expectativa diante da possível intervenção definitiva de Iahweh para fazer justiça quanto à corrupção e à iniquidade reinantes e para mudar definitivamente o curso da história (diretamente ou através de um messias). Esta visão apocalíptica se havia generalizado e integrado com a obediência à lei, de modo que o cumprimento da Torá não apenas mantinha o judeu no povo da aliança durante sua vida, mas, além disso, assegurava-lhe uma salvação na vida para além da morte, como se percebe no Segundo Livro de Baruc ou no Quarto Livro de Esdras (BOER, 2013). Esta inovação (não aceita igualmente por todos) generalizou a ideia do juízo final como o mecanismo que determinaria

47

SEGUNDA PARTE • Quais são os aspectos centrais do tema?

quem seriam os fiéis a obter o prêmio eterno anunciado por Deus: os que haviam cumprido sua vontade expressa na lei (os transgressores seriam castigados com uma condenação eterna).

6. Por fim, a aliança que Deus oferecia tinha como objeto exclusivamente o povo de Israel. No entanto, este, por sua vez, devia converter-se em farol que atrairia todas as nações para que reconhecessem Iahweh e começassem a fazer parte do único povo no final dos tempos. A atividade proselitista do judaísmo da diáspora no tempo de Paulo dá conta da importância deste aspecto missionário, posto que nem todos os judeus o aceitassem com a mesma cordialidade, de modo que havia grupos mais sectários e exclusivistas que outros.

A imagem de Deus e da história da salvação que se depreende desta visão é a de um Deus justo. Desde o início da história, Deus decide criar o mundo gratuitamente, por sua misericórdia, e faz um mundo "muito bom" (Gn 1,31). Contudo, a pessoa criada desobedece a seu criador e, em seu afã por alcançar o lugar de Iahweh (ser como Deus), finda matando seu próprio irmão (Gn 3–4). Para evitar que os homens se matem entre si, Deus, de novo movido por sua misericórdia, liberta o homem da escravidão (Ex 15) e lhe oferece a Torá com a qual o orienta para evitar a morte (Ex 20). Todavia, mais uma vez a pessoa se rebela contra Iahweh e decide fabricar-se um deus à sua imagem e semelhança (Ex 32), provocando a ira de Iahweh. Deus, porém, por sua misericórdia, oferece a seu povo a possibilidade de voltar à aliança mediante o arrependimento e os sacrifícios (Lv 16). Nenhuma outra avaliação desta história é compatível senão a da justiça de Deus: Deus esteve continuamente cuidando e conduzindo seu povo.

Esta apresentação, necessariamente esquemática e simplificada, pode servir-nos para fazermos uma ideia do judaísmo que Paulo compartilhava com a maior parte dos demais judeus. Nem todas as características tinham o mesmo valor para todos os judeus; inclusive, algumas delas eram praticamente ignoradas por alguns grupos, que as substituíam por outras. O judaísmo do tempo de Paulo era, como o é hoje, muito plural. No entanto, apesar disso, podemos pensar que Paulo afirmava, ainda que com matizes, esses seis grandes princípios que constituíam sua identidade como judeu. É provável que defendesse alguns deles com maior zelo, visto que afirma que era especialmente "zeloso pelas tradições paternas", que era "exagerado", "superando e levando vantagem sobre muitos compatriotas" (Gl 1,13-14; cf. Fl 3,6; At 9,1-2). Fica difícil determinar qual dessas características era objeto de maior zelo por parte de Paulo (ou se eram todas elas juntas). Atrevo-me a sugerir, pelo conjunto do que sabemos a respeito dele em suas cartas e por sua provável simpatia com o partido fariseu, que era o valor central da Torá (oral e escrita). Para ele, o cumprimento da lei tinha um duplo sentido: de um lado, era o sinal da identidade judia e do *status* que o povo de Israel tinha no plano de Deus; de outro, tinha um papel salvífico no momento final da história, quando se julgarão a todos em função de sua fidelidade a ela. Como veremos, dificilmente se pode explicar a ansiedade de Paulo para expor o novo *status* da Torá depois de sua vocação, se aquela não tivesse já, antes desta, um peso "exagerado".

2. Os judeus messiânicos (helenistas) de Damasco

Voltemos o olhar agora para Jerusalém, anos 30 d.C. Pouco tempo depois da morte de Jesus, seus discípulos voltaram a reunir-se na Cidade Santa com a certeza de que sua morte não havia acabado em fracasso, porque Deus o havia ressuscitado, dando início, assim, ao momento final da história tão esperado por todos os judeus: o juízo final iniciar-se-ia em breve. Esses judeus seguidores de Jesus eram galileus em sua maioria, de língua aramaica, como Jesus. Propuseram-se, pois, congregar em Jerusalém o maior número de judeus que tivessem aceitado a mensagem de Jesus ou que cressem que Deus o havia reivindicado, entronizando-o no lugar a partir do qual haveria de julgar todas as nações. Essa urgência e intensidade não se limitaram aos judeus de língua aramaica. Havia em Jerusalém, também, judeus vindos da diáspora que falavam grego e tinham, por isso, suas próprias sinagogas onde se reuniam. Estes tinham vindo seja para celebrar a Páscoa, seja para oferecer sacrifícios no templo, seja para passar seus últimos dias e ser enterrados ali. Não é difícil imaginar algum encontro entre uns e outros que faria espalhar a notícia desde os judeus de língua aramaica até os de língua grega. Lucas narra-o de modo fantástico, quando relata que certas chamas de fogo se pousaram sobre os Doze, e estes começaram a falar em línguas diferentes, de modo que "cada qual os ouvia falar em seu próprio idioma" (At 2,1-13). Trata-se, obviamente, de um texto teológico que quer responder à pergunta sobre como a notícia de Jesus passou de um grupo a outro. O resultado, em todo caso, foi que, dentre os judeus vindos da diáspora, surgiu um grupo de crentes em Jesus Messias (*Christos*, em grego), ou seja, que acreditaram que o projeto de Jesus de renovação judaica era o de Deus e que, por isso, o havia ressuscitado e assentado à sua direita.

Os dados que remontam a este grupo aparecem coligidos, com matizes, nos capítulos de seis a onze do Livro dos Atos. Lucas compendiou recordações destes judeus messiânicos (que vamos chamar "helenistas", tal como os denomina Lucas em At 6,1) e os incorporou em seu relato, mesclando-os com as lembranças dos de língua aramaica (que Lucas chama "hebreus" em At 6,1). Depois de um trabalho crítico com estas fontes, podemos recuperar as características mais importantes dos helenistas e trazer em grandes linhas sua evolução e desenvolvimento (SCHENKE, 1999).

Sua história começa em Jerusalém, assistindo as sinagogas dos demais judeus vindos da diáspora, aos quais, provavelmente, queriam tornar participantes de sua boa notícia: que Deus havia enviado o Messias para anunciar o fim iminente e o havia feito, como havia anunciado Isaías, na forma do servo sofredor (Is 52–53). Esta identificação entre o messias (Filho de Deus: cf. Sl 2,7; 2Sm 7,12-16) e o servo ou o justo que é rejeitado já aparecia em textos veterotestamentários (cf. Sb 2,12-20; 3,1-12; 5,1-5; Zc 12,8-11; Sl 69,25-27 etc.) e nos da comunidade de Qumrã (4Q491 frag. 11 col. 1); posteriormente, terá eco em um texto tardio do rabinismo (*Pesikta Rabba* 36-37), que reflete a ideia de um messias sofredor que assume sobre si os pecados de Israel e se deixa enviar ao mundo (HENGEL, 1978, p. 99; KNOHL, 2004, p. 25-46). É possível que a identificação de Jesus com o servo de Isaías não seja algo original dos helenistas; talvez naquele encontro com os hebreus já lhes tenha sido sugerida a identificação da história de Jesus com a daquela figura profética. No entanto, foram os helenistas que aproveitaram teologicamente este modelo para desenvolver sua fé em Jesus em uma linha que os hebreus não haviam feito (cf. At 8,26-40).

As consequências teológicas de ler a paixão e a morte de Jesus através destes cristais (Is 53,3-11) podem ser resumidas da seguinte maneira: se, efetivamente, a morte de Jesus na cruz (a quem consideravam desprezado por Deus, segundo a interpretação de Dt 21,22-23), suas feridas e humilhações foram o castigo que os judeus pecadores mereciam (todos o haviam sido, em algum momento), já não havia por que esperar castigo algum de Deus no juízo final que se aproximava. Ainda mais, se a paixão e morte de Jesus na cruz serviam aos mesmos fins que os sacrifícios no templo, que missão teria, pois, o templo, cuja função religiosa fundamental tinha sido oferecer sacrifícios para o perdão dos pecados? Além disso: se na paixão e morte de Jesus, Deus estava revelando sua vontade de justificar a todos aqueles que tiveram conhecimento dele ("Pelo seu conhecimento, o justo, meu Servo justificará a muitos...", Is 53,11), a esperança de Isaías (Is 2,1-2; 56,8; 60,1-4 etc.) de uma abertura da salvação a todos os povos se tornava realidade sem o pré-requisito de um cumprimento prévio da lei. Em tal caso, que papel tinha a Torá, cuja função havia sido conservar na aliança os membros de Israel, se esta aliança parece que se abre a todos os que aceitam o Messias crucificado?

A interpretação da paixão e morte de Jesus a partir da perspectiva do servo de Isaías tinha resultado em uma série de consequências inesperadas e surpreendentes, que estavam em conexão com a ideia de que o final estava se aproximando: Deus, perante o final iminente, oferecia um modo de justificação (e, com o passar do tempo, de salvação) universal. Esses judeus helenistas crentes em Jesus não viram esta situação como uma mudança de sua identidade, mas como uma possibilidade de abertura do judaísmo a todos os povos; viram sua identidade judia sob o prisma do momento escatológico inaugurado por Jesus: o final que se aproximava havia feito Deus mudar as regras do jogo, introduzindo um "manto" sob o qual se podiam acolher muitos. Perante esse final, os privilégios de Israel eram postos em dúvida.

Não é difícil de imaginar a reação da maioria dos judeus (tanto fiéis e piedosos quanto judeus normais, identificados com seus costumes). De fato, parece muito provável que os problemas começaram, precisamente, entre os outros helenistas que haviam acorrido a Jerusalém em razão de sua particular devoção ao templo (cf. At 6,8-9; 9,29), aqueles que não tinham chegado a tal questionamento do tempo ou da lei; estes veriam sua piedade e identidade seriamente comprometidas. Tampouco é difícil imaginar a reação de Paulo; dele temos dito que provavelmente dava um peso especial à Torá; para ele, era um traço da identidade judaica e do *status* que tinha o povo de Israel no plano de Deus, e possuía um papel salvífico no momento final da história, quando se julgariam a todos em função de sua fidelidade à lei. O que diziam os judeus helenistas crentes em Cristo entrava em colisão direta com os pilares sobre os quais muitos outros judeus se apoiavam, e as reações não se fizeram esperar: desencadeou-se uma perseguição contra esses helenistas que provavelmente vitimou alguma vida (Lucas narra a lapidação de Estêvão por esta razão: At 7,1-60) e que obrigou esse grupo judaico de crentes em Jesus a fugir de Jerusalém para as cidades da costa e do norte (Jope, Cesareia, Damasco, Antioquia etc.). Não foi uma hostilidade por causa da fé no Messias Jesus, pois os judeus de língua aramaica, crentes em Jesus (os "hebreus" que mencionamos) continuaram a

Segunda parte • Quais são os aspectos centrais do tema?

viver em Jerusalém sem essa oposição durante bastantes anos; foi sim uma rivalidade em razão das consequências que aqueles judeus crentes em Jesus tiravam de sua fé nele. Este acontecimento, de fato, dividiu os crentes em Cristo em dois grupos: os helenistas e os hebreus, os quais, além da língua, se diferençavam principalmente por uma interpretação diferente das consequências teológicas e práticas do acontecimento histórico de Jesus.

3. Encontro de Paulo com os helenistas de Damasco

Do ponto de vista histórico, Paulo aparece em cena a caminho de Damasco. Este dado, diferentemente de outros que Lucas oferece, está confirmado pelos testemunhos que Paulo dá em suas cartas (Gl 1,17; 2Cor 11,32; cf. At 9,1-2). E é um dado significativo porque permite situar Paulo, como dissemos, em um contexto preciso: Damasco, anos trinta do primeiro século, onde aparecem alguns helenistas fugidos de Jerusalém pela hostilidade mencionada (At 9,10-25). Paulo, zeloso defensor das "tradições paternas" (Gl 1,13-14), viu nesse grupo uma ameaça aos pilares de sua própria identidade judaica e, provavelmente, um desafio para todo o judaísmo tal como o entendia a maioria; era necessário resistir-lhe. Embora Lucas enfatize a parte violenta da estratégia (At 8,1-3), devemos dar mais valor ao desejo de Paulo de "desmantelar", "desorganizar", "destruir" (*portheô* em Gl 1,13.23) este grupo, desfazendo os argumentos sobre os quais se apoiava, mais do que castigando com violência. A aparição de Paulo em Damasco deve estar relacionada, pois, a uma estratégia que buscava extirpar e desfazer um tumor no corpo do judaísmo.

Nada resta daquele encontro que teve significado vocacional: nenhuma crônica nem relato confiável (At 9 é uma reconstrução teológica baseada em um modelo grego muito difuso que se pode ver em 2Mc 3); nem sequer as alusões do próprio Paulo permitem reconstruir o fato (cf. Gl 1,15-16; Fl 3,4-12; 1Cor 15,3-10), visto que são referências polêmicas e apologéticas contra seus oponentes, mais centradas no sentido teológico do que nos fatos. Por outro lado, nenhuma abordagem histórica pode dar conta da experiência pessoal subjetiva, nem do sentido religioso que uma pessoa como Paulo pôde dar a uma experiência de caráter espiritual. Paulo recorre a termos genéricos ("revelação", em Gl 1,16; "aparição", em 1Cor 15,8 etc.); eventualmente, apela a experiências espirituais (como a referida em 2Cor 12,1-10) que alguém hoje poderia catalogar como um estado alterado de consciência, mas que não ajuda para nossa interpretação. É possível identificar essa experiência com a certeza da ressurreição de Jesus, mas nos movemos em terreno muito incerto. Há uma dimensão inacessível que devemos reconhecer e respeitar a fim de evitar afirmações anacrônicas, etnocêntricas ou racionalistas (SHANTZ, 2009). Portanto, vamos concentrar-nos na análise dos dados que temos, levando em conta que o encontro com os helenistas não se reduz a choques pontuais e esporádicos; o acontecimento de Damasco prolongar-se-á durante uns três anos, tempo que Paulo passou com os helenistas antes de dirigir-se para Tarso (cf. Gl 1,17-18). Tudo o que se segue quer explicar, pois, um longo processo, complexo e cheio de matizes.

Às vezes, os silêncios são mais eloquentes do que as palavras. O encontro dialético de Paulo com os helenistas, deixando de lado a violência que teria gerado, não se concentrou na validade ou invalidade da Torá, nem em sua função no tempo final que se aproximava, visto que Paulo, anos depois, ainda continua a mostrar apreço e valor pela lei, inexplicáveis se os helenistas o tivessem convencido da substituição da Torá por Cristo. Assim, em fins dos anos cinquenta, afirma: "A Lei é santa, e santo, justo e bom é o preceito" (Rm 7,12). Paulo teve de demonstrar toda a sua capacidade exegética e teológica nas cartas aos gálatas e aos romanos, mediante argumentos muito bem elaborados e cuidados, para convencer(se) de que a Torá continua a ter o mesmo valor de sempre, só que este era diferente de como se interpretava tradicionalmente, e de como ele mesmo havia interpretado. Apesar de, no próximo capítulo, devermos deter-nos sobre este assunto, justificando-o com mais detalhes, vale recordar agora que, muitos anos mais tarde, Paulo ainda defende com força a vigência da Torá e dos demais dons de Deus a Israel (Rm 9,3-5). Isto sugere que o encontro de Damasco transcorreu por outros rumos.

O que não é um silêncio, mas um clamor em todas as suas cartas, é a centralidade que alcançou a cruz para referir-se ao impacto de Jesus em sua vocação. Paulo deve ter ficado profundamente impressionado pelo descobrimento da cruz de Jesus, uma vez que fez dele o centro de sua mensagem: "Pois não foi para batizar que Cristo me enviou, mas para anunciar o Evangelho, sem recorrer à sabedoria da linguagem, a fim de que não se torne inútil a cruz de Cristo. Com efeito, a linguagem da cruz é loucura para aqueles que se perdem, mas para aqueles que se salvam, para nós, é poder de Deus" (1Cor 1,17-18); "nós, porém, anunciamos Cristo crucificado, que para os judeus é escândalo, para os gentios é loucura" (1Cor 1,23); "Eu mesmo, quando fui ter convosco, irmãos, não me apresentei com o prestígio da palavra ou da sabedoria para vos anunciar o mistério de Deus. Pois não quis saber outra coisa

SEGUNDA PARTE • Quais são os aspectos centrais do tema?

entre vós a não ser Jesus Cristo, e Jesus Cristo crucificado" (1Cor 2,1-2); "Ó gálatas insensatos, quem vos fascinou, a vós ante cujos olhos foi desenhada a imagem de Jesus Cristo crucificado?" (Gl 3,1); "Cristo estaria assim dividido? Paulo teria sido crucificado em vosso favor?" (1Cor 1,13); "Quanto a mim, não aconteça gloriar-me senão na cruz de nosso Senhor Jesus Cristo, por quem o mundo está crucificado para mim e eu para o mundo" (Gl 6,14; leia-se também: 1Cor 2,8; 2Cor 13,4; Gl 5,24 etc.). Demonstra-se esmagador o peso que Paulo concedeu ao acontecimento da morte de Jesus na cruz, sobre a qual houve a reivindicação de Deus, sua ressurreição e sua entronização como juiz. Estas últimas certezas são assumidas por Paulo como condição prévia (talvez como parte de uma experiência espiritual) que o obrigou a fixar-se no que parece a origem de tudo isso: o acontecimento da cruz. Esta conclusão é confirmada pelo perfil dos helenistas de Damasco. A respeito deles, dissemos que baseavam seu questionamento do tempo e da lei no significado teológico da morte de Jesus na cruz; para eles, o significado desta morte mudou os parâmetros a partir dos quais se compreendia a identidade judaica. Tudo aponta para a centralidade da cruz e seu significado.

Portanto, é plausível e coerente com as fontes afirmar que o encontro com os helenistas de Damasco, para além de choques violentos e de experiências místicas, teve como centro o descobrimento do significado da cruz de Jesus por parte de Paulo. Talvez "descobrimento" não seja o melhor termo, porque sugere um esforço de busca ou pesquisa que Paulo não reconhece; ele fala de "revelação" (Gl 1,16; 1Cor 2,10; 2Cor 12,1), o que insinua algo preferentemente inesperado ou surpreendente, ou tudo isso junto. No capítulo seguinte explicarei com mais pormenores este ponto. Portanto, o acontecimento de Damasco foi, para Paulo, uma revelação (que exigiu uns três anos, como dissemos, para ser "digerida"), cujo conteúdo estava centrado no significado da morte de Jesus na cruz.

O encontro entre Paulo e os helenistas de Damasco foi um debate claramente intrajudaico. Tratava-se de esclarecer se aquele crucificado, executado com a conivência das autoridades judaicas e romanas, era um maldito de Deus, como dizia a Torá (Dt 21,22-23: "Se um homem, culpado de um crime que merece a pena de morte, é morto e suspenso a uma árvore, seu cadáver não poderá permanecer na árvore à noite; tu o sepultarás no mesmo dia, pois o que for suspenso é um maldito de Deus") ou o messias humilde, servo de Iahweh segundo outras tradições judaicas (Is 53; Sb 2,12-20; 3,1-12; 5,1-15 etc., citados anteriormente). A "revelação", finalmente, é que impôs a identidade do Crucificado segundo os helenistas: aquele a quem Paulo considerava um maldito de Deus era, de fato, o Messias de Deus (o messias, rei, era considerado filho de Deus: cf. Sl 2,7; 110,1-4; 2Sm 7,12-14), fazia parte do plano de salvação de Deus e constituía um acontecimento de tal envergadura que anunciava o fim da história. Esta visão do Crucificado é fundamental porque legitimava, a partir do âmago de tradições judaicas inquestionáveis, a identificação de Jesus com o messias, apesar (ou precisamente por causa) da cruz.

Para entender por que Paulo deu este passo e aceitou a identificação do Crucificado com a do justo sofredor que assume nossos pecados (não obstante todas as suas resistências iniciais justificadas em Dt 21,22-23), é útil recorrer a um testemunho seu que nos revela um dado importante. Em Rm 7,7-25, Paulo faz uma descrição ambígua (inclusive crítica) que podemos entender como uma reflexão sobre a condição humana, corroborada por sua própria experiência (PENNA, 2013, p. 549-559):

> Que diremos, então? Que a Lei é pecado? De modo algum! Entretanto, eu não conheci o pecado senão através da Lei, pois eu não teria conhecido a concupiscência se a Lei não tivesse dito: Não cobiçarás. Mas o pecado, aproveitando da situação, através do preceito engendrou em mim toda espécie de concupiscência: pois, sem a Lei, o pecado está morto. Outrora eu vivia sem Lei; mas, sobrevindo o preceito, o pecado reviveu e eu morri... (Rm 7,1-10).
> Infeliz de mim! Quem me libertará deste corpo de morte? (Rm 7,24).

Este texto não fala do Messias Jesus nem do significado de sua morte; fala da experiência pessoal de qualquer judeu (também de Paulo) que descobre o que pode ou não pode fazer o cumprimento da lei no horizonte da salvação. A fonte deste conhecimento não é sua vocação, mas a experiência de cumprimento e descumprimento da própria lei ("Entretanto, eu não conheci o pecado senão através da Lei...", Rm 7,7). Paulo, sem dúvida, tornou-se consciente desta experiência depois de sua vocação, quando tinha uma ideia de conjunto mais clara. Ora, se no final de sua vida (Paulo escreve a Carta aos Romanos em fins dos anos cinquenta do primeiro século) lhe é tão claro que a fonte deste conhecimento é a experiência do que a lei, tal como ele entendia seu cumprimento, pode ou não pode fazer, indubitavelmente está falando de sua própria experiência, antes e depois de sua vocação, mesmo que esta seja inconsciente.

SEGUNDA PARTE • Quais são os aspectos centrais do tema?

O que este texto nos confirma é que Paulo era um esforçado cumpridor da lei, à qual dá valor e reconhece sem nenhum obstáculo (cf. Gl 1,13-14; cf. Fl 3,6). Para ele, a lei tem um fim bom: salvar o homem de sua tendência ao mal, à morte; mas falha, não porque a lei seja má, mas porque se mostra impotente contra uma força maior do que ela, "a lei do pecado", como veremos com mais detalhes no próximo capítulo. Paulo usa um exemplo contundente: o último dos mandamentos (cf. Ex 20,17: "Não cobiçarás a casa do teu próximo. Não cobiçarás a mulher de teu próximo, nem o seu escravo, nem a tua escrava, nem o seu boi, nem o seu jumento, nem coisa alguma que pertença a teu próximo"). A cobiça (*epizimia*) era interpretada com radicalidade por alguns judeus, entre os quais se encontram os seguidores de Jesus da Judeia, como se pode apreciar na segunda das antíteses que esta tradição põe na boca de Jesus (cf. Mt 5,27-28). Para Paulo, como para todo judeu, a lei mostra o caminho para Deus e, portanto, o que o distancia do dano e a morte. A lei pede-lhe que deixe de cobiçar, mas quem pode deixar de cobiçar?

Não é difícil imaginar o esforço de um judeu fiel e zeloso como Paulo para cumprir este preceito da Torá, assim como a frustração ao constatar que a cobiça está sempre aí, espreitando para saltar sobre qualquer presa que se apresente. Talvez seja possível não cobiçar uma coisa em um momento, mas é impossível deixar de cobiçar inteiramente, para sempre. Quanto do zelo excessivo (talvez *fanatismo*) de Paulo tinha sua fonte nesta experiência frustrante? Paulo acreditava firmemente que a lei lhe pedia para deixar de cobiçar, mas não lhe oferecia nenhuma ferramenta para não cobiçar: colocava diante dele sua própria condição cobiçosa como impossibilidade de aproximar-se de Deus. Na Carta aos Gálatas, di-lo de outro modo: "Ora, as obras da carne são manifestas: fornicação, impureza, libertinagem, idolatria, feitiçaria, ódio, rixas, ciúmes, ira, discussões, discórdia, divisões, invejas, bebedeiras, orgias e coisas semelhantes…; contra estas coisas não existe lei" (Gl 5,19-23; cf. Cl 2,20-23). O grito final desta passagem ("Infeliz de mim! Quem me libertará deste corpo de morte?", Rm 7,24) parece justificado. O problema, no entanto, não é a lei, mas o que impede que a lei cumpra seu bom objetivo: a cobiça (o que Paulo chama de *sarx*, em grego, que se traduz por "carne", ou melhor, por "condição humana", do que falaremos no capítulo subsequente). Em outras palavras, o encontro de Paulo com esta nova visão lhe mostrou uma incongruência: que os princípios e o horizonte de sua própria tradição farisaica não eram confirmados por sua experiência vital; esta os desmentia.

A vocação de Paulo e a origem de sua vocação

Com esta experiência de fundo, pode-se entender melhor por que a identificação histórica do servo sofredor de Isaías com aquele crucificado (cf. Lc 14,27) causou nele um efeito tão contundente: abriu-lhe os olhos (cf. At 9,18), descerrou o véu que lhe ocultava a visão (cf. 2Cor 3,12-18), mostrou-lhe a verdade de si mesmo (cf. Fl 3,12), a identidade do Crucificado (cf. Gl 1,16) e, principalmente, como veremos no próximo capítulo, de Deus (cf. Fl 2,6; 2Co 4,4).

Podemos imaginar-nos, agora, com mais clareza, o efeito que teve para Paulo a identificação do servo sofredor, descrito em Is 53,3-111, com Jesus crucificado:

> Era desprezado e abandonado pelos homens, um homem sujeito à dor, familiarizado com a enfermidade, como uma pessoa de quem todos escondem o rosto; desprezado, não fazíamos caso nenhum dele. E, no entanto, eram as nossas enfermidades que ele levava sobre si, as nossas dores que ele carregava. Mas nós o tínhamos como vítima do castigo, ferido por Deus e humilhado. Mas ele foi trespassado por causa das nossas transgressões, esmagado em virtude das nossas iniquidades. O castigo que havia de trazer-nos a paz, caiu sobre ele, sim, por suas feridas fomos curados... Após o trabalho fatigante da sua alma ele verá a luz e se fartará. Pelo seu conhecimento, o justo, meu Servo, justificará a muitos e levará sobre si as suas transgressões.

Durante o tempo em que esteve em Damasco, este texto (e outros semelhantes que mencionamos acima: Sb 2,12-20; 3,1-12; 5,1-5; Zc 12,8-11; Sl 69,25-27) deve ter deixado nele um sinal indelével; o peso que teve o profeta Isaías em seu pensamento comprova esta influência, mesmo que não haja nenhuma citação explícita deste texto em suas cartas. De fato, a partir de então, orientou sua vida como uma imitação deste modelo que descobriu no Crucificado, cuja rejeição e desprezo revelaram-se sua força maior (cf. 2Cor 12,1-12). Significava que aquele a quem Paulo considerou "desprezado, marginalizado", "açoitado, ferido por Deus e humilhado" (nisto coincidem Dt 21,22-23 e Is 53,3-4) tinha uma missão da parte de Deus: levar sobre si o castigo das rebeldias e transgressões para trazer a paz. A legitimação que os helenistas fizeram do Crucificado permitiu que Paulo identificasse sua morte com a função do servo de Isaías: "Pelo seu conhecimento, o justo, meu Servo, justificará a muitos e levará sobre si as suas transgressões". Para Paulo, este final do hino cumpriu-se no encontro com os helenistas (cf. 1Cor 11,23-27; 15,3-8). O conhecimento do Crucificado conferiu-lhe novo modo de entender a justificação que tanto havia perseguido durante a vida: sendo injusto, rebelde, cobiçoso, Deus justificava-o independentemente de sua condição legal ou moral; Deus mostrou-lhe que lhe concedia a dignidade, a justiça que lhe permitia olhá-lo face a face, sendo ainda injusto, cobiçoso. Anos mais tarde, ele o dirá de forma contundente: "Mas Deus demonstra seu amor para conosco pelo fato de Cristo ter morrido por nós quando éramos ainda pecadores" (Rm 5,8).

Este é, provavelmente, o núcleo mais genuíno da experiência vocacional de Paulo, a de saber-se justificado por Deus em uma situação de imoralidade e ilegalidade segundo sua interpretação da lei; aceitar-se reconciliado independentemente de sua condição legal ou moral. Seu esforço por deixar de cobiçar para reconciliar-se com Deus, como lhe pedia a lei, não havia dado, até então, senão frutos pontuais, visto que a cobiça sempre estava ali, sempre reaparecia. No entanto, o que descobriu na cruz foi um modo de agir de Deus que não se ajustava com a exigência do cumprimento da lei que ele havia herdado: Deus não levava em conta as transgressões e agia com liberdade em relação a elas, reconciliando-se, por iniciativa própria, com todos os que aceitaram esse modo de ser de Deus (cf. Rm 5,1.10-11; 2Cor 5,19). Assim, para Paulo, Iahweh recuperava aquele rosto que havia mostrado a Abraão, fazendo-lhe uma promessa e abençoando-o antes de pedir-lhe para cumprir a lei (Gl 3,14-18). Este rosto de Deus fora ocultado a Paulo por causa de uma intepretação errônea da Torá; contudo, aquele revelado na cruz de Jesus lhe abriu os olhos (cf. 2Cor 3,12-18): Deus não era somente justo (que pedia justiça), mas, fundamentalmente, justificador (que não rejeita o imoral, o injusto, o malvado segundo a lei, mas que o torna justo; cf. Rm 3,26). A lei, portanto, como diziam os helenistas, devia ser reinterpretada; e assim o fez Paulo nos anos sucessivos ("Cristo nos resgatou da maldição da Lei, tornando-se maldição por nós, porque está escrito: *Maldito todo aquele que é suspenso ao madeiro*", Gl 3,13).

Podemos concluir este capítulo dizendo que a experiência vocacional de Paulo, entendida como um processo histórico acontecido em Damasco e mediado pelo encontro com os helenistas, teve seu centro em uma revelação que exigiu a transformação da imagem que Paulo tinha de Iahweh: de uma ideia de Deus mediada pelo cumprimento da Torá (que distanciava de Deus todo aquele que fosse impuro, imoral, injusto...) a outra na qual Deus tomava a iniciativa de aproximar-se do impuro, do imoral, do injusto para acolhê-lo como digno de si. Esta mudança na imagem de Deus não rompia em absoluto o marco das tradições dos pais, porque se enraizava em outas correntes, talvez minoritárias (as de um messias rejeitado, sofredor, humilhante), mas judias, no final das contas. Tudo isso pôde acontecer graças à mudança de identidade daquele crucificado que Paulo considerava um maldito; quando reconheceu nele o Messias de Iahweh, descobriu quem é Deus e como age: que Deus não estava esperando a moralidade ou a justiça de cada judeu para acolhê-lo como digno de si, mas que ele o tornava digno de si ao amá-lo tal como era, independentemente de sua condição legal ou moral. Esta revelação adquiria tal importância que exigia nova concepção do tempo presente: Deus havia decidido antecipar o tempo final (*eschaton*) para o tempo de Paulo. Tudo isso, indicado aqui sumariamente, veremos mais desenvolvido no capítulo seguinte.

4. Cronologia

Para guiar-nos pelas páginas que se seguem, pode mostrar-se útil uma referência cronológica. A que apresentamos está baseada naquela sugerida por Senén Vidal (1996, p. 22-23) e está dividida em 6 etapas; junto ao fato biográfico referido aparece o ano (sempre "depois de Cristo", d.C.). Quando for lido o capítulo sexto sobre a pseudoepigrafia e o *corpus* paulino, entender-se-á melhor a distribuição das cartas; por enquanto, o mais útil pode ser fazer-se uma ideia dos acontecimentos mais significativos.

1. Nascimento de Paulo em Tarso	4–7?
Morte de Jesus	30
Morte de Estêvão e dispersão dos "helenistas"	33
Vocação de Paulo e estada na Arábia e Damasco	34
Primeira visita a Jerusalém (a Pedro, em privado; Gl 1,18)	37
Começo da atividade no norte da Síria e Cilícia	38
2. Paulo em Antioquia (2Cor 12,1-5?)	40-45
Missão de Barnabé (At 11,25ss)	antes de 48
Segunda visita a Jerusalém: assembleia dos apóstolos	48/49
Visita de Pedro a Antioquia	49
Paulo abandona Antioquia	49
3. Primeira viagem missionária independente, passando pela Galácia, Filipos e Tessalônica, para chegar a Corinto (At 16–18)	49
Permanência fundacional em Corinto (primeira visita)	50-51
+Primeira Carta aos Tessalonicenses (1Ts)	50
Paulo perante Galião (At 18,12-17)	51

SEGUNDA PARTE • Quais são os aspectos centrais do tema?

4. Segunda viagem: Visita à Galácia (Gl)	51
Estada em Éfeso e na Ásia	51-54
Carta aos Gálatas	52
Perigo segundo 1Cor 15,32	52/53
+Cor A (1Cor 6,1-11; 10,1-22; 11,2-34; 15,1-58; 16,13-18)	52
+Cor B (1Cor 1,1-5.13; 6,12–9,27; 10,23–11,1; 12,1–14,40; 16,1-12.19-24)	53
+Cor C (2Cor 2,14–7,4)	53
Segunda visita a Corinto (visita intermediária) (não está nos Atos)	53
+Cor D, "Carta lacrimosa" (2Cor 10,1–13,13)	53
Cativeiro/perigo de morte	53-54
+Fl A, Carta de agradecimento (Fl 4,10-20)	53
+Carta a Filêmon	54
+Fl B, "Carta do cativeiro" (Fl 1,1–4,9.21-23)	54
5. Terceira viagem: de Éfeso, passando por Trôade e Macedônia, a Corinto ("viagem da coleta") (At 18–21)	54/55
+Cor E, "Carta de reconciliação" (2Cor 1,1–2,13; 7,5–8,24)	54
+Cor F, (2Cor 9,1-15)	54
Terceira visita a Corinto (uns três meses)	55
Carta aos Romanos (Rm A e B)	55
6. Viagem de Corinto com a coleta a Jerusalém	56
Terceira visita a Jerusalém (visita da coleta) (At 21–28)	56
Viagem de Paulo preso a Roma (At 28ss)	58/60
Estada em Roma e morte 60/65	60/65

Bibliografia

BOER, Martinus C. de, Paul's mythologizing program in Romans 5-8, in GAVENTA, B. R. (ed.), *Apocalyptic Paul: cosmos and anthropos in Romans5-8*, Baylor University Press, Waco TX, 2013, p. 1-20.

COLLINS, John J., *Between Athens and Jerusalem: Jewish identity in the Hellenistic Diaspora*, William B. Eerdmans Pub., Grand Rapids, MI, [2]2000.

GARCÍA MARTÍNEZ, Florentino, *Textos de Qumrán*, Trotta, Madrid, ²2000.

HENGEL, Martin, *El hijo de Dios: el origen de la cristologia y la historia de la religión judeo-helenística*, Sígueme, Salamanca 1978.

KNOHL, Israel, *El mesías antes de Jesús: el Siervo sufriente de los manuscritos del Mar Muerto*, Trotta, Barcelona, 2004.

MEIER, John P., *Un judío marginal: nueva visión del Jesús histórico*, t. 3, *Compañeros y competidores*, Verbo Divino, Estella, 2003.

PENNA, Romano, *Carta a los Romanos: introducción, versión y comentario*, Verbo Divino Estella, 2013.

SANDERS, Ed Parish, *Paul and Palestinian Judaism: a comparison of patterns of religion*, Fortress Press, Minneapolis, 1977.

SCHENKE, Ludger, *La comunidad primitiva: historia y teología*, Sígueme, Salamanca 1999.

SHANTZ, Colleen, *Paul in ecstasy: the neurobiology of the apostle's life and thought*, Cambridge University Press, Cambridge, 2009.

VIDAL, Senén, *Las cartas originales de Pablo*, Trotta, Madrid, 1996.

_____, *Pablo: de Tarso a Roma*, Sal Terrae, Santander, 2007.

Capítulo 3
A cosmovisão de Paulo

A experiência de Damasco, que vimos no capítulo anterior, provavelmente precisou de vários anos para amadurecer e adquirir sentido. Este processo consistiu, basicamente, em pôr a morte de Jesus na cruz no centro de sua nova cosmovisão, um acontecimento paradoxal, flagelante que, não obstante, depois da nova compreensão, oferecia uma perspectiva esperançosa de sua própria identidade, de seu passado e de seu futuro. Dizem os estudos da religião, a partir das ciências cognitivas, que uma ideia ou tradição religiosa tem mais garantias de ser aceita e persistir quando contém um elemento paradoxal ou inesperado (*"counterintuitive"*; BOYER, 2001). A morte de Jesus na cruz era um acontecimento desafortunado e vergonhoso; contudo, se esta morte tinha um significado teológico positivo (a revelação de um novo mecanismo de reconciliação), convertia-se em uma morte paradoxal, estigmatizante, mas redentora.

Isto obrigou Paulo a modificar sua vinculação ou filiação dentro do judaísmo. Se, até o momento, havia sentido-se próximo à cosmovisão dos fariseus, como vimos no capítulo anterior, agora, vai-se vincular aos helenistas, judeus da diáspora crentes em Jesus. Talvez seja necessário repetir uma vez mais: Paulo não se converteu do judaísmo ao cristianismo; Paulo continuou sendo, depois da experiência de Damasco, tão judeu quanto antes, mesmo que este fato lhe tenha mudado a cosmovisão judaica. Neste capítulo, faço uso do termo cosmovisão para explicar a compreensão particular que um judeu tinha de sua pertença ao judaísmo, um conjunto de crenças e práticas, sua forma de explicar o mundo, seu sentido etc., dentro do judaísmo; ou seja, considero que existem cosmovisões diferentes dentro do marco amplo e plural do judaísmo do tempo de Paulo (cf. OLMO LETE, 2010, p. 177-194).

1. O judaísmo de Paulo relido a partir de Damasco

Há um texto da segunda Carta aos Coríntios (2Cor 3,12-18) que me parece muito ilustrativo para entender esta dupla situação: a continuidade de sua identidade

Segunda parte • Quais são os aspectos centrais do tema?

judaica e a mudança de cosmovisão que antecipamos no capítulo anterior. A combinação de ambas as realidades, continuidade e novidade, é um dos aspectos mais difíceis para entender Paulo; no entanto, é um tema-chave. Vamos ler o texto em primeiro lugar.

> Fortalecidos por tal esperança, temos plena confiança: não fazemos como Moisés, que colocava um véu sobre a sua face para que os filhos de Israel não percebessem o fim do que era transitório... Mas os seus espíritos se tornaram obscurecidos. Sim; até hoje, quando leem o Antigo Testamento, este mesmo véu permanece. Não é retirado, porque é em Cristo que ele desaparece. Sim; até hoje, todas as vezes que leem Moisés, um véu está sobre o seu coração. "É somente pela conversão ao Senhor que o véu cai." Pois o Senhor é o Espírito, e onde se acha o Espírito do Senhor aí está a liberdade. E nós todos que, com a face descoberta, refletimos como num espelho a glória do Senhor, somos transfigurados nessa mesma imagem, cada vez mais resplandecente, pela ação do Senhor, que é Espírito.

Neste fragmento da carta, Paulo está explicando sua missão, tal como ele a entende, como o anúncio de uma "nova aliança". Explicaremos mais adiante o alcance desta expressão para evitar interpretações errôneas; por enquanto, basta-nos dizer que Paulo considera necessário remontar até Moisés para explicar a origem de sua missão e mostrar que esta "novidade" não é senão a correção de uma série de erros de interpretações que têm origem em Moisés e que com Cristo se remedeiam. Para isso, Paulo recorre a uma passagem importante da história bíblica, encontrado em Ex 33–34. Nela, Moisés pede a Deus: "Rogo-te que me mostres a tua glória", e Iahweh lho concede: "Farei passar diante de ti toda a minha beleza, e diante de ti pronunciarei o nome de Iahweh. Terei piedade de quem eu quiser ter piedade e terei compaixão de quem eu quiser ter compaixão". E acrescentou: "Não poderás ver a minha face, porque o homem não pode ver-me e continuar vivendo" (Ex 33,18-19). O texto, portanto, apresenta a questão da contemplação de Iahweh: o que se pode ver de Iahweh, o que implica vê-lo e como se transmite tal visão; isto é o que Paulo apresenta também no final do fragmento citado (2Cor 3,18).

O encontro de Moisés com Iahweh no Sinai "durante quarenta dias e quarenta noites" teve duas consequências: a primeira é que Moisés copiou pela segunda vez as tábulas da lei que havia quebrado (Ex 34,28); a segunda é que "seu rosto resplandecia porque havia falado com ele" (Ex 34,39). Aarão e seus companheiros temem olhar o brilho de Deus no rosto de Moisés porque, como Iahweh havia dito, "o homem não pode ver-me e continuar vivendo" (Ex 33,20). No entanto, estranhamente, Moisés fala-lhes sem nenhum escrúpulo nem proteção, com o rosto descoberto (Ex 34,31-32), e coloca um véu sobre a face somente quando terminou de transmitir tudo o que Iahweh lhe havia dito (Ex 34,33). O narrador diz que esta era a prática habitual de Moisés: quando falava com Iahweh, retirava o véu (Ex 34,34), que mantinha afastado quando transmitia tudo aos israelitas, até que terminasse, e somente então se cobria com o véu. Então, se o véu não tinha a função de evitar que os israelitas morressem ao contemplar a glória de Iahweh, como era seu temor, qual era o objetivo do véu? Que sentido tem que Moisés o colocasse quando terminava de falar ao povo, quando já não havia perigo de matar ninguém?

Esta parece ser a pergunta que Paulo se faz e a ela responde no texto que citamos (2Cor 3,12-18). E sua resposta é, certamente, original: o véu não pretendia proteger o povo de Iahweh (porque de Deus não é preciso proteger-se, parece sugerir); o véu só evitava que se visse a caducidade do resplendor, a míngua do brilho, a perda do reflexo, sua decadência e ocaso. Com o tempo, o brilho do rosto de Moisés ia-se apagando, até que voltava a ver Iahweh e seu rosto voltava a iluminar-se. Este brilho provinha, única e exclusivamente, da luz que captava de Iahweh. Moisés não tinha luz própria: apenas refletia a de Deus. Isto é o que Paulo queria dizer com essa estranha frase: Moisés "colocava um véu sobre a sua face para que os filhos de Israel não percebessem o fim do que era transitório" (2Cor 3,13). Esta expressão metafórica, "o fim do que era transitório", é uma crítica à tradição segundo a qual o brilho e a luz provinham de Moisés e da própria lei, não de Iahweh. Na medida em que a Torá é lida como autônoma, como fonte de luz própria, é como cobrir-se com um véu que impede de ver a realidade; esta parece ser a conclusão de Paulo.

Dissemos, no capítulo anterior, que a leitura mais generalizada da lei no tempo de Paulo era a que a considerava como um caminho de permanência na aliança, uma resposta ao dom de Deus. No entanto, existiam correntes de tradição, e Paulo parece provir de uma assim, de que haviam exagerado o valor da lei, esquecendo seu sentido original. Haviam ficado olhando o dedo que indica Deus e se esquecido de Deus. Este é, para Paulo, o problema da aliança de Moisés: foi mal interpretada ("até hoje, todas as vezes que leem Moisés, um véu está sobre o seu coração", 2Cor 3,14). A lei outra coisa não pretende senão refletir "toda a bondade de Iahweh" (Ex 33,19); contudo, somente a reflete, não tem luz própria. A Torá deve remeter-se

SEGUNDA PARTE • Quais são os aspectos centrais do tema?

continuamente a Iahweh para conservar seu brilho, sua glória, seu valor. Na medida em que um só dia deixa de voltar a olhar para Iahweh, perde-se e não reflete sua bondade e misericórdia; então, pode-se converter em fonte de extravio ou de morte.

Paulo descobriu este problema, como vimos no capítulo anterior, quando compreendeu o significado da morte de Jesus na cruz. Para ele, somente nesse fato histórico "cai o véu" que impede ver a dependência que a lei tem de Deus.

Somente no Crucificado se pode descobrir o que não se vê com clareza no relato de Ex 34: a cruz não tem nada brilhante; nada há nela que possa confundir o crente, que o faça ficar deslumbrado diante dela, porque não tem luz, porque é o mais vergonhoso, obscuro, indigno, desprezível que existe; é o mais distanciado do brilho e da glória de Deus. Por isso, não há problema algum com a cruz: ninguém pode confundir-se com ela, ninguém pode querer a cruz esvaziada de seu sentido teológico, que é o único que a converte em outra coisa, ninguém deseja o sofrimento e a humilhação, a não ser porque trazem um bem maior. A cruz, por si só, é ofensiva e humilhante; não tem nem pode ter brilho próprio; ninguém pode fascinar-se ou maravilhar-se diante dela. Por isso, diante do Crucificado, não existe véu: Deus aí transparece, onde nenhum brilho pode desviar a atenção da única origem de bondade e misericórdia (MOLTMANN, 2010). Nem a lei nem a cruz, por si mesmas, servem para nada, mas, no Crucificado, Paulo viu o que não vira na lei: porque não esconde nem obscurece ("É somente pela conversão ao Senhor que o véu cai", 2Cor 3,16).

Paulo termina sua particular interpretação da passagem de Moisés esquivando-se do final do relato do Êxodo. Moisés não havia sido capaz de refletir senão um brilho efêmero, decadente; no entanto, seu objetivo, que era ver a glória de Deus (Ex 33,18), pode ser alcançado de outro modo. Não buscando a glória de Deus em objetos que a refletem mal, parcialmente ou de modo incompleto (cf. 1Cor 13, 9-12), mas em um espelho fiel. Para Paulo, não há lugar ou acontecimento que reflita melhor a verdade de Deus do que aquele que menos pode distrair ou confundir: o Crucificado. Assim, di-lo depois da passagem citada: "Porquanto Deus, que disse: *Do meio das trevas brilhe a luz!*, foi ele mesmo quem reluziu em nossos corações, para fazer brilhar o conhecimento da glória de Deus, que resplandece na face de Cristo" (2Cor 4,6). A pessoa que contempla o Crucificado e descobre a verdade de Deus sem véus nem distrações, diz Paulo, pode converter-se, ela mesma, em espelho semelhante (2Cor 3,18; Rm 8,29; Fl 3,21). O que a lei não pode conseguir, porque confunde ao mostrar um brilho que parece próprio, consegue-o quem olha para a cruz e descobre como Deus o olha e o conhece (Fl 3,12; Gl 4,0; 1Cor 13,12). Aí não há véus que sirvam: é a transparência e a liberdade (2Cor 3,17).

Paulo revela aqui, com metáforas e releituras bíblicas, seu novo olhar sobre as tradições que recebeu. Este é o objetivo último de citar Moisés: mostrar que o que foi descoberto na cruz de Jesus não é uma novidade que o obrigue a abandonar suas tradições, mas voltar ao mais radical e genuíno delas, ao melhor judaísmo, ao das origens de Moisés (e de Abraão ou Adão, em outros textos). Paulo, é preciso repeti-lo muitas vezes, continua sendo tão judeu quanto antes, inclusive mais, com esta reflexão. Nada do que foi dito aqui tira Paulo de sua tradição judaica (nem a ideia da "nova aliança" que é de Jeremias); isso, sim, o obriga a reinterpretar novamente elementos importantes que o levam a sua verdadeira origem e sentido fundacional. O projeto de Paulo depois de sua vocação (que ele entende como a dos antigos profetas Isaías ou Jeremias) é recuperar o judaísmo desde suas raízes. No entanto, esta tentativa obrigava a mudar algumas práticas e crenças que muitos não estavam dispostos a aceitar, e Paulo entrará em conflito com outras correntes do judaísmo de seu tempo, algumas delas lideradas por crentes em Jesus, como a de Tiago, "o irmão do Senhor" (cf. Gl 1,19; 2,11-14).

Neste capítulo, vamos fixar-nos em como o acontecimento de Damasco fez Paulo olhar para trás e para frente; primeiro, como releu suas próprias tradições, reinterpretando-as ou incorporando novos elementos; segundo, como deu sentido à sua vida, a seu futuro, como projetou sua missão de acordo com a nova cosmovisão. Para a primeira tarefa, foi fundamental sua incorporação à tradição dos helenistas. Paulo esteve em Damasco cerca de três anos (aproximadamente do ano 33 ao ano 36 d.C.); posteriormente, durante doze anos esteve entre Tarso e Antioquia (aproximadamente do ano 36 ao ano 49 d.C.). Esta etapa soma uns 15 anos nos quais compartilhou missão e visão com os helenistas de Damasco e de Antioquia (veja-se a Cronologia à p. 59). Paulo herdou muitas coisas deles que, como ele, eram judeus e queriam compreender-se como tais, incorporando em sua fé judaica o significado da morte de Jesus.

2. A novidade teológica que a morte de Jesus traz para o judaísmo

O ponto central sobre o qual gira a releitura do judaísmo de Paulo é a incorporação do Messias crucificado à sua cosmovisão. Quem é o Crucificado, que função tem na história, como influencia na identidade judaica, como deve entender-se na condição do judeu depois dos acontecimentos de Jerusalém do ano 30 d.C.? Estas são algumas perguntas que iniciaram a releitura que Paulo faz de suas próprias tradições: aquele a quem ele havia considerado um maldito de Deus (Dt 21,22-23) era, na realidade, como o servo sofredor de Isaías (Is 53), o que havia levado sobre si as culpas e os castigos de todos, o Messias de Iahweh (*Christos*). Lucas apresenta esta leitura, como vimos, como própria da tradição helenista representada por Filipe (At 8,26-40). Paulo não cita explicitamente os cânticos do servo de Isaías (Is 42; 49; 50; 53), mas alude a eles de modo implícito em lugares de suas cartas nos quais ele diz que recolhe e transmite uma tradição que recebeu, ou em passagens que os especialistas reconhecem como fórmulas tradicionais, como por exemplo, 1Cor 15,3; Fl 2,6-11; Rm 4,24-25 (HAYS, 1989, p. 63). Isto sugere que, efetivamente, a identificação de Jesus com o servo de Isaías não é original de Paulo, mas uma herança que ele recebeu de seu tempo, compartilhando com os helenistas em Damasco e na Antioquia. Embora Is 53 tenha tido um peso importante em sua vocação, vimos, no capítulo anterior, que as consequências teológicas que Paulo tirará a partir daí o aconselharão a utilizar outras imagens e metáforas que veremos mais adiante neste capítulo; daí sua resistência em citar explicitamente esses textos. Vamos agora mostrar como esta herança nuclear (que podemos condensar assim: Jesus morreu como o servo sofredor de Isaías e Deus o ressuscitou) desencadeou uma transformação de sua cosmovisão como judeu.

Vimos que Paulo concede importância singular e paradoxal ao acontecimento da morte na cruz de Jesus. Isto não significa que não considere importante a ressurreição; parece inegável que Jesus, para Paulo, atua como Messias à direita do trono de Deus, esperando o momento do juízo final (1Cor 15,20-28). A fórmula de fé que Paulo diz aceitar em 1Cor 15,3-8 afirma a morte, a sepultura, a ressurreição e as aparições aos líderes mais destacados, entre os quais figura ele próprio. Creio que não há controvérsia sobre este ponto: a certeza da ressurreição de Jesus faz parte da cosmovisão de Paulo; acreditava na ressurreição dos mortos no último dia. A novidade está em que se antecipou e se verificou em alguém totalmente inesperado: um crucificado. Por isso, Paulo dá tanta importância ao fato da cruz. Convém recordar que, nesta fórmula de fé herdada, o caráter redentor do acontecimento de Jesus reside em sua morte ("morreu por nossos pecados", 1Cor 15,3) e não em sua ressurreição.

Esta é a ideia germinal que Paulo herda e a partir da qual nasce sua releitura do judaísmo: a vida, morte e ressurreição de Jesus fazem parte do plano de Deus e têm um sentido teológico. Em Damasco, havia escutado que Iahweh tinha previsto que seu Servo morreria de modo humilhante para que suas feridas, sua rejeição e sua morte servissem como castigo alternativo (vicário) àquele que o povo merecia pela acumulação de seus pecados. É certo que a lei já continha mecanismos expiatórios (sacrifícios de expiação) para perdoar as transgressões dos crentes; no entanto, não fica claro, segundo o Levítico, quais mecanismos de purificação cada comportamento requeria, visto que uns afetavam a pureza ritual e outros, a pureza moral (MILGROM, 2004). Em todo caso, o que parece mais claro é que as "abominações" mais graves (como o assassinato, a idolatria ou as transgressões sexuais), consideradas impureza moral, tinham sérias consequências que podiam incluir castigo (expulsão da terra de Israel) e penas (entre elas, a pena capital). Para alguns casos, cabia a expiação, uma série de sacrifícios no templo que recuperavam o estado inicial do transgressor (como o caso daquele que tem relações sexuais com uma serva de outro: Lv 19,20-22); para outros casos, no entanto, só restava ser apedrejado até à morte (como o caso de adultério: Lv 20,10) ou ser expulso para sempre de Israel (como o caso de idolatria: Lv 20,6); muitas situações, não obstante, tinham um tratamento ambíguo e seu desenlace dependia de quem o interpretava.

Neste cenário, a leitura que os helenistas faziam mostrava-se enormemente sugestiva e atraente. Deus havia aceitado a morte de Jesus como uma expiação total dos pecados, incluídos os que a lei e seus mecanismos sacrificais não expiavam ou não faziam com clareza. Vimos, no capítulo anterior, que esta leitura ofereceu a Paulo, pessoalmente, um modo de resolver algumas incongruências de sua cosmovisão anterior, como o fato de descobrir que Deus o havia feito cobiçoso (de carne) e lhe pedia simultaneamente para deixar de ser cobiçoso (de carne) para reconhecê-lo digno de si (cf. Rm 7,10-25). Resolveu o dilema quando compreendeu que Deus o havia reconhecido digno e o havia amado tal como era, cobiçoso (de carne), antes de nada fazer para deixar de sê-lo (Rm 5,8). Esta identificação de Jesus com o servo de Isaías (Is 53) permitiu-lhe incorporar a morte de Jesus no plano de Deus: esta morte, apesar de seu caráter estigmatizante e desabonador (ou talvez por isso), falava de Iahweh, de seu modo de ser e de agir e, portanto, exigia um olhar teológico novo sobre a história. Este olhar teve, de fato, duas consequências imediatas: em primeiro lugar, a convicção de que, com a morte de Jesus, havia-se iniciado a contagem regressiva para o tempo final (*eschaton*) e, em segundo lugar, que era preciso ver a Deus a partir de parâmetros diferentes ou, com outras palavras, que Deus se revelava na morte de Jesus de modo novo e transparente.

A primeira consequência é a que desencadeou em Paulo uma enérgica e ampla missão para congregar antes do tempo final o maior grupo possível de judeus crentes, dispostos a reconhecer a novidade acontecida na morte e na ressurreição de Jesus. A convicção da iminência do tempo final explica, por exemplo, por que alguns dos que escutaram Paulo nem sequer pensaram que havia tempo para que alguém morresse antes que chegasse esse final (cf. 1Ts 4,13-18). Paulo, como os demais seguidores de Jesus, pensavam estar presentes aos acontecimentos finais, quando Iahweh tomaria posse de sua terra, e o Messias julgaria a todos, judeus e não judeus. Essa urgência, manifesta em vários fragmentos de suas cartas (cf. 1Ts 4,17; 1Cor 7,29-31; 15,51-52; 16,22 etc.), obrigou-o a elaborar uma apressada estratégia de congregação de fiéis. A isto dedicaremos os dois capítulos seguintes, porque exige certa delonga. Por enquanto, basta dizer que foi essa iminência escatológica, a profunda convicção de que o tempo histórico havia chegado a seu fim, que estimulou Paulo (e outros) a viver cada dia do tempo presente como se fosse o penúltimo. De outro modo, é difícil explicar a energia e o trabalho que dedicou a seu projeto e o impulso que lhe deu. Paulo não pensou em uma estratégia de longo prazo, em um plano que perdurasse, mas em uma solução de compromisso que tinha sentido apenas no curto prazo, como preparar a noiva para as bodas iminentes (2Cor 11,2).

A primeira segunda consequência não teve menos repercussões: Paulo teve de modificar sua imagem de Deus. Para entender bem isso, devemos recordar o sentido do sacrifício e remontar-nos às interpretações da morte de Jesus anteriores a Paulo. Vimos que a morte de Jesus entendida como a do servo sofredor (Is 53) havia permitido compreender, no marco do tempo final, que Deus havia decidido oferecer uma estratégia de perdão de todos os pecados e de todas as pessoas, judeus ou não (Rm 3,29-30). Mas como tinha acontecido o perdão? Como podia a morte de Jesus conseguir o perdão de Deus? Que mecanismo ou sistema religioso permitia entender o que havia acontecido na morte de Jesus? Is 53 oferecia uma resposta ao quem (Iahweh, através do servo Jesus) e ao porquê da morte de Jesus (evitar a morte merecida dos transgressores), mas não ao como. Por isso, logo cedo se lançou mão de outro texto que permitia entender esse "como": Lv 16. Este texto permitia explicar a morte de Jesus como um sacrifício expiatório pelo perdão dos pecados, como o bode que era expulso para o deserto depois de ter sido carregado com os pecados de Israel e como o outro bode cujo sangue aspergia a arca para purificar o templo dos pecados do povo. O texto de Isaías não fala de um sacrifício, nem de sangue derramado, nem de vítimas... Fala somente de humilhação e rejeição, de feridas que curam e de golpes que trazem a paz; de castigos que um recebe no lugar de outros. Lv 16, sim, fala de vítimas e de sangue derramado para o perdão dos pecados, do sacrifício do dia da expiação (*yom kippur*). Por isso, provavelmente, em pouco tempo misturam-se na tradição helenista essas duas tradições (a do servo de Is 53 e a do dia da expiação de Lv 16), porque se complementavam muito bem para dar sentido teológico à morte de Jesus e para responder a todas as perguntas.

Podemos dizer, portanto, que desde cedo se viu a morte de Jesus como um sacrifício para o perdão dos pecados, unindo-se estas duas tradições (Is 53 e Lv 16). Paulo mesmo parece utilizar Lv 16 para falar da morte de Jesus em Rm 3,24-26, um texto no qual ressoa uma tradição prévia a ele (SCHENKE, 1999, p. 208-214). No entanto, seja este texto, seja outros em que Paulo fala de "entrega" (*apodidômi*) ou de "resgate" (*apolytrôsis*), devem ser interpretados corretamente a partir do sentido que os sacrifícios tinham em seu tempo. Um sacrifício pelo pecado não era uma satisfação ou paga a Deus; não era uma compensação pelo dano causado; não era uma substituição pela própria vida devida, que é uma intepretação moderna (GIRARD, 2005; HAMERTON-KELLY, 1987, p. 73-78); em tal caso, Deus apareceria como um ser que precisa de vítimas humanas para aplacar sua ira. Esta é uma imagem antropomórfica de Deus, uma projeção de traços humanos sobre Deus. O sacrifício no tempo de Paulo era algo diferente: uma imitação de Deus (KLAWANS, 2006).

Os sacrifícios não se faziam para provocar uma reação em Deus, mas para imitar Deus; buscavam reproduzir nos participantes do ritual os mesmos valores e comportamentos que se identificavam com Deus. Cada grupo enfatizava determinadas características de Deus e destacava certos traços acima de outros; os rituais sacrificais tentavam reproduzir tais características, buscavam provocar nos participantes do ritual esses mesmos valores e comportamentos ideias que identificam com Deus. Era como partilhar a mesa com a divindade, para o que se requeria uma disposição, uma preparação, uma purificação (tal como Moisés se preparava para "ver Iahweh"). Assim, por exemplo, no imaginário do judaísmo do segundo templo, uma das características mais sobresselentes de Iahweh era sua vida eterna e seu poder sobre a vida. Isto era, de fato, o que mais diferençava Iahweh das pessoas;

estas morriam, ao passo que Iahweh não; estas necessitavam das relações sexuais para perpetuar-se no tempo e mitigar a caducidade de cada vida, enquanto Iahweh não precisava delas. Dizem os estudiosos que esta é a razão fundamental por que os que apresentavam uma oferenda diante do altar deviam abster-se de todo contato com a morte (cadáveres e similares) e do sexo (relações ou fluidos sexuais). Nos sacrifícios, a pessoa oferente imitava Deus, reproduzia a imagem que o grupo humano projetava em Deus (JAY, 1992).

A imagem de Deus que está por trás da cosmovisão farisaica que Paulo compartilhava antes de sua vocação era, tal como vimos no capítulo anterior, a de um Deus justo que queria justiça e santidade para relacionar-se com ele. Para poder ser justo, Deus havia oferecido um caminho de justiça: a Torá. No entanto, se a morte de Jesus for compreendida como "sacrifício" e entendida como imitação, como a reprodução da imagem de Deus que Jesus tinha, que imagem de Deus se depreende dessa morte de Jesus?

Este ponto é, sem dúvida, o núcleo teológico mais importante da releitura que Paulo faz do judaísmo e sua contribuição mais original e inaudita: Jesus imitava Deus na morte na cruz; Deus revelava-se na cruz de Jesus. Deus continua sendo justo, mas não pede justiça para relacionar-se com ele; ao contrário, ele justifica por sua própria iniciativa para tornar todas as pessoas dignas de si, sem levar em conta sua condição legal ou moral. Ademais, se Deus é como Jesus na cruz, aceita a rejeição daquele a quem mostrou seu amor. Deus não despreza nem castiga na cruz os que matam Jesus, nem os condena por suas transgressões, cobiças ou mortes; em vez disso, oferece-lhes uma oportunidade de reconciliação, mesmo que rejeitada (1Ts 5,24; 1Cor 1,9). O Deus na cruz não desencadeia sua ira para aniquilar os verdugos de Jesus, mas lhes oferece nesse mesmo momento uma oportunidade: sendo assassinos, faz deles objeto de amor (Rm 5,8). Deus, na cruz, mostra que considera dignos de si, justos, inclusive os mais malvados; é um Deus não somente justo, mas justificador (Rm 3,26).

Esta revelação está na raiz da visão apocalíptica da história que Paulo tem: a vida, a história, os acontecimentos, as pessoas têm uma aparência que não coincide com sua realidade profunda (BOER, 1998). Paulo explica esta situação no texto com o qual começamos este capítulo (2Cor 3,12-18): todo judeu, ele, inclusive, traz um véu sobre o rosto que o impede de ver com clareza, e este véu cai na cruz de Jesus (como o véu do templo cai na morte de Jesus, segundo Mc 15,39). A cruz revela-se como uma janela, como um foco que ilumina uma realidade obscura e ambígua: a identidade de Iahweh, seu ser e agir na história, e a realidade do mundo. Isto é o que Paulo enfatiza, como um *leitmotiv*, ao longo de suas cartas, com diferentes expressões, mas especialmente com quatro imagens.

Em primeiro lugar, quando diz que Jesus é "Filho de Deus" ("Quando, porém, aquele que me separou *desde o seio materno* e me *chamou* por sua graça, houve por bem revelar em mim seu Filho...", Gl 1,15-16), Paulo está aludindo à concepção difusa de que o filho é imagem do pai ("O pai morre, é como se não morresse porque deixa depois de si alguém semelhante a ele", Eclo 30,4); "Tendes feito bem imitando os deuses e emulando vossos pais ao trazer filhos ao mundo do mesmo modo que vossos pais fizeram convosco... Um filho é imagem de vosso corpo e alma até o ponto de que se converte em vosso eu" (in CASIO, Dion, *História Romana* LVI 3,1; também em Mt 5,44-45; Lc 6,35-36). Esta imagem não se devia a nenhuma qualidade extraordinária de Jesus, mas que o era tendo "nascido de mulher" (Gl 4,4). Desse modo, Paulo afirma que era a humanidade de Jesus que refletia a divindade de Deus, especialmente o aspecto mais humilhante e vergonhoso de sua humanidade: a morte na cruz. Em Rm 5,10, Paulo afirma: "... quando éramos inimigos fomos reconciliados com Deus pela morte do seu Filho", e em Gl 2,20: "Já não sou eu que vivo, mas é Cristo que vive em mim. Minha vida presente na carne, vivo-a pela fé no Filho de Deus, que me amou e se entregou a si mesmo por mim". Assim, de todos os acontecimentos da vida de Jesus, o que revela com mais transparência esta identidade do Pai é sua morte na cruz.

Em segundo lugar, quando Paulo diz que Jesus é "imagem de Deus" ("se o nosso Evangelho permanece velado, está velado para os que se perdem, para os incrédulos, dos quais o deus deste mundo obscureceu a inteligência, a fim de que não vejam brilhar a luz do Evangelho da glória de Cristo, que é a imagem de Deus", 2Cor 4,4), ele o faz aludindo paradoxalmente à cruz de Jesus, como o faz em outros lugares de suas cartas, relacionando sabedoria de Deus e cruz (1Cor 1,18.24; 2,2 etc.) ou glória de Deus e cruz (1Cor 2,7-8 e Gl 6,14). Jesus na cruz se converte para Paulo em imagem, ícone de Deus, de seu ser e de seu agir. Isto explica por que Paulo diz, de modo surpreendente, que "não quis saber outra coisa entre vós a não ser Jesus Cristo, e Jesus Cristo crucificado" (1Cor 2,2), porque descobre aí que Deus "reluziu em nossos corações, para fazer brilhar o conhecimento da glória de Deus, que resplandece na face de Cristo" (2Cor 4,6).

Em terceiro lugar, quando Paulo diz que Jesus é "forma de Deus" ("Ele, estando na forma de Deus não usou de seu direito de ser tratado com um deus, mas se despojou, tomando a forma de escravo. Tornando-se semelhante aos homens e reconhecido em seu aspecto como um homem, abaixou-se, tornando-se obediente até a morte, à morte sobre uma cruz", Fl 2,6-7), está afirmando que a morte de Jesus na cruz expressa e revela, mesmo que seja de modo ambíguo, a forma de ser e de agir de Deus na história. Não importa se aqui Paulo está aludindo a Adão ou ao servo de Isaías que mencionamos; o fato é que Paulo descobre a "forma de Deus" na primeira parte do hino, na qual se descreve o "esvaziamento", a "servidão" e a "morte na cruz" de Jesus, e não na segunda, em que aparecem a exaltação do "nome acima de todo nome" e o reconhecimento universal. Portanto, a igualdade e a forma de Jesus com Deus se descobrem quando morre como um escravo na cruz.

E em quarto lugar, quando Paulo diz que a boa notícia que anuncia é "poder de Deus" ("a linguagem da cruz e loucura para aqueles que se perdem, mas para aqueles que se salvam, para nós, é poder de Deus", 1Cor 1,18.23-24), está contrapondo dois tipos de força: a que predomina na mente da maioria das pessoas e a de Deus. Esse poder paradoxal de Deus parece referir-se ao modo de agir de Deus na história, sua forma peculiar de fazer-se presente. Na cruz se tornaram explícitos os resultados dessas duas forças: a força dos homens (do poder e dos poderosos) que matou Jesus e conseguiu silenciá-lo e anulá-lo; e a força de Deus que silenciou, aguentando a rejeição e a humilhação que lhe faziam em Jesus (seu Messias e seu Filho) e que transforma esse ódio em oferta de encontro e de reconciliação. Duas "forças" enfrentadas que parecem propor uma pergunta ao ouvinte dessas tradições: qual força é, afinal, mais forte?

Paulo descobre no Crucificado que Deus age segundo princípios diferentes dos que ele acreditava próprios de Iahweh, porque o Deus de Jesus aceita as limitações e obrigações históricas, assumindo um lugar silencioso na história, inclusive, quando sua presença ou proposta (a mensagem e a vida de Jesus entendidas como Evangelho de Deus) é rechaçada violentamente, gerando vítimas inocentes. Deus não age intervindo para mudar o curso da história arbitrariamente; Deus não intervém matando os carrascos de Jesus nem nenhum algoz de nenhuma vítima da história. A cruz de Jesus revela que Deus aceita essas limitações e que seu modo de ser é o silêncio, não, porém, um silêncio estéril, mas o mais eficaz e produtivo, porque se coloca do lado da vítima para acolhê-la, reivindicá-la, fazer-lhe justiça, ressuscitá-la e outorgar-lhe um *status* maior do que o que detinha antes. O poder convencional (o da imposição, coerção, domínio...) não é o que Deus utiliza para manifestar sua presença; os lugares e situações que são aparentemente ausência de Deus (como a cruz, as vítimas inocentes...) são aqueles nos quais, paradoxalmente, se pode descobrir seu mistério profundo ("A nós, porém, Deus o revelou pelo Espírito. Pois o Espírito sonda todas as coisas, até mesmo as profundidades de Deus", 1Cor 2,10). Mas como esse silêncio e aparente impotência pode ser mais forte do que o poder convencional?

A força que Paulo descobre no silêncio e na humilhação de Deus na cruz de Jesus está em íntima relação com a experiência da cobiça e do desejo, dos quais falamos no capítulo anterior. Em Rm 7,7-8, Paulo havia colocado a cobiça como exemplo da impotência da lei: nenhuma norma pode impedir que a pessoa humana deseje, cobice. O pano de fundo deste texto (Rm 7,7) não eram as pequenas cobiças das quais fala o decálogo, mas a grande cobiça que se descobre no relado de Adão e Eva, a de querer ser como Deus ("A serpente disse então à mulher: 'Não, não morrereis! Mas Deus sabe que, no dia em que dele comerdes, vossos olhos se abrirão e vós sereis como deuses, versados no bem e no mal'. A mulher viu que a árvore era boa ao apetite e formosa à vista, e que essa árvore era desejável para adquirir discernimento. Tomou-lhe do fruto e comeu", Gn 3,4-6). Neste relato, Adão e Eva representam a irrefreável aspiração de toda pessoa a conhecer tudo, a impor sua própria vontade sobre o mundo, a dominar a criação, a exercer o poder sobre todas as coisas, inclusive, sobre a vida... Ou seja, ser como deuses. Neste relato, Deus é quem conhece tudo, quem vive sempre, quem domina tudo... Por isso Adão e Eva querem ser como ele. Entretanto, o final dessa aspiração vem a ser a vergonha e a expulsão do paraíso (depois virá a morte de Caim: Gn 4).

Na referência à morte de Jesus na cruz (por exemplo, no texto citado de Fl 2,6-11), Paulo oferece a inversão desta história: Jesus, podendo exercer o poder e o domínio sobre a criação e sobre as pessoas, renuncia a ele, escolhendo o silêncio, a vulnerabilidade o rebaixamento diante dos outros; por isso Jesus é "forma de Deus" ou "igualdade a Deus"; neste esvaziamento se parece com Deus, como Deus de Jesus. E um Deus assim, quem o pode desejar? Somente invertendo a imagem hegemônica, poderosa, impositiva de Deus se corrige o desastre da cobiça. Somente deste modo o irreprimível desejo de ser como Deus é corrigido, orientado e projetado para um fim que dá a vida ao invés de tirá-la. Toda pessoa cobiça ser como

Deus; este desejo é incontrolável e nenhuma lei, ética ou exército conseguirá jamais anulá-lo. Contudo, se o objeto de cobiça já não é o deus que exerce seu poder e seu domínio, que impõe sua vontade e intervém a seu talante, mas o Deus vulnerável e ferido, entregue e silencioso, que oferece amizade e perdão a seus verdugos, a cobiça radical de ser como Deus se converte em um mecanismo de fraternidade, de solidariedade e, em definitivo, em um caminho de salvação. Se todas as pessoas aspirassem a ser como o Deus da cruz, a cobiça (a carne) já não seria desprezível nem afastaria de Deus, mas seria a ferramenta de que Deus se serve para realizar na história um projeto de vida, não de morte.

Aqui se radica, como disse, a maior novidade da releitura paulina de sua tradição judaica: este novo rosto de Deus. E desta novidade, Paulo tira uma consequência não menos importante: que seu antigo conceito de pecado (quando era fariseu) carece também de uma profunda releitura. Onde melhor se descobre esta consequência é nos textos nos quais Paulo fala de como Deus se reconcilia com as pessoas: 2Cor 5,16-21 e Rm 5, 10-11. Leiamos o primeiro:

> Por isto, doravante a ninguém conhecemos segundo a carne. Mesmo se conhecemos Cristo segundo a carne, agora já não o conhecemos assim. Se alguém está em Cristo, é nova criatura. Passaram-se as coisas antigas; eis que se fez uma realidade nova. Tudo isto vem de Deus, que nos reconciliou consigo por Cristo e nos confiou o ministério da reconciliação. Pois era Deus que em Cristo reconciliava o mundo consigo, não imputando aos homens as suas faltas e colocando em nós a palavra da reconciliação. Sendo assim, em nome de Cristo exercemos a função de embaixadores e por nosso intermédio é Deus mesmo que vos exorta. Em nome de Cristo suplicamo-vos: reconciliai-vos com Deus. Aquele que não conhecera o pecado, Deus o fez pecado por causa de nós, a fim de que, por ele, nos tornemos justiça de Deus.

Em todos os casos nos quais Paulo utiliza a palavra "reconciliação" neste texto (verbo ou substantivo), recorre a um termo grego (*katallassô, katallagê*) que não provém da teologia, mas das relações diplomáticas ou matrimoniais (BREYTENBACH, 2010). De fato, Paulo emprega-o no segundo sentido em 1Cor 7,11, para falar da reconciliação do marido e da esposa depois que esta dele se separou, e para pedir que a parte que ofendeu e abandonou a outra (ela) tome a iniciativa de voltar a unir-se com a parte ofendida (ele). No entanto, a nova imagem de Deus obriga a mudar este paradigma de reconciliação. Em 2Cor 5,19, Paulo não afirma que a pessoa deva tomar a iniciativa, mas que Deus, o suposto ofendido pelas transgressões dos homens, tomou a iniciativa para restaurar a relação que o ofensor rompeu (FITZGERALD, 2001). Destarte, Paulo mostra como se põe em jogo o abaixamento ou a humilhação de Deus para aproximar-se da pessoa, mesmo que esta não se tenha movido de sua posição, posto que não tenha feito nada para merecer tal reconciliação, ainda que continue sendo "má" ou inimiga ("Mas Deus demonstra seu amor para conosco pelo fato de Cristo ter morrido por nós quando éramos ainda pecadores", Rm 5,8); "quando éramos inimigos fomos reconciliados com Deus pela morte do seu Filho", Rm 5,10). Deus reconcilia o transgressor antes que este tenha feito algo para aproximar-se de Deus, para arrepender-se ou pedir perdão.

Essa iniciativa de Deus não exige, portanto, nenhuma petição de perdão, nem arrependimento; tampouco exige do ofensor algum gesto de desagravo ou de reparação ou de compensação. Paulo diz que na cruz de Jesus "era Deus que em Cristo reconciliava o mundo consigo, não imputando aos homens suas faltas e pondo em nós a palavra da reconciliação" (2Cor 5,19). Este é o modo concreto pelo qual Deus anula a distância entre ambos: "não imputa (*mê logizêtai*) nenhum pecado" (Rm 4,8) ou "deixando sem punição (*dia tên paresin*) os pecados" (Rm 4,7), ou seja, eliminando os que os separava. Esta iniciativa de Deus funciona graças à sua magnanimidade, à sua tolerância, à sua compreensão, ao esquecimento da transgressão que a pessoa cometeu, não a algo que a pessoa faça para encurtar essa distância. O supostamente ofendido renuncia à ofensa, ignora-a, não a leva em conta; prefere deixá-la de lado porque o impediria de aproximar-se do transgressor, que é a prioridade do Deus que se revela na cruz de Jesus. Paulo justifica seu argumento nos capítulos 5 a 8 da Carta aos Romanos.

Aquele conceito de pecado que Paulo havia recebido da tradição farisaica, segundo a qual as transgressões à lei distanciavam Deus do crente, agora deve modificar-se, porque a imitação que Jesus faz de Deus na cruz, esse sacrifício de imitação, mostra que Deus é capaz de passar por cima de qualquer ofensa, agravo ou pecado para oferecer perdão e reconciliação, para refazer a relação rompida. Com efeito, quando Paulo fala, na Carta aos Romanos, do pecado no sentido farisaico, no sentido antigo, ele o faz até o capítulo 8 (nesses oito capítulos aparece cerca de 46 vezes em suas diversas formas); contudo, uma vez que afirma categoricamente que "a Lei do Espírito da vida em Cristo Jesus te libertou da lei

SEGUNDA PARTE • Quais são os aspectos centrais do tema?

do pecado e da morte" (Rm 8,2), não volta a falar dele, porque é coisa do passado. Uma vez que a pessoa confia, crê no Deus que se revela no Crucificado, no Deus que não leva em consideração os pecados, aquele conceito farisaico de pecado desaparece para dar lugar a uma nova realidade: a imitação de Deus, que constitui a base de seu novo programa de vida. Este será o único novo mandamento que tem sentido: amar como Deus ama no acontecimento da cruz de Jesus (cf. 1Cor 8,1-13; Rm 14-13-15).

3. As consequências desta nova visão teológica para a identidade judaica

O judaísmo da diáspora, onde Paulo vivia, definira sua identidade baseando-se em um conjunto de marcadores que estabelecem as fronteiras do judaísmo e, portanto, o que definia um judeu diante de um gentio. Os mais claros, porque eram externos e porque faziam parte da vida cotidiana dos judeus, eram a circuncisão dos varões, observância do sábado e o consumo de alimentos puros (*kosher*).

No entanto, talvez mais importante do que eles, ao menos no que diz respeito à consciência individual de cada judeu, era a pertença a uma "comunidade de memória", a um povo cuja história tinha sido iniciada e determinada por uns patriarcas que geraram uma ampla descendência de filhos aos quais se somava cada crente, cuja identidade estava determinada pelas características corporativas do grupo. Cada judeu entendia a própria biografia a partir da de seu povo até fundi-la e diluí-la nela, de modo que passasse a representá-lo: já não era fulano ou sicrano de tal, mas filho de Abraão, de Isaac, de Jacó (Israel). Esta característica é, embora menos visual do que as outras, a mais determinante na identidade de um judeu, porque configurava do mais profundo quem ele era; as normas externas não passavam de expressão, manifestação desta identidade (HALBWACHS, 2005, p. 65-88; COLLINS, 2000, p. 62-63 e 273-275).

A revelação e a reformulação da imagem de Deus, juntamente com a concepção escatológica do mundo presente, obrigaram Paulo a reinterpretar as características fundamentais da memória coletiva que determinava a pertença de um judeu ao povo de Israel. Em outras palavras: Paulo teve de adaptar sua identidade judaica aos novos tempos. Este projeto de Paulo foi o que mais lhe causou problemas com outros judeus, incluindo-se entre estes os seguidores de Jesus vinculados a Jerusalém. Paulo não somente reformulou a identidade do judeu crente em Jesus;

o fato é que sua releitura teológica da memória coletiva teve consequências para a identidade de todo judeu. O Deus que se revelou no Crucificado era Iahweh, o Deus de Israel, e isto não apenas dizia respeito aos crentes em Cristo, mas a todos os crentes em Iahweh. E esta mudança não afetava unicamente aos privilégios de Israel em relação ao plano de Deus, mas também aos parâmetros mediante os quais um judeu se identificava como tal.

Concretamente, esta releitura afetou sua relação com Deus, a relação com seus antepassados e a relação com seus contemporâneos. Em outras palavras, esta releitura alterou sua visão do judaísmo a partir da origem, não somente a função do judaísmo no tempo final. No geral, Paulo não se entregou a esta tarefa de modo sistemático ou como quem realiza um trabalho acadêmico tranquilo, mas com uma urgência à qual se sentia impelido (cf. 1Cor 9,16-23). Entretanto, sua reflexão sobre o papel da Torá, não somente no presente, mas em toda a história, foi excepcional. Este é o aspecto que Paulo pensou, elaborou e concretizou mais em suas cartas e onde se percebe a tríplice mudança que acabo de apontar: a mudança na relação de todo judeu com Deus, com sua própria tradição e com seus contemporâneos.

A lei, como dissemos, era uma marca externa de identidade do judeu: seu cumprimento indicava a pertença ao povo da aliança (cf. OLIVER, 2013, p. 1-18). Paulo mesmo, como vimos no capítulo anterior, havia-se distinguido antes de sua vocação por considerar que o cumprimento da lei, inclusive das tradições orais associadas a ela, era o vínculo da pessoa com a aliança que Iahweh havia feito com seu povo. No entanto, o descobrimento da nova imagem de Deus no Crucificado obrigou-o a repensar profundamente essa função. Duas circunstâncias ajustaram-se perfeitamente como parte de uma revelação: Deus havia-o justificado consigo sendo injusto (sem cumprir as condições que a lei pedia: cf. Rm 5,8) e a própria lei o fizera ver que não podia oferecer o que sua tradição farisaica lhe havia prometido: a ansiada justificação (cf. Rm 7,7-25). Ambas as certezas, como duas faces de uma mesma moeda, fortaleceram-se para obrigá-lo a perguntar-se o que de mal havia em sua própria tradição e que função tinha a lei no plano de Deus, na aliança feita com seu povo.

A julgar pela atenção que dedicou a este tema em suas cartas (as cartas aos gálatas e aos romanos estão pervagadas por este tema), foi uma de suas preocupações intelectuais dominantes e um dos maiores problemas que teve para fazer-se entender, especialmente por outros judeus crentes em Cristo que não compartilhavam com

SEGUNDA PARTE • Quais são os aspectos centrais do tema?

ele sua visão sobre a lei. Sua resposta repete determinado padrão, um esquema que nos ajuda a entender seu próprio raciocínio. Seu ponto de partida, para além da experiência vocacional aludida, que está no fundo de seu argumento, parte da revisão da figura de Abraão (cf. Gl 3,6ss; Rm 4,1ss; 2Cor 11,22). Esta volta ao pai da fé judaica já revela um aspecto importante: o acontecimento vocacional e a novidade de Jesus obrigaram-no a voltar ao passado, especialmente às figuras de sentido que ofereciam modelos de identificação. Paulo não se desprendeu de seu passado, mas o integrou em sua experiência atual; releu-o a partir do presente. A volta a Abraão tem um denominador comum: a promessa que Deus lhe faz (cf. Gn 12,1-3) não exige dele o cumprimento de nenhum preceito ou lei, mas única e exclusivamente a confiança em Deus (Gn 15,6). Para usar as palavras de Paulo: "Para Abraão a fé foi levada em conta de justiça. Mas como lhe foi levada em conta? Estando circuncidado ou quando ainda incircunciso? Não foi quando estava circuncidado, mas quando ainda era incircunciso; e recebeu o sinal da circuncisão como selo da justiça da fé que ele tinha quando incircunciso. Assim ele se tornou pai de todos aqueles que creem, sem serem circuncidados... e pai dos circuncisos" (Rm 4,9-12). A releitura de Abraão, portanto, está baseada na prioridade de sua confiança em Deus acima de sua aceitação da lei. Contudo, essa prioridade poderia ser subscrita por muitos outros judeus (talvez não fariseus como Paulo, que punham um peso especial na importância da Torá para significar sua fidelidade à aliança), como os que citamos no início do capítulo anterior, que antepunham a eleição e a misericórdia de Deus às obras da lei. No entanto, Paulo foi mais longe.

A tradição judaica, tanto na diáspora como na Palestina, defendia, apesar da preeminência da eleição (o dom da aliança, a misericórdia de Iahweh), que a lei era igualmente um dom de Deus, concedido ao povo como caminho de vida, como o único modo de corrigir a tendência à transgressão, ao pecado e à morte que domina as pessoas desde sua criação (cf. Gn 2–4; Ex 19–20; 24; 32–34). No entanto, Paulo chegou a uma dupla convicção. Em primeiro lugar, descobriu que a lei nada podia contra a cobiça (a *epizimia*, a *sarx*), porque residia em uma zona da pessoa à qual a vontade não consegue chegar (pelo menos em sua totalidade ou de modo permanente), de modo que a pessoa não pode optar por não cobiçar (cf. Rm 7,7-25); neste âmbito, a lei é inútil (cf. Gl 5,19-23). Em segundo lugar, como vimos na leitura que fizemos de 2Cor 3,12-18, Paulo chegou à convicção de que a lei se convertera em um véu que encobria mais do que em um espelho que refletia, visto que muitos judeus, especialmente os de tradição farisaica, como ele,

A cosmovisão de Paulo

havia, depositado demasiadas esperanças na Torá, elevando-a a uma categoria que não tinha inicialmente no plano de Deus. Deus não havia pedido a Abraão sua circuncisão senão como sinal ou recordação de sua fé em Deus, para que nunca decaísse em seu propósito de confiar nele (cf. Rm 4,18-22). Igualmente, Deus não havia dado a Moisés a Torá para que a adorasse ou exaltasse como se ela pudesse dar-lhe a liberdade que somente Deus podia dar-lhe, mas para que ajudasse o povo a refletir a glória de Deus, para imitar o que haviam recebido dele (cf. 2Cor, 3,18).

Como Paulo ajusta em uma visão coerente o fato de que Deus tenha feito o homem cobiçoso, violento, transgressor, desobediente... e, além disso, que a lei seja incapaz de oferecer a justiça que a pessoa não tem e que Deus lhe promete? Ambos os fatos parecem mostrar, de preferência, que a criação é um fracasso e que Deus não tem um plano de salvação compreensível. Para Paulo, no entanto, a Torá havia tido, desde seu início até o momento final da história, no qual ele julgava encontrar-se, uma função determinada: fazer o crente descobrir que nem sozinho nem com a ajuda de algum mecanismo religioso pode o homem obter a vida (a salvação) que somente Deus pode dar de modo gratuito, imerecido, inesperado ("Deus encerrou todos na desobediência para a todos fazer misericórdia", Rm 11,32). Toda a história passada de Israel representa para Paulo um modelo, um exemplo para o momento presente (cf. 1Cor 10,1-13), mediante o qual Deus insistentemente quer mostrar aos crentes que devem confiar somente nele (cf. Rm 3,20). A lei havia tido uma função ética que Paulo aceita de bom grado: "De fato, os preceitos: *Não cometerás adultério, não matarás, não furtarás, não cobiçarás*, e todos os outros se resumem nesta sentença: *Amarás o teu próximo como a ti mesmo. A caridade não pratica o mal contra o próximo. Portanto, a caridade é a plenitude da Lei*" (Rm 13,9-10; cf. 1Cor 13,1-13; Gl 5,13-26). Contudo, não tem nenhuma função na vontade gratuita e incondicional de Deus de justificar todas as pessoas, boas ou más, cumpridoras ou não, puras ou impuras: "porque, se é pela Lei que vem a justiça, então Cristo morreu em vão" (Gl 2,21; cf. Rm 5,8). A Torá, portanto, pretendia orientar a vida do judeu, mas não salvá-lo. A lei oferece orientações éticas válidas, mas não serve de nada contra as tendências aniquiladoras mais arraigadas da pessoa; contra isto somente resta aceitar que Deus ama a pessoa tal como é, incluindo essas tendências aniquiladoras. Deus não faz com que desapareçam, mas que se equilibrem com a experiência do amor gratuito (cf. Rm 11,32; Gl 3,22).

Esta ideia básica obrigou Paulo a reconsiderar a circuncisão, o sábado e as normas de pureza ritual (*kosher*) e sua função no tempo escatológico que havia chegado. A lei era um caminho moral que exigia de todos os crentes em Iahweh uma responsabilidade à altura das circunstâncias. Aqueles preceitos que davam supostamente um *status* privilegiado, uma posição vantajosa como sinal do povo eleito, não serviam senão para exigir de seus portadores maior responsabilidade no momento final (cf. Rm 3,1-20). Nem a circuncisão nem os demais indicadores da identidade judaica serviam para reconhecer os destinatários da aliança de Deus, porque Paulo descobriu no Crucificado que Iahweh havia oferecido sua promessa a Abraão como pai de todos os que confiaram em Deus, independentemente de sua condição ritual, legal e, inclusive, moral.

Segundo esta releitura que Paulo fazia, o judaísmo permanecia aberto à incorporação dos que acreditassem em Iahweh (como judeus ou como crentes em Cristo) e, aos olhos de muitos judeus, exposto à desintegração e à dissolução. Todavia, nem sequer a resistência da esmagadora maioria dos judeus fez Paulo mudar seu plano. A Carta aos Romanos, mais moderada e matizada em muitos destes aspectos, se a compararmos com a Carta aos Gálatas, deixa bem claro seu projeto de um Israel de Deus para além dos circuncidados, um Israel transbordado, no qual se incorporaram gentios crentes em Cristo porque cumprem em igualdade de condições o único requisito que Deus impôs a Abraão: confiar em Iahweh. A partir da perspectiva dos gentios, o que Paulo fez foi abrir as portas de par em par, para que os que haviam sido excluídos por leituras sectárias, elitistas ou etnocêntricas da Sagrada Escritura entrassem agora em igualdade de condições em relação aos que haviam tido o privilégio exclusivo durante séculos. O resultado foi esmagador: o número de pagãos que aceitou a oferta de Paulo deve ter sido muito grande. E Paulo deparou-se com outros problemas que o obrigaram a redefinir as fronteiras da identidade do crente: as resistências de outros judeus à incorporação de gentios e os conflitos cotidianos de viver no mundo com uma visão escatológica da história. Esta é a tarefa que desenvolverá na construção da *ekklêsia* e que veremos nos capítulos subsequentes. Antes disso, façamos uma síntese do que foi visto neste capítulo.

4. O olhar retrospectivo e prospectivo de Paulo

A novidade do Deus que se revelava no Crucificado, que não tirava desforra aniquilando os assassinos, mas reivindicava e acolhia a vítima para oferecer uma

A cosmovisão de Paulo

alternativa, fez com que Paulo revisasse muitos de seus pressupostos como judeu. Teve de lançar um olhar retrospectivo, a fim de reconstruir seu passado em coerência com a novidade do acontecimento histórico de Jesus, que supunha uma mudança radical de perspectiva no modo de entender a relação com Deus, com as próprias tradições e com o presente-futuro. Para Paulo, a identidade judaica revelava-se na cruz de Jesus, o que constituía uma blasfêmia para outros muitos judeus.

A partir desta descoberta, Paulo propôs-se reconstruir Israel no tempo final que vivia. Deus, perante a cegueira (o véu: 2Cor 3,12-18) de boa parte do povo que punha sua confiança de futuro na lei, em vez de pô-la nele, em sua salvação gratuita e incondicional, havia decidido revelar-se sem nenhum véu, totalmente. A promessa de um messias que anunciaria a salvação a Israel se havia cumprindo em Jesus, revelando em sua vida, morte e ressurreição quem é Deus e como age na história: bastava confiar em Iahweh. Contudo, assim como o exemplo de Abraão podia mostrar-se ambíguo porque muitos judeus, entre eles alguns crentes em Cristo (cf. Tg 2,20-26), pensavam que sua justificação havia acontecido em obediência à ordem de Deus de sacrificar seu filho (cf. Gn 22,1-14) e não no gesto de confiança absoluta nele, o caso de Jesus mostrava-se totalmente transparente, caso se entendesse sua morte como o fazia Paulo: como imitação de Deus.

Paulo afirmou, como vimos, que a morte de Jesus na cruz foi o modo como Deus mostrava sua justiça, *justificando* (considerando dignos de si: Rm 3,26) todos, inclusive os carrascos que mataram Jesus. A morte de Jesus na cruz era a prova de que Deus não quer vítimas, mas as ressuscita; era a prova de que Deus não aniquila os assassinos ou rebeldes, mas lhes perdoa; era prova de que Deus aceita em silêncio o desprezo pela sua proposta de vida; era prova de que, apesar dessa rejeição, Deus continua a confiar em que as pessoas aceitarão livremente seu amor gratuito; era prova de que nenhuma ação, obra ou esforço, por mais justos e louváveis que sejam, podem modificar sua vontade de justificar a todos, sem exceção; era prova de que se havia aberto o momento final da história em que Deus se revela sem véus e se faz acessível a todos, sem privilégios de nenhum tipo, nem morais, nem rituais, nem legais, nem étnicos.

Esta é a razão de seu projeto de restaurar Israel de acordo com suas raízes (cf. Rm 9,1-6). Na prática, onde Paulo creu que se descobria melhor este projeto era a incorporação de gentios, não circuncidados, a Israel, como um enxerto à oliveira milenar (cf. Rm 11,16-24). Este projeto, a que chama de "Israel de Deus"

(Gl 6,16), Paulo o foi realizando de modo muito peculiar em sua missão em torno do mar Egeu. Ali experimentou as dificuldades de um projeto que o apaixonou, deslumbrou-o e desgastou-o a ponto de quase acabar com sua vida (cf. Fl 1,12-26; 2Cor 1,8-11 etc.). Ali comprovou quão difícil é formar grupos que respondam à novidade do tempo escatológico, que se organizem suficientemente sem sucumbir ao caos, que se orientem eticamente sem deixar-se levar pelos interesses pessoais, que integrem a pluralidade requerida no tempo que viviam, que se incorporem em seu contexto para atrair e transformar etc. Este é o desafio que Paulo enfrenta em seu projeto de construção da *ekklêsia*.

Bibliografia

BOER, Martinus C. de, Paul and apocalyptic eschatology, in COLLINS, J. J. (ed.), *Encyclopedia of apocalypticism*, vol. 1, Continuum, New York, 1998, p. 345-383.

BOYER, Pascal, *Religion explained: the evolutionary origins of religious thought*, Basic Books, New York, 2001.

BREYTENBACH, Cilliers, *Grace, reconciliation, concord: the death of Christ in Graeco--Roman metaphors*, Brill, Leiden 2010.

COLLINS, John J., *Between Athens and Jerusalem: Jewish identity in the Hellenistic Diaspora*, William B. Eerdmans Pub., Grand Rapids, MI, 2000.

FITZGERALD, John T., Paul and paradigm shifts: Reconciliation and its linkage group, in ENGBERG-PEDERSEN, T. (ed.), *Paul Beyond the Judaism/Helenism Divide*, Westminster Joh Knox, Louisville-Londres-Leiden 2001, p. 241-262.

GIRARD, René, *La violencia y lo sagrado*, Anagrama, Barcelona, [4]2005.

HALBWACHS, Maurice, *La memoria colectiva*, Prensas Universitarias de Zaragoza, Zaragoza 2004.

HAMERTON-KELLY, Robert G., *Violent origins: Walter Burkert, René Girard, and Jonathan Z Smith on ritual killing and cultural formation*, Stanford University Press, Stanford, CA, 1987.

HAYS, Richard B., *Echoes of Scripture in the letters of Paul*, Yale University Press, New Haven, 1989.

JAY, Nancy B., *Throughout your generations forever sacrifice, religion, and paternity*, University of Chicago Press, Chicago, 1992.

KLAWANS, Jonathan, *Purity, sacrifice, and the temple symbolism and supersessionism in the study of ancient Judaism*, Oxford University Press, Oxford, 2006.

MILGROM, Jacob, *Leviticus: a book of ritual and ethics*, Fortress Press, Minneapolis, MN, 2004.

MOLTMANN, Jürgen, *El Dios crucificado la cruz de Cristo como base y crítica de la teología cristiana*, Sígueme, Salamancam, [3]2010.

OLIVER, Isaac W., *Toráh praxis after 70 CE: reading Matthew and Luke-Acts as Jewish texts*, Mohr Siebeck, Tubinga, 2013.

OLMO LETE, G. del, *Origen y persistencia del judaísmo*, Verbo Divino, Estella, 2010.

SCHENKE, Ludger, *La comunidad primitiva: historia y teología*, Sígueme, Salamanca, 1999.

Capítulo 4
O início da *ekklêsia*

Tal como dissemos no capítulo anterior, Paulo quis reconstruir Israel a partir da revisão que ele fizera da identidade judaica depois do acontecimento da morte de Jesus na cruz. Ali descobriu uma nova imagem de Deus que o obrigou a rever o passado (o papel de Abraão e de Moisés, a função da Torá, a missão de Israel na história) e o presente (como tempo escatológico que dava início à última etapa da história), além de lançá-lo à urgente missão de congregar o Israel de Deus para apresentá-lo "como noiva" (cf. 2Cor 11,2) no momento final que se aproximava. A característica mais destacada do "Israel de Deus" (Gl 6,16; cf. Rm 9,6-8) é que devia ser constituído, diferentemente do "Israel da carne" (1Cor 10,18), por crentes de toda origem étnica (judeus e gregos; cf. Rm 9,6-7; 11,1-15 etc.). A isso dedicou Paulo todo seu esforço (cf. Gl 1,16), ainda que nessa nova integração desaparecessem também as demais diferenças que estabeleciam separação entre pessoas: a de mulheres e homens, a de escravos e livres, a de cidadãos e estrangeiros... A dissolução, no tempo final, das linhas que segregavam todas as pessoas em função de sua origem étnica, seu gênero e sua condição social marcou o horizonte de seu projeto, da *ekklêsia*: "Não há judeu nem grego, não há escravo nem livre, não há homem nem mulher; pois todos vós sois um só em Cristo Jesus" (Gl 3,28).

Neste capítulo, vamos ver como Paulo se arranjou para levar adiante esta missão de construir a *ekklêsia*, cujo selo de identidade, mais ainda do que a igualdade de mulheres e homens, ou de escravos e livres, por ser revolucionária, foi a igualdade entre judeus e gregos, dado que representava para sua tradição o maior sinal da novidade de Jesus. Este encargo, ao qual se sentiu impulsionado desde o momento de sua vocação, passou por diversas fases nas quais foi crescendo em definição, claridade e em objetivos. Em um primeiro momento, Paulo desenvolveu este projeto adotando um papel secundário, enquanto teve como companheiro a Barnabé em Antioquia (entre os anos 38 e 49 d.C.); em um segundo momento, Paulo iniciou sua missão independente, como líder indiscutível de seu próprio projeto ao redor do mar Egeu (entre os anos 50 e 58); por fim, Paulo empreendeu uma última viagem que o levaria de Corinto a Jerusalém e a Roma, nesta última parte preso e à espera do julgamento (entre 5 e 9 anos). Destas três etapas, a mais importante para o tema que nos concerne é a segunda; antes de tratar dela, quero indicar alguns acontecimentos que nos ajudarão a entender melhor suas decisões posteriores.

1. A preparação de sua missão

Depois da experiência vocacional de que falamos dois capítulos antes, Paulo incorporou-se a uma tradição judia marcada pela fé em Cristo: a dos judeus helenistas messiânicos. Viveu cerca de três anos em Damasco (cf. Gl 1,15-21; 2Cor 11,32-33), nos quais, sem dúvida, amadureceu a própria vocação, o significado que aquela revelação havia tido para a identidade judaica e o caminho que devia empreender a partir de então. Após este tempo, fixou-se na missão liderada por Barnabé em Antioquia, com a convicção de que a boa notícia do que havia acontecido em Jerusalém (e em Damasco) com Jesus não se podia limitar aos judeus, mas devia ser anunciada também aos gentios. Como consequência desta convicção, Antioquia distinguiu-se por uma clara abertura aos gentios, a ponto de esses judeus aceitarem não judeus em suas refeições, criando uma comensalidade aberta, justificada teologicamente, que teve uma magnífica acolhida entre os gregos daquela cidade (cf. ZETTERHOLM, 2003). A sucessão dos acontecimentos e sua cronologia não é segura porque as fontes (o livro dos Atos e a Carta aos Gálatas) não são coincidentes, o que tem provocado reconstruções dos fatos muito variadas (cf. MYLLYKOSKI, 2006); seguiremos a mais aceita.

Muitos dos que se juntaram ao grupo de crentes em Cristo de Antioquia haviam sido "tementes a Deus", gregos que haviam aceitado o monoteísmo, a ética elevada e a religião anicônica (sem imagens) simples do judaísmo, mas não tinham dado o passo rumo à incorporação total a Israel mediante a circuncisão. Este último passo tinha consequências sociais que poucos estavam dispostos a aceitar, como a separação de grande parte das atividades cívicas, que incluíam o culto ao imperador ou a outros deuses. Para muitos, as vantagens de ser judeu não compensavam as desvantagens: era preciso pagar um preço demasiado alto. No entanto, quando escutaram o que diziam os judeus crentes em Cristo de Antioquia, reagiram positivamente, porque basicamente era a mesma mensagem, mas com uma diferença crucial: eles não pediam a circuncisão dos gentios porque queriam realizar a promessa de Isaías (cf. Is 65,1-25) que haviam visto cumprida na morte de Jesus.

O êxito foi total, e este grupo cresceu muito em pouco tempo (cf. LÖNING, 1993). Entretanto, esse rápido e amplo crescimento foi a principal causa de seu fracasso.

O problema não proveio de dentro da comunidade. Pelo que sabemos, todos os membros deste grupo de crentes em Cristo de Antioquia (tanto judeus quanto tementes a Deus gregos) tinham aceitado esta situação inédita. Era, sem dúvida, uma vantagem para os gregos, que não precisavam romper com sua vida pública nem segregar-se de seu ambiente; no entanto, exigia dos judeus um sacrifício: deviam transgredir as práticas de pureza e de separação ritual que haviam diferençado os judeus de todos os demais. O custo, por assim dizer, desta comensalidade aberta, pagaram-no fundamentalmente os de origem judaica. Todavia, parece que o fizeram de bom grado; para eles, devia ser o melhor sinal de mudança de época. O problema veio, antes, de fora, de outros crentes em Cristo, procedentes de Jerusalém, que chegaram a Antioquia e viram esta situação como uma transgressão injustificada das fronteiras do judaísmo (cf. At 15,1-2; Gl 2,4-5.12).

Os crentes em Cristo de Jerusalém, os que temos chamado hebreus nos capítulos anteriores, porque sua língua era o aramaico (cf. At 6,1), viviam sua fé em Jesus em coerência com as tradições judaicas, incluídas as normas de separação ritual (sacrifícios no templo, circuncisão, alimentos *kosher*, sábado...), porque defendiam a ideia de que Jesus não havia feito senão aprofundar e radicalizar o modo de entender a Torá (cf. Mt 5,17-19). Para alguns destes, o que estava acontecendo em Antioquia em nome de Jesus era intolerável; ia contra a lei e contra Jesus; os pagãos deviam circuncidar-se, se quisessem ser herdeiros das promessas de Abraão (cf. At 15,1). Este problema provocou uma reunião em Jerusalém, na qual delegados de ambas as comunidades tentaram resolver o problema. Os assuntos a resolver eram muitos e difíceis: todos em Jerusalém pensavam a mesma coisa que os que haviam causado o problema, ou estes eram apenas um grupo isolado? Um grego podia fundamentar sua pertença à nova comunidade e sua salvação na fé em Jesus, ou devia, ademais, cumprir as exigências da lei? Podiam duas comunidades de crentes em Cristo ter respostas diferentes a esta pergunta, reconhecendo-se irmãs? Devia-se ou não circuncidar os gentios que acreditavam em Cristo? Quem devia resolver estes problemas em caso de não se chegar a acordos? Indagar as respostas a estas perguntas nos levaria bastante tempo; para nosso argumento, apenas nos interessa um aspecto desta assembleia: o resultado a que chegaram.

Segundo Lucas (cf. At 15,22-29), a decisão foi não pedir a circuncisão, mas, sim, exigir que os gentios se abstivessem de determinadas práticas que se

Segunda parte • Quais são os aspectos centrais do tema?

mostravam inaceitáveis para um judeu, as que se pediam no judaísmo da diáspora para aceitar a convivência de judeus e gregos (normas tiradas de Gn 9,1-11 – os chamados mandamentos noáquicos – e de Lv 17–18 – as leis para os estrangeiros em Israel). No entanto, Paulo diz explicitamente que nessa assembleia "nada me acrescentaram" (Gl 2,6), ao entender que "aquele que operava em Pedro para a missão dos circuncisos operou também em [Paulo] em favor dos gentios" (Gl 2,8). E acrescenta: "Nós só nos devíamos lembrar dos pobres, o que, aliás, tenho procurado fazer com solicitude" (Gl 2,10). Embora ambas as versões sirvam a interesses que puderam modificar os dados, aceita-se geralmente como mais próxima dos fatos a versão do próprio Paulo, que é testemunha de primeira mão. Lucas, como veremos a seguir, parece unir em um mesmo relato dois acontecimentos diferentes, com o fito de mitigar o conflito que este tema causou durante os primeiros anos. Portanto, vamos seguir fundamentalmente a versão paulina (cf. HARRILL, 2012).

Desse modo, a assembleia serviu para aceitar tacitamente duas coisas: primeira, que a postura dos que haviam criado problemas em Antioquia não era a opinião majoritária dos de Jerusalém nesse momento (At 15,24); e, segunda, que se aceitava a chegada de gentios à comunidade de Antioquia sem pedir-lhes a circuncisão. Além do mais, nessa reunião (provavelmente em privado), tomaram-se duas decisões que terão grande importância para entender a missão de Paulo em sua fase independente. Em primeiro lugar, concordaram com que Paulo enviasse dinheiro periodicamente para atenuar a escassez econômica das comunidades de crentes em Cristo da Judeia (Gl 2,10), submetidas a secas, anos sabáticos e em um contexto de crescente tensão sociopolítica. Em segundo lugar, dividiram os campos de missão: Pedro seria o líder da missão aos "circuncisos", e Paulo o da missão "aos gentios" (Gl 2,9). Não ficou claro se esta divisão era étnica (judeus e pagãos), geográfica (Judeia e diáspora), linguística (hebreus e gregos) ou uma combinação de tudo isso (PAINTER, 1999). Paulo parece não duvidar quando o menciona, mas o que acontece em seguida dá conta da ambiguidade dessa solução salomônica.

Durante certo tempo, a comunidade de Antioquia pôde desenvolver sua missão sem interferências. Inclusive, com a posterior chegada de Pedro, manti-veram-se os costumes, e ele mesmo se integrou de bom grado à comensalidade aberta, incorrendo em impureza com os demais judeus de Antioquia; mostrou, assim, que aceitava os acordos de Jerusalém tal como os haviam entendido os de Antioquia. Entretanto, o horizonte cobriu-se de nuvens no momento em que chegaram a Antioquia delegados de Tiago que obrigaram Pedro a retificar-se (Gl

2,11-13). Sua chegada suscita bastante perguntas: se haviam dividido os campos de missão, o que Pedro fazia em território de Paulo? E, se Pedro já estava ali, por que os delegados de Tiago obrigam Pedro a comportar-se de modo contrário à sua própria vontade? Paulo não conta as razões da viagem de Pedro a Antioquia, nem da chegada dos delegados de Tiago em seguida, mas podemos relacioná-la com uma série de acontecimentos sucedidos nos anos quarenta em Jerusalém e na Judeia.

Pelo que sabemos, entre os anos 41 (morte de Calígula) e 44 d.C. (morte de Agripa), houve um aumento do fanatismo judaico e da esperança messiânica que fez crescer a hostilidade contra os seguidores de Jesus em Jerusalém; a primeira consequência foi a morte de Tiago Maior (At 12,22). Isso ensejou a que, nos anos seguintes, por volta do final dos anos quarenta, o grupo de seguidores de Jesus em Jerusalém se visse entre a espada e a parede, ou seja, entre a identidade judaica partilhada com seus concidadãos e a fé em Jesus Messias, que os fazia objeto de crescente hostilidade por não compartilhar o messianismo político que dominava a cidade. Este pode ser o cenário da fuga de Pedro e da perseguição que se desencadeou posteriormente, até o ano 48 (Josefo, *Antiguidades* 20.5.2-6.3; *Guerra* 2.12.1-7 § 223-245). Em fins dos anos quarenta, além disso, houve um ano sabático, e a situação econômica se agravara. Lucas também relaciona estes três dados: a menção da coleta econômica de Antioquia para Jerusalém, a morte de Tiago, o irmão de João, e o reconhecimento por parte de Pedro da autoridade de Tiago, "o irmão do Senhor" (embora ele os anteponha alguns anos: At 11,27–12,19).

Por conseguinte, os acontecimentos políticos em Jerusalém, que se seguiram à assembleia de fins dos anos quarenta e que obrigaram Pedro a fugir, puderam forçar uma mudança dos equilíbrios alcançados na Assembleia e uma radicalização das posturas dos crentes em Cristo de Jerusalém (cf. POPKES, 2005). Os que Paulo chama de "falsos irmãos" (Gl 2,4) e Lucas "antigos fariseus" (At 15,5), que alguns anos antes, em Antioquia, causaram problemas e na assembleia de Jerusalém não puderam impor sua opinião de circuncidar os pagãos e fazê-los cumprir a lei, encontraram no novo clima da Cidade Santa apoio para defender sua própria visão da fé em Jesus e conseguiram convencer mais crentes entre os hebreus: parece que sua postura se impôs, e Tiago a aceitou.

Por outro lado, o acordo a que haviam chegado os "notáveis" de Jerusalém (Tiago, Pedro e João) com os delegados de Antioquia (Barnabé, Paulo e Tito), provavelmente, havia sido feito privadamente, não em assembleia geral (da qual Paulo nada diz); sendo assim, deixava-se aberta a possibilidade de que esse acordo não fosse reconhecido pela nova maioria dos crentes de Jerusalém. Ademais, como dissemos, esse acordo não deixava claros os critérios da separação das missões. Paulo (e talvez Pedro) teve de interpretar a divisão em termos geográficos (Pedro dedicar--se-ia aos judaítas – judeus da Judeia – e Paulo, aos da diáspora) ou linguísticos (Pedro dirigir-se-ia aos hebreus e Paulo, aos gregos). Tiago, quando é mencionado como único dirigente de Jerusalém depois da assembleia, liderando agora esta nova visão da situação menos permissiva com os pagãos, teve de interpretar o acordo em termos étnicos: Pedro orientar-se-ia para os judeus (de língua grega ou hebraica, da Judeia ou da diáspora), ao passo que Paulo se dirigiria exclusivamente aos pagãos (cf. RITSCHL, 1857). Segundo esta interpretação de Tiago, o que estavam fazendo em Antioquia violava o acordo de Jerusalém, porque Paulo não se limitava aos pagãos, e a comensalidade aberta fazia com que os judeus dessa cidade incorressem em constante descumprimento da lei. Em todo caso, o certo é que em Antioquia se produziu outro conflito, que se resolveu, novamente, do modo parcial.

Os delegados de Tiago, demonstrando grande autoridade que todos reconhecem, obrigaram Pedro e todos os judeus de Antioquia a observar a lei e, como consequência, rompeu-se a comensalidade que havia caracterizado esta comunidade. Paulo, que não aceitou esta situação, confrontou-se com Pedro por ceder ante esta exigência que, consoante sua interpretação, supunha uma violação dos acordos de Jerusalém (Gl 2,11-14). Pedro, talvez reconhecendo implicitamente que Paulo tinha razão neste ponto, ofereceu uma solução salomônica que, segundo muitos estudiosos, é a que Lucas apresenta em At 15,23-29, tal como dissemos antes. De acordo com esta proposta, aceitava-se que os judeus deviam cumprir a Torá, enquanto os pagãos unicamente uma série de preceitos que lhes permitiriam não incorrer em impureza ao comer com estes (aquelas impurezas contempladas na lei mosaica que mencionamos antes: cf. Gn 9,1-11; Lv 17–18). Desse modo, sublinhavam, de um lado, a vigência das normas de pureza para os judeus e, de outro, a pertença dos pagãos ao novo Israel escatológico. Era uma solução de compromisso, a meio caminho entre os de Jerusalém e os de Antioquia, que queria conciliar duas posturas opostas, mas não o conseguiu. Aceitaram-na quase todos em Antioquia, incluídos Barnabé e Pedro. Paulo, no entanto, negou-se porque acreditou que se tratava de um retrocesso nos acordos de Jerusalém, uma cessão inaceitável ante a postura mais radical entre os crentes em Cristo e uma traição da morte de Jesus: "porque, se é pela Lei que vem a justiça, então Cristo morreu em vão" (Gl 2,21).

Segundo Paulo, impor qualquer preceito da lei a um pagão, por mais excepcional e pequeno que fosse, para considerá-lo membro do povo eleito, era não reconhecer a novidade da morte de Jesus que obrigava, como vimos no capítulo anterior, a revisar os pilares da identidade judaica, assim como o lugar e a função da lei na história.

A solução petrina permaneceu em Antioquia até o tempo da composição do Evangelho de Mateus, nos anos oitenta do primeiro século. Paulo, por sua vez, foi-se embora dali acompanhado unicamente por Silvano. Assim começou uma nova etapa em sua vida, a mais produtiva sob qualquer ponto de vista que se observe, na qual teve como único objetivo levar adiante, tal como o entendia e sem impedimentos, o projeto escatológico de Israel.

O que havia acontecido em Antioquia ensinou muitas coisas a Paulo, como vamos ver na próxima seção. Quanto a nós, serve-nos para constatar as dificuldades por que atravessaram no começo os seguidores de Jesus para definir-se em contextos diferentes e conceber-se de modos plurais. Nesta primeira etapa preparatória da missão de Paulo, debateram-se três projetos dentro do judaísmo, três modos de ser judeus e de entender Israel, não três modos de ser cristãos: de um lado, o de Tiago, que defendia que Israel conservava plena vigência como povo e se deviam conservar as fronteiras étnicas mantidas mediante as normas de pureza ritual; de outro, o de Paulo, que defendia que Israel havia ultrapassado as fronteiras étnicas dos judeus e que se deviam incluir em igualdade de condições os gentios, anulando-se as fronteiras rituais; e, por fim, o de Pedro, que quis conciliar ambos com uma solução de compromisso que fosse aceita por todas as partes, mas não o conseguiu no longo prazo, visto que seu modelo não se estendeu a outros lugares. Os modelos antagônicos de Tiago e Paulo coincidem, não obstante, na novidade acontecida no tempo escatológico: os gentios virão adorar a Iahweh e ele os acolherá. O ponto em que não coincidem são as consequências que isso teve para a validade ou não das normas rituais de separação e para a identidade de Israel. A nova missão que Paulo começa agora deverá responder a perguntas difíceis: que relação sua missão devia manter com o resto das comunidades de crentes em Cristo? Que identidade comum na unidade, acima das diferenças? Como combinar a diversidade com a unidade?

Mesmo que Paulo tenda a falar de *ekklêsia* quando se refere a este projeto (nem sempre, no entanto: na Carta aos Romanos, não a menciona), não podemos contrapô-la nem identificá-la com sua ideia de Israel. Esta relação (*ekklêsia* – Israel) tem sido muito debatida; a ideia mais difusa é que Paulo entendia a *ekklêsia* como

SEGUNDA PARTE • Quais são os aspectos centrais do tema?

uma criação histórica a caminho rumo à plena realização do projeto de Deus, que incluiria a renovação de Israel tal como o compreendia a partir da morte de Jesus (cf. ZOCCALI, 2010). Paulo, portanto, foi criando assembleias (*ekklêsiai*) que deviam mostrar, já no presente, o que Israel estava chamado a ser no futuro imediato, quando Deus triunfaria definitivamente e começaria seu reino escatológico (1Cor 15,24.50). Estas assembleias, de que vamos falar agora, deviam ser as primícias que mostrariam a todas as nações (incluindo Israel: Gl 6,16; Rm 2,29; 11,26) o que deviam ser. Como veremos mais adiante, as dificuldades e problemas com que se depararam, tanto ele quanto, principalmente, seus discípulos depois da destruição de Jerusalém no ano 70 d.C., substituíram o plano inicial (a *ekklêsia* a serviço do reino escatológico) por um novo (o reino escatológico será a idealização da Igreja; cf. Ef 1,22-23).

2. O início da *ekklêsia*

No final de sua etapa independente, quando está preparando sua última viagem que o levará a Jerusalém e, depois, a Roma, Paulo explica as ideias que haviam governado sua tarefa todo esse tempo:

> Tenho, portanto, de que me gloriar em Cristo Jesus, naquilo que se refere a Deus, pois eu não ousaria falar de coisas que Cristo não tivesse realizado por meio de mim para obter a obediência dos gentios, em palavra e ações, pela força de sinais e prodígios, na força do Espírito de Deus: como, desde Jerusalém e arredores até a Ilíria, eu levei a termo o anúncio do Evangelho de Cristo, fazendo questão de anunciar o Evangelho onde o nome de Cristo ainda não era conhecido, para não construir sobre alicerces lançados por outros, mas, conforme está escrito: Vê-lo-ão aqueles a quem não foi anunciado, e conhecê-lo-ão aqueles que dele não ouviram falar (Rm 15,17-21).

Três ideias marcam o programa de Paulo neste texto: a primeira é a consciência de ser "apóstolo dos gentios" (cf. Rm 11,13) e de ter orientado sua missão para eles. Paulo remete esta autoidentificação ao momento de sua vocação (Gl 1,16) e a vê confirmada no acordo de Jerusalém, que repartia a missão (Gl 2,9). Paulo vai pôr uma ênfase incomparável na reconstrução de Israel, de modo que reflita o final da separação entre judeus e gentios; pôr fim a essa divisão, mais do que à que existe entre homens e mulheres, ou entre escravos e livres (ou entre cidadãos e estrangeiros), vai ser o objetivo que explica melhor algumas das características da construção da *ekklêsia*.

A segunda ideia é a de ter realizado sua missão em um território que abarca desde Jerusalém até a Ilíria; o sul desta região limitava com a Macedônia e era o final das vias de comunicação que Paulo havia percorrido durante este período que levavam da Judeia até Roma, para onde agora se dirigia. Como se esta etapa fosse sua graduação, agora se considera legitimado para dar um passo a mais, o último. Paulo mostra que, desde muito cedo, tinha bastante clareza de que seu horizonte era todo o mundo conhecido, o Império Romano e sua capital, Roma. O projeto de Paulo é ambicioso, atrevido, desafiador: tem como horizonte que todo o Império reconheça o senhorio de Jesus crucificado.

A terceira ideia é que durante esta etapa fez questão "de anunciar o Evangelho onde o nome de Cristo ainda não era conhecido". Depois dos problemas que teve durante sua primeira etapa em Antioquia, esta ideia parece lógica; Paulo queria evitar a todo custo que se repetisse o mesmo conflito que não tinha podido resolver ali. Isso não significa que Paulo se dirigiria *exclusivamente* aos gentios, mas que o mais característico de sua missão era a incorporação de gentios a Israel, sem torná-los judeus, ou seja, sem circuncidá-los, respeitando sua identidade pagã. Alguns autores, no entanto, interpretam esse dado no sentido de que Paulo se voltou *exclusivamente* para israelitas residentes entre gentios (cf. MALINA; PILCH, 2006), embora, como veremos, suas cartas reflitam uma composição mais plural.

Paulo tem, portanto, um projeto relativamente definido: reconstruir Israel mediante a incorporação de todas as nações (cf. Rm 11,16-32), talvez simbolizado na ideia de que Roma aceite Jesus como Senhor. Contudo, uma coisa é saber o que se quer, e outra bem diferente é saber como se pode realizar. Paulo havia aprendido muitas coisas durante o tempo que passou com Barnabé e os demais em Antioquia; tinham iniciado uma missão para convencer gentios de que podiam sentar-se à mesma mesa que os judeus sem circuncidar-se, mas aquele projeto se havia truncado, como vimos. Agora devia começar do zero, sem alicerces antigos, sem preconceitos, sem ideias preconcebidas, sem censuras..., com liberdade. Esta liberdade que Paulo alardeia, às vezes de modo apaixonado ("É para a liberdade que Cristo nos libertou", Gl 5,1), é a que vai guiar esta etapa e a que dá ideia de sua ambição.

As fontes para conhecer como Paulo desenvolveu este projeto são, basicamente, suas cartas; conta-se, ademais, com os Atos dos Apóstolos. Contudo, ambas as fontes apresentam dificuldades. O livro dos Atos, como dissemos no segundo capítulo, foi escrito cerca de cinquenta anos depois dos acontecimentos narrados, tem uma agenda teológica muito definida (diferente da de Paulo) e não é uma crônica dos fatos, mas uma intepretação. Devemos, pois, usá-lo contrastando-o sempre com as cartas originais de Paulo. Estas cartas, por sua vez, tampouco são uma crônica dos acontecimentos, mas a resposta que Paulo envia às assembleias que criou; ou seja, refletem não o momento inicial, a primeira fase de sua missão, mas a conservação do que foi criado, a segunda fase (PESCE, 1994). Devemos supor que Paulo, quando chegava pela primeira vez a uma cidade como Filipos, Tessalônica, Corinto ou Éfeso, não dizia o que conservamos em suas cartas. Não obstante, a partir dos dados que nos dão ambas as fontes e do que outras fontes históricas, juntamente com a arqueologia, nos têm revelado, podemos reconstruir com bastante garantia o cenário no qual transcorreu o início da missão paulina ao redor do Egeu.

O autor do livro dos Atos nos diz que, quando Paulo chegava a uma cidade pela primeira vez, geralmente buscava a sinagoga para encontrar-se com os judeus que houvesse ali; pregava-lhes o Evangelho, mas, segundo Lucas, eles rechaçavam-no, razão por que Paulo lhes lançava no rosto sua dureza de coração e lhes anunciava que o pregaria aos gentios (veja-se, por exemplo, At 17,1-9). Em outras ocasiões, dirigia-se à ágora e ali pronunciava eloquentes e convincentes discursos que logravam grande atenção (veja-se At 17,16-34). Nenhuma dessas notícias pode ser confirmada pelas cartas de Paulo (que, por outro lado, tampouco as negam); ambas, no entanto, refletem a intenção teológica de seu autor: mostrar Paulo como um sábio eloquente, à altura dos mais famosos filósofos, e explicar que o anúncio do Evangelho aos gentios foi uma consequência da rejeição de Israel, que Deus abriu a boa notícia da salvação a todos os povos porque os judeus a recusaram.

As cartas de Paulo, por sua vez, oferecem dados de uma estratégia bem diferente. Em primeiro lugar, Paulo escreve, em diferentes ocasiões, que se pôs a trabalhar com suas mãos tão logo chegou a Tessalônica (1Ts 2,9; 4,11) ou a Corinto (1Cor 4,12). Este dado, sim, coincide com a descrição que Lucas faz de Paulo em At 18,1-4, em que se diz que era fabricante de tendas ou tecedor de lonas e couros (*skênopoios*), e que, em Corinto, se pôs a serviço de uns pequenos empresários chegados de Roma, Priscila e Áquila. O próprio Paulo diz que esta era a ocasião para anunciar o Evangelho, "enquanto trabalhava" com suas mãos (1Ts 2,9). Em segundo lugar, Paulo diz aos tessalonicenses que, "partindo de vós, se divulgou a Palavra do Senhor, não apenas pela Macedônia e Acaia, mas propagou-se por toda parte a fé que tendes em Deus", 1Ts 1,8). Mesmo que provavelmente o "por toda parte" configure um exagero, o modo como se comunicava a boa notícia do Deus de Jesus não era através de grandes discursos perante multidões reunidas, mas de boca em boca, de uma pessoa a outra.

À parte as cartas, a arqueologia e a história também trazem dados úteis. As escavações arqueológicas dos últimos decênios, não somente interessadas nos edifícios mais importantes e luxuosos, mas também nos modos de morada mais comuns, descobriram que a maior parte da população nas cidades que Paulo visitou vivia em blocos de moradias que os arqueólogos chamam de *insulae* (ilhas), construídas sobre uma primeira planta, onde ficava a casa do dono do solar, a moradia mais luxuosa. A partir da segunda planta e conforme a altura se elevava, a qualidade e o preço do aluguel dos quartos descia (entre outras razões, porque, quanto mais alto, mais difícil era escapar dos frequentes incêndios). Além dessas pequenas moradias de aluguel, na planta baixa, rodeando a moradia do dono, arrendavam-se também tendas ou ateliês (*tabernae*), que tinham um pequeno cubículo sobre eles para dormir durante a noite; durante o dia, a família trabalhava e vendia seus produtos na tenda. Os arqueólogos mostraram também que os sindicatos tinham tendência de agrupar-se nos mesmos bairros (LAURENCE; WALLACE-HADRILL, 1997). Deveríamos, pois, imaginar Paulo buscando o sindicato dos fornecedores quando chegava a uma cidade, pondo-se a trabalhar durante o dia, enquanto lhes falava do Deus de Jesus que o havia ressuscitado depois da morte na cruz e que em breve ia vir para inaugurar o tempo final. Esta notícia, à medida que penetrava fundo em alguns dos que o escutavam, corria de boca em boca e ressoaria por toda a cidade.

Por fim, uma notícia do historiador Celso, que viveu em meados do século II, confirma que este cenário descrito era ainda o que perdurava em muitas assembleias de crentes:

> Nas casas privadas, vemos também tecedores de lã, sapateiros remendões, lavadores de roupa e os mais iletrados e toscos do campo, que não se atreveriam a dizer nada diante de seus mestres mais velhos e mais inteligentes; mas tão logo se apoderam, em privado, de algumas crianças e, com elas, de algumas mulheres estúpidas, estes iletrados começam a pronunciar algumas afirmações surpreendentes... Dizem [aos

jovens] que se quiserem [o Evangelho], podem deixar seus pais e mestres para ir com as mulheres e as crianças pequenas à tenda dos tecedores de lã, ou às tendas dos sapateiros remendões ou dos lavadores, de modo que possam aprender a perfeição (ORÍGENES, *Contra Celso* 3,55).

Portanto, embora as notícias de Lucas pudessem estar certas em algum lugar, os dados mais firmes esboçam um cenário diferente no qual Paulo iniciou sua missão: o dos ateliês de artesãos que faziam correr a voz, na medida em que se convenciam disso, de que havia um novo pregador que tinha uma boa notícia (Evangelho) impactante, inaudita, esperançosa... Este contexto enfatiza, mais do que a eloquência de Paulo, o impacto que o anúncio do Crucificado deixava na vida daqueles artesãos que, como ele, estavam acostumados ao "evangelho" do imperador. Quando aqueles artesãos escutaram Paulo falar de "evangelho", de "salvação", de "perfeição", de "esperanças", de "senhor", de "filho de Deus" etc., a maioria deles o relacionava com outro contexto diferente, o da propaganda imperial.

> Visto que a providência, que ordenou divinamente nossa existência, aplicou sua energia e zelo, e deu vida ao bem mais *perfeito* em Augusto, a quem colmou de virtudes para benefício do gênero humano, outorgando-o a nós e a nossos descendentes como *salvador* – ele que pôs fim à guerra e tudo ordena –, César, que mediante sua epifania excedeu as *esperanças* dos que anteciparam o *Evangelho*... e dado que o aniversário do deus trouxe o *Evangelho* ao mundo que se fez por ele..., por essa razão, com boa sorte e segurança, os gregos da Ásia [decidiram que o ano novo deve começar em todas as cidades no dia 23 de setembro, o dia do aniversário de Augusto].

Este texto pertence a uma inscrição achada na cidade de Priene, perto de Éfeso, e datada do ano 4 a.C. O "evangelho" que aqueles conheciam era o do imperador, e consistia, basicamente, na convicção de que ele mantinha a paz mediante a imposição de seu poder a toda a criação (pessoas, nações, natureza, tempo...); era o evangelho da luta, da vitória e da dominação. A ideia do poder da divindade residia em sua força para impor-se, para submeter, para humilhar o inimigo; a divindade definia-se pela capacidade de exercer sua força sobre os outros: as vítimas, os submetidos, tão necessários para a manutenção da *pax romana*. A iconografia dos monumentos que decoravam as cidades colonizadas por Roma transmitia essa ideia político-teológica: o senhorio do César garantia a paz e dava esperança (os restos do magnífico *Sebasteion*, da cidade de Afrodisia, também perto de Éfeso, dão conta disso; cf. CROSSAN; REED, 2006).

Portanto, quando Paulo lhes contava, enquanto estava cosendo no ateliê com os demais, que a verdadeira boa notícia era a vida de Jesus, contra quem os poderes de repressão e dominação de Roma haviam descarregado toda sua força, e a quem Iahweh havia reivindicado porque não havia respondido com violência e havia assumido a humilhação e o desprezo até à morte de modo verdadeiramente honorável, mostrando como age, sem vingar-se nem castigar, mas dando outra oportunidade para construir seu mundo..., quando Paulo lhes contava isso, que efeito causaria em quem conhecia de perto o medo e as consequências do "evangelho" de César? Não é difícil imaginar o que aquele "Senhor crucificado", ressuscitado por Deus, foi capaz de suscitar em muitos que haviam experimentado as consequências do "evangelho" da submissão, imposição e humilhação: paz, proximidade, identificação, solidariedade..., esperança. Com estes vimes é que Paulo começou seu cesto.

Parece-me importante sublinhar este entusiasmo na hora de descrever o início da *ekklêsia*, uma vez que somente a estratégia, por mais genial que seja, creio que não explica o êxito de grupos que começaram de modo mais discreto e simples, mas que cresceram muito e se estenderam rapidamente. Na origem destas assembleias, há um impacto que tem transcendência para a identidade pessoal, para o sentido e esperança da vida, para a compreensão do tempo presente e futuro, para as relações das pessoas entre si, para compreender o alcance do poder do Império ou das autoridades..., para mudar o olhar, a perspectiva, o horizonte.

Que fez Paulo quando havia um pequeno grupo de pessoas tocadas por este novo Evangelho que queriam saber mais, como viver de acordo com ele, como cultivá-lo e amadurecê-lo? A esta altura do livro, o leitor ou leitora não precisa de que eu lhe recorde que Paulo não criou uma nova religião; Paulo criou determinados grupos ou assembleias (*ekklêsiai*) nas quais cabiam pessoas de diferentes procedências (étnicas, religiosas, geográficas, sociais etc.). Os sociólogos dizem que o que Paulo fez responde ao modelo de "culto", descrito como um "movimento integrador, amiúde sincretista, que se importa eficazmente (por translado ou mutação) para outro sistema cultural religiosamente definido, com o qual busca sintetizar sua nova visão simbólica do mundo" (WHITE, 2007, p. 170). Este modelo ajuda a captar o caráter integrador da proposta de Paulo: o que cria não são apenas laços e relações entre pessoas, ou uma nova identidade pessoal (conquistas já, por si,

SEGUNDA PARTE • Quais são os aspectos centrais do tema?

memoráveis), mas também uma nova cosmovisão que resulta do pôr em diálogo sua própria concepção judaica de crente em Jesus com a realidade complexa da vida da pólis no Império Romano. Paulo acertou na combinação de identidade e importância, de pertença e abertura, de separação e integração, de diferença e semelhança, que fez de suas assembleias algo identificável e com identidade, e, ao mesmo tempo, algo exequível e aceito pela maioria. O característico tinha sua raiz na boa notícia da cruz de Jesus (esse paradoxo!); o exequível baseava-se em uma organização reconhecível e desejável, porque oferecia muitas vantagens sociais.

Para a organização de suas assembleias, Paulo assumiu vários modelos do ambiente, facilmente reconhecíveis e desejáveis: a *ekklêsia* da cidade, as associações voluntárias, a casa-família, as religiões mistéricas ou a sinagoga (MEEKS, 1988, p. 131-148). De todos estes modelos tirou algo, mas não assimilou totalmente nenhum deles, criando uma estrutura com identidade, mas exequível. O termo *ekklêsia* não era invenção paulina (tampouco dos helenistas). Entre os judeus da diáspora, este termo era a tradução grega de uma expressão hebraica (*qehal Yahweh*) que se utilizava para referir-se à assembleia de todo o povo de Israel; esta expressão hebraica também era traduzida em grego por *synagôgê* (sinagoga), que se utilizou para designar os grupos de judeus na diáspora. Usando o termo *ekklêsia*, os crentes em Cristo, como Paulo, podiam identificar-se plenamente com os judeus. No entanto, a maioria dos artesãos aos quais Paulo falava sabia pouco desta tradição e de seu sentido; para eles, a *ekklêsia* era a assembleia dos cidadãos, varões e livres de sua cidade. A ela não podiam pertencer as mulheres, nem os escravos, nem os estrangeiros residentes. Em suas reuniões se honrava o imperador (por quem se ofereciam sacrifícios ou libações), além de se deliberar sobre assuntos da cidade. Era, em definitivo, uma instituição de caráter político, a representação ou manifestação da identidade política da pólis. Paulo também utilizou o termo *politeuma* ("Mas a nossa cidade está nos céus", Fl 3,20), que fazia referência a organizações com certa independência e autonomia, como a sinagoga, salientando que suas assembleias (*ekklêsiai*) tinham certo caráter alternativo (HORSLEY, 1997). Paulo, portanto, organizou suas assembleias como organizações livres e autônomas, embora também tenha buscado outras características diferentes.

Muitos dos habitantes das cidades, especialmente entre os artesãos com os quais Paulo se relacionava, eram estrangeiros ou procedentes de outros lugares, com poucos contatos sociais. Uma das plataformas mais estendidas para favorecer as relações e o intercâmbio social era a das associações voluntárias em torno de uma característica comum partilhada por todos os seus membros; esta podia ser a língua, a origem étnica, o sindicato, a divindade ou patrão benfeitor etc. Tinham reuniões periódicas nas quais se consumia comida com uma sobremesa, cultivavam-se as relações sociais, fomentava-se a solidariedade econômica, fortaleciam-se os laços de pertença à cidade, recordavam-se os defuntos, honravam-se os benfeitores etc. (HARLAND, 2003). Esta estrutura popular ajudou Paulo a organizar suas assembleias, dando-lhes estabilidade e utilidade: reuniam-se periodicamente (1Cor 11,18), cultivavam a solidariedade econômica (1Cor 16,1-2), consumiam uma refeição com sobremesa (1Cor 11,2-34), recordavam os mortos (1Cor 15,35-53), ofereciam culto ao patrão benfeitor (1Cor 11,23-26; 15,3-8) etc. Diferentemente daquelas, Paulo imprimiu em suas assembleias um caráter mais absorvente e exigente, com uma identidade em torno de Jesus mais definida do que outras associações.

Quando Paulo trabalha no ateliê dos fornecedores que lhe davam trabalho, passava a fazer parte da casa do dono; com eles, comia, dormia e vivia, além de trabalhar. A família era, fundamentalmente, uma unidade de produção; a ela pertenciam todos os que contribuíam para seu patrimônio material (dinheiro ou propriedades) ou imaterial (honra ou prestígio). Mas era também um lugar de cultivo das relações afetivas, especialmente entre irmãos e irmãs, talvez o vínculo que perdurava durante mais tempo na vida de um habitante das cidades mediterrâneas naquele tempo. Provavelmente por isso, muitos utilizavam a linguagem familiar, fraterna, para estimular as relações afetivas, de confiança e de acolhimento. No caso de Paulo, a linguagem familiar tem uma presença esmagadora, a ponto de parecer que Paulo tivesse tentado uma ressocialização dos membros de suas assembleias para que deixassem para trás alguns laços familiares e se vinculassem aos demais crentes em Cristo como seus verdadeiros irmãos e irmãs, formando uma família onde já não haveria um pai senão o Deus de Jesus (ou, ocasionalmente, ele mesmo: 1Cor 4,15-16). Isto fazia das *ekklêsiai* uma espécie de famílias de substituição, mesmo que nada patriarcais, porque nelas devia haver uma igualdade revolucionária entre homens e mulheres, entre escravos e livres, entre judeus e pagãos (Gl 3,28). Como veremos mais adiante, isto teve profundas implicações para o devir dessas assembleias.

O imperador, como mencionei antes, exercia função político-teológica, conservando a ordem na terra e no cosmo. Os cidadãos colaboravam com a manutenção desta ordem, entre outras formas, mediante o culto ao imperador (com sacrifícios, libações ou reconhecimento público). Esses atos de devoção (políticos e religiosos ao mesmo tempo), não impediam a participação em outros cultos permitidos, nos quais o indivíduo cultivaria uma relação mais pessoal ou espiritual com uma divindade. Estes cultos (chamados de religiões mistéricas, porque incluíam uma dimensão oculta aos não iniciados) podiam oferecer resposta a interrogações existenciais como o sentido da vida ou da morte, a esperança de uma vida para além da morte, o porquê da dor ou da perda... Baseavam-se em rituais (acompanhados de relatos míticos) que permitiam ao iniciado uma relação pessoal com a divindade e, por ela, uma revelação de sentidos ocultos, mistéricos, da vida e da morte. Com certa frequência, esses rituais permitiam também a criação de espaços alternativos nos quais se suspendiam temporalmente as hierarquias e laços sociais e políticos, e se criavam novas relações e possibilidades com a ideia de mitigar tensões sociais e introduzir mudanças nos modelos hegemônicos (*As Bacantes*, de Eurípides, é um exemplo extremo). Paulo pôde ver também nesses cultos um modelo com o qual criar espaços alternativos que permitissem construir outras relações entre os membros ("pois todos vós que fostes batizados em Cristo, vos vestistes de Cristo. Não há judeu nem grego, não há escravo nem livre, não há homem nem mulher, pois todos vós sois um só em Cristo Jesus", Gl 3,28) e uma relação pessoal com a divindade; ao mesmo tempo, lograva-se um sentido para a vida e consolo diante da desgraça ou da contingência. No entanto, Paulo deu às suas assembleias uma dimensão ética e comprometida com os irmãos e irmãos que tais cultos não possuíam.

Por fim, como dissemos antes, o próprio termo *ekklêsia* remetia também à mesma origem de outra assembleia que os judeus tinham construído na diáspora: a sinagoga (LEVINE, 2000). Este termo referia-se ao grupo de pessoas que tinham espaços de reunião aos quais chamavam *proseuchê*, "lugar de oração"; neles, celebravam-se rituais, liam-se os textos sagrados traduzidos para o grego (a Septuaginta ou tradução dos LXX), comentavam-se e discutiam-se outras tantas questões atinentes à vida cotidiana. A sinagoga tinha uma organização mais ou menos estável, como chefes (*archisynagôgoi*) e anciãos (*presbyteroi*), além de outros cargos. Parece fora de dúvida que as assembleias de Paulo seguiram também o exemplo da sinagoga da diáspora (leitura das Escrituras, explicação e aplicação a situações concretas, educação, julgamentos internos, hospitalidade...). Para Paulo, o sentido veterotestamentário que mencionamos anteriormente devia ser muito importante e em nenhum momento dá mostras de pensar suas assembleias como confrontadas ou opostas à sinagoga (RUNESSON; BINDER; OLSSON, 2008, p. 4), mas como convites a entender como deve ser Israel. Ou seja, Paulo não pensava que a *ekklêsia* tivesse rompido com a sinagoga e que era a verdadeira herdeira do povo eleito; aliás, acreditava que a *ekklêsia* devia mostrar à sinagoga qual era a verdadeira identidade do judeu: acreditar em Iahweh tal como se mostrava na morte de Jesus (cf. Rm 11,16-32).

Tudo o que foi dito lança algumas conclusões: Paulo assumiu modelos de seu ambiente para dar forma às suas assembleias, mas não as converteu em algo igual a eles, mas combinou de modo original o particular com o semelhante, o próprio com o comum, a novidade com o conhecido. Em algumas coisas, sua *ekklêsia* assemelhava-se a muitas estruturas se que demonstravam bem-sucedidas e ofereciam benefícios de diversos tipos, mas tinha diferenças surpreendentes. Era uma estrutura fundamentalmente privada (como a casa), mas com uma vocação pública muito atraente (como a *ekklêsia*); era uma organização mista e plural (como as associações voluntárias), mas com uma alteração dos papéis hegemônicas (como em alguns cultos mistéricos); cultivava fortes vínculos afetivos (como a casa), mas não renunciava a uma dimensão supralocal (como a sinagoga ou as associações); criava um espaço de oração e de recolhimento (como a sinagoga ou os cultos), mas desafiava os valores hegemônicos dominantes a partir do sentido da cruz, exigindo recriar as relações pessoais e sociais etc. No capítulo seguinte, vamos ver como Paulo se arranjou para conseguir que os crentes em Jesus, os membros destas assembleias, fossem adquirindo consciência da própria identidade, conferindo-lhe conteúdo distinto, peculiar, que os fazia parecidos mas diferentes.

Bibliografia

CROSSAN, John Dominic; REED, Jonathan L, *En busca de Pablo*: el Imperio de Roma y el Reino de Dios frente a frente en una nueva visión de las palabras y el mundo del apóstol de Jesús, Verbo Divino, Estella, 2006.

HARLAND, Philip A., *Associations, synagogues and congregations*: claiming a place in Ancient Mediterranean Society, Fortress, Minneapolis, 2003.

HARRILL, James Albert, *Paul the Apostle*: his life and legacy in their Roman context, Cambridge University Press, Cambridge-New York, 2012.

HORSLEY, Richard A, I Corinthians: A case study of Paul's assembly as an alternative society, in HORSLEY, R. A. (ed.), *Paul and Empire*: Religion and Power in Roman Imperial Society, Trinity Press International, Harrisburg, PA, 1997, p. 242-252.

LAURENCE, Ray; WALLACE-HADRILL, Andrew. *Domestic space in the Roman world*: Pompeii and beyond, JRA, Portsmouth, RI, 1997.

LEVINE, Lee I., *The ancient synagogue*: the first thousand years, Yale University Press, New Haven, 2000.

LÖNING, K., The circle of Stephen and its mission, in BECKER, J. (ed.), *Christian Beginnigs*, John Knox Press, Louisville, 1993, p. 104-130.

MALINA, Bruce J.; PILCH, John J. *Social-science commentary on the letters of Paul*, Fortress, Minneapolis, 2006.

MEEKS, Wayne A., *Los primeros cristianos urbanos*: el mundo social del apóstol Pablo, Sígueme, Salamanca, 1988.

MYLLYKOSKI, Matti, James the Just in history and tradition: Perspectives of past and present scholarship (Part I), *Currents in Biblical Research* 5.1 (2006) 73-122.

PAINTER, John, *Just James*. The brother of Jesus in history and tradition, Fortress Press, Minneapolis, 1999.

PESCE, Mauro, *Le due fasi della predicazione di Paolo*: dall'evangelizzazione alla guida delle comunità, Dehoniane, Bolonha, 1994.

POPKES, Wiard, Leadership: James, Paul, and their contemporary background, in CHILTON, B. D.; EVANS, C. A. (ed.), *Missions of James, Peter, and Paul*, Brill, Leiden-Boston, 2005, p. 323-354.

RITSCHL, Albrecht, *Die Entstehung der Altkatholischen Kirche*: eine Kirche und Dogmengeschichtliche Monographie, A. Marcus & E. Weber, Bonn, 1857.

RUNESSON, Anders; BINDER, Donald D.; OLSSON, Birger. *The ancient synagogue from its origins to 200 C.E.*: a source book, Brill, Leiden-Boston, 2008.

WHITE, L. Michael, *De Jesús al cristianismo*: el Nuevo Testamento y la fe cristiana, un proceso de cuatro generaciones, Verbo Divino, Estella, 2007.

ZETTERHOLM, Magnus, *The formation of Christianity in Antioch*: a social-scientific approach to the separation between Judaism and Christianity, Routledge, London, 2003.

ZOCCALI, Christopher, *Whom God has called: the relationship of church and Israel in Pauline interpretation, 1920 to the present*, Pickwick, Eugene, OR, 2010.

Capítulo 5
A identidade da *ekklêsia*

No capítulo anterior, vimos como Paulo começou este projeto de construção da *ekklêsia*, como deu início à sua tarefa, que estratégia assumiu ao chegar a cada cidade, qual era o núcleo de sua mensagem, que modelos de seu ambiente tomou como referência e que aspectos eram diferentes e originais. Tudo isso nos deu uma ideia do início, do momento fundacional, com suas semelhanças e diferenças em relação a tudo o que se conhecia no Império Romano. Que providências Paulo tomou, a partir do momento em que as assembleias se haviam constituído e se reuniam uma segunda vez? Como conseguiu oferecer uma identidade própria, que pudesse interiorizar-se para oferecer estabilidade? Vamos fixar-nos no concreto do dia a dia de uma assembleia paulina, em como organizou sua composição, sua estrutura interna, seus conflitos, a autoridade, a ética etc. Paulo, já o dissemos, não organizou a *ekklêsia* a longo prazo; não desenhou uma instituição para que permanecesse inalterável no tempo. Paulo foi resolvendo o dia a dia do melhor modo que pôde, pensando no final que se aproximava; contudo, essas respostas de situação oferecem-nos muitos dados sobre a identidade que ele acreditava que a *ekklêsia* de Deus devia ter (cf. CAMPBELL, 2008).

1. Primeiros conflitos e desafios da *ekklêsia*

A combinação peculiar do que era novidade com o conhecido, como vimos, deu aos grupos de Paulo uma identidade definida e cada vez mais reconhecível. Aqueles que se entusiasmaram com a mensagem da cruz podiam, além do mais, ver as vantagens sociais e a oferta de sentido que trazia o fazer parte dessas assembleias que se iam constituindo. Entre os que se incorporavam, havia, sem dúvida, alguns judeus; havia também alguns dos que temos chamado "tementes a Deus", gentios crentes em Iahweh; contudo, fundamentalmente, havia gentios, muitos deles artesãos ou de seus círculos sociais, que participavam regularmente de alguma associação voluntária, talvez também de algum culto mistérico, que tinham suas

105

SEGUNDA PARTE • Quais são os aspectos centrais do tema?

vinculações e pertenças em diferentes âmbitos. A incorporação à *ekklêsia* oferecia muitas das vantagens que estas instituições já possuíam, mas mostrava-se mais exigente, ou seja, não era fácil combinar a pertença à *ekklêsia* com outras pertenças (a um culto, à sinagoga, a determinadas associações voluntárias...). Um caso particular, acontecido em Corinto por volta do ano 52 d.C., pode ilustrar muito bem as dificuldades para sublinhar a novidade e conservar a proximidade (a complexa sequência cronológica dos textos será vista no capítulo sexto; agora só nos interessa o conflito e o que ele revela).

Uma das ocasiões em que se podiam experimentar e desfrutar as vantagens de viver na cidade (fosse um cidadão ou estrangeiro acolhido) era a das festas nas quais se organizavam comidas populares para consumir parte dos animais oferecidos em sacrifício à divindade que patrocinava o evento, que podia ser também o imperador (FOTOPOULOS, 2003). Essa carne sacrificada e consumida era, ritualmente, um sinal de comunhão de cada pessoa com a divindade e de todos os participantes entre si (fossem estes a cidade inteira ou os membros de uma associação particular). Era também uma excelente ocasião para o cultivo das relações sociais, para a exibição do prestígio (simbolizado, por exemplo, no lugar reservado na mesa pública) ou para melhorar de *status* na complexa trama de clientelismo que estruturava cada cidade (MALINA, 1995). Ninguém queria perder tais oportunidades, exceto os poucos que tinham algum tipo de incompatibilidade por causa de seu próprio culto, como muitos judeus (nem todos os judeus, mas os que viam incompatível o monoteísmo e as comidas sacrificais). Os que tinham problemas de consciência, abstinham-se de participar de tais eventos, com as consequências decorrentes: receios, rotulação, hostilidade ou segregação.

Quando Paulo chegou a Corinto no ano 51 d.C. e se pôs a trabalhar como artesão, surgiu uma pequena assembleia de crentes em Cristo. Ao cabo de pouco mais de um ano, quando Paulo tinha saído em viagem a Éfeso, deu-se a ocasião de pôr à prova o sentido de pertença: alguns crentes tiveram a oportunidade de participar de uma comida sacrifical, provavelmente convidados por uma pessoa que não era crente (1Cor 10,1-22). Isto provocou diversas posturas, tensões e murmurações de uns contra os outros: uns queriam participar e assim o justificavam; outros, porém, não queriam nem aceitavam que aqueles o fizessem; para estes, comer a carne sacrificada aos deuses era idolatria. Alguns coríntios, entre eles Estéfanas, Fortunato e Acaico (1Cor 16,17), foram contar a Paulo o que acontecia e, como Paulo havia começado uma tarefa em Éfeso que não podia deixar (1Cor 16,8), escreveu uma carta (à qual pertence 1Cor 10,1-22) com instruções para resolver este problema. Nela, dá razão aos que consideram que participar dessas refeições é idolatria, é como entrar em comunhão com deuses falsos ("ídolos", "demônios", 1Cor 10,19-20), e lhes responde firmemente: "Não quero que entreis em comunhão com os demônios. Não podeis beber o cálice do Senhor e o cálice dos demônios. Não podeis participar da mesa do Senhor e da mesa dos demônios. Ou queremos provar o ciúme do Senhor? Seríamos mais forte do que ele?" (1Cor 10,20-22).

Esta resposta taxativa e sem rodeios deve ter sido como um balde de água fria para os que pensavam que podiam participar dessas refeições, talvez estimulados pelo valor social que tinha para eles; abster-se de participar podia supor um duro revés econômico e uma perda de prestígio social. No entanto, a história não acabou aqui. Este grupo, insatisfeito com a resposta, voltou à carga enviando a Paulo uma carta com várias perguntas, entre as quais uma sobre as razões da peremptória proibição e na qual deviam expor seus próprios argumentos para participar de tais refeições. A julgar pela resposta de Paulo, que a menciono em seguida, as razões dos coríntios eram contundentes e estavam muito bem justificadas teologicamente, a ponto de obrigarem Paulo, se não a mudar sua ideia inicial, pelo menos a matizá-la e a argumentar com mais cuidado e fundamento. Eles baseavam-se em um princípio muito simples: o monoteísmo. Afirmavam que, como provavelmente Paulo mesmo lhes havia dito, Deus somente é único e, portanto, tudo mais não pode ser deus nem ter valor sagrado, mesmo que alguns o queiram admitir por ignorância (1Cor 8,1-6). Quando Paulo lê este argumento, não pode senão admiti-lo, e escreve-lhes aceitando-o (1Cor 8,4): só há um Deus, o Pai, como só existe um Senhor, Jesus. Por coerência com este fundamento, a participação nas comidas fica dessacralizada e, portanto, legitimada porque carece de sentido teológico para os que creem no Pai como único Deus e em Jesus como único Senhor. Com esta resposta de Paulo, os destinatários daquela carta podiam participar dessas refeições, quer fossem na casa de um não crente (1Co 10,27), quer fossem em um templo de deuses pagãos (1Cor 8,10).

No entanto, o problema ainda sofreu outra guinada, porque Paulo se reservou uma condição para aceitar este argumento: que não prejudicasse a consciência de outro membro da *ekklêsia* que não tem o conhecimento ou a formação para pensar com essa liberdade (1Cor 8,1-9). Ou seja, a participação nessas festas estava

Segunda parte • Quais são os aspectos centrais do tema?

permitida e legitimada exceto no caso em que tal participação ferisse a consciência daqueles a quem Paulo chama "fracos", os que não têm o conhecimento ou a formação necessária. Estes, segundo Paulo, não são judeus radicais, mas indivíduos "habituados ao culto dos ídolos" (1Cor 8,7), aqueles que comeram com frequências nessas ocasiões com um sentido de comunhão com a divindade patrocinadora; são, portanto, antigos devotos dos cultos, que ainda não formaram totalmente sua consciência de crentes em Cristo. Estes, ao ver que outros mais formados ou fortes de consciência participam, podiam precipitar-se a fazer o mesmo sem estar preparados e podiam confundir-se ou perder-se (1Cor 8,10-12). Por isso, posto que dê razão aos "fortes" ou "livres", obriga-os igualmente a levar em conta outros critérios, além do da força da razão: concretamente, o cuidado com o fraco. Este argumento de Paulo é muito sutil: não somente obriga os fortes a pensar também nos fracos como também obriga a todos, fortes e fracos, a pensar no plural, em comum, a tomar consciência da importância da construção comum da *ekklêsia*.

Pode parecer um argumento com o qual quer dar razão a todos, "agradando gregos e troianos"; no entanto, não é assim. Na verdade, reflete uma característica muito peculiar da construção das assembleias paulinas. Paulo não pretende proibir a participação nas comidas sacrificais, mas formar consciências fortes e livres, criar laços de coesão e fortalecer a construção da *ekklêsia* acima dos conflitos e benefícios pessoais. Limitando a liberdade dos fortes e livres, obriga-os a pensar nos fracos; contudo, dando razão aos fortes e livres, impele os fracos a olhar para além de sua debilidade e a formar em si consciências mais fortes, mais livres.

Este episódio, portanto, ensina-nos várias coisas. Primeiro, reflete um dos muitos conflitos devidos à pluralidade dos crentes em Cristo durante os primeiros anos e as tendências centrífugas que foi preciso enfrentar. Segundo, este caso nos mostra que Paulo levou a sério os conflitos, soube reconhecer alguns erros e aprofundou a busca de razões coerentes com o princípio teológico da cruz. Terceiro, este conflito enfatiza a importância capital que teve para Paulo a primazia do sentido da morte de Jesus ("Um irmão pelo qual Cristo morreu!", 1Cor 8,11), acima de outras ideias teológicas e da transcendência da coesão de todos para visibilizá-la. E quarto, este episódio ressalta que, antes de mais nada, Paulo tinha bastante claro que a coesão ou a comunhão em torno do sentido teológico da cruz deviam realizar-se por meio de medidas e decisões práticas coerentes com aquele, mesmo que se mostrassem complexas, paradoxais ou surpreendentes.

2. A nova identidade na *ekklêsia*

Paulo teve que empregar uma enorme quantidade de energia para conseguir este grau de identificação da maioria com sua ideia da *ekklêsia*. Isto é o que os sociólogos chamam de processos de ressocialização ou "alternação" (BERGER, 1976, p. 81-96), que permitem à consciência subjetiva do indivíduo adotar nova identidade (ou parte dela). A identidade pessoal não é uma realidade fechada e inamovível, mas um conjunto de pertenças, vinculações ou etiquetas com as quais nos identificamos; estas estão hierarquizadas em nossa consciência. Assim, uma pessoa pode identificar-se mais com um judeu do que com o cidadão romano (ou ver ambas as pertenças em conflito), mais como crente em Cristo do que adorador de Ísis (ou ver ambas em conflito), mais como homem ou escravo do que como pessoa etc. As mudanças na vida das pessoas implicam mudanças nessas vinculações ou pertenças que configuram a identidade ou a hierarquia delas (HALBWACHS, 2004). Tais transformações geralmente se dão no marco de processos de ressocialização, em ambientes controlados.

Diferentes textos das cartas de Paulo, que costumam chamar-se "batismais", têm como objetivo, precisamente, isto: ressocializar os crentes. Em Gl 3,23–4,7, Paulo expõe uma série de argumentos muito elaborados que têm seu centro em uma afirmação-chave: "Todos vós, que fostes batizados em Cristo, vos vestistes de Cristo. Não há judeu nem grego, não há escravo nem livre, não há homem nem mulher, pois todos vós sois um só em Cristo Jesus", Gl 3,27-28). A participação na *ekklêsia* dos crentes em Cristo exige condicionar uma série de características da própria identidade (gênero, classe social, etnia ou nação...) a outra (ser crente em Cristo), que deve funcionar como critério último de governo da nova identidade. Até esse momento, por exemplo, muitos dos novos crentes aceitavam sem questionar determinadas diferenças hierárquicas que davam preeminência aos homens sobre as mulheres, ou aos livres sobre os escravos, ou aos judeus sobre os pagãos, ou cidadãos sobre os estrangeiros, ou aos cultos sobre os incultos etc. A partir da incorporação à *ekklêsia*, aparece um critério superior que obriga a modificar a valoração dessas divisões: nas assembleias não se pode estimar mais ao judeu do que ao grego, nem ao homem do que à mulher, nem ao rico do que ao pobre etc. O batismo devia funcionar como um verdadeiro rito de passagem que, de um lado, deixaria para trás as estruturas pessoais e sociais que não refletissem a nova identidade de crentes em Cristo e, de outro, assumiria novas estruturas, valores,

SEGUNDA PARTE • Quais são os aspectos centrais do tema?

crenças, práticas... que fossem coerentes com o princípio teológico da cruz. Paulo realizou somente em parte esta tarefa titânica.

2.1. A composição e a organização da ekklêsia

Este interesse de Paulo por tornar coerente a visibilização da *ekklêsia* com a novidade teológica da cruz pode ser percebido claramente em duas características que se mostram surpreendentes e estranhas, se tomadas isoladamente: a composição e a organização interna da *ekklêsia*. Pode-se perceber a primeira em 1Cor 1,26-28:

> Vede, pois, quem sois, irmãos, vós que recebestes o chamado de Deus; não há entre vós muitos sábios segundo a carne, nem muitos poderosos, nem muitos de família prestigiosa. Mas o que é loucura no mundo, Deus o escolheu para confundir os sábios; e, o que é fraqueza no mundo, Deus o escolheu para confundir o que é forte; e, o que no mundo é vil e desprezado, o que não é, Deus escolheu para reduzir a nada o que é.

O que Paulo oferece nesta reflexão, que provavelmente não se deve tomar como uma declaração universal, mas entender no contexto específico de seus destinatários, é uma revisão radical das hierarquias sociais a partir da pertença à *ekklêsia* de Deus; para Paulo, essa vinculação devia superar e modificar as demais. A composição real das assembleias (ao menos em Corinto) não respondia aos padrões hegemônicos: a maioria era gente simples, artesãos, não muito cultos, não muito ricos, não muito prestigiosos etc. (HOLMBERG, 1995, p. 37-103). No entanto, essa realidade, talvez fonte de conflito ou de vergonha para muitos (os mais cultos, ricos e prestigiosos entre os crentes), é apresentada por Paulo como sinal e reflexo social do princípio teológico da morte de Jesus com o qual introduz o parágrafo que lemos: "Nós, porém, anunciamos Cristo crucificado, que para os judeus é escândalo, para os gentios é loucura, mas para aqueles que são chamados, tanto judeus como gregos, é Cristo, poder de Deus e sabedoria de Deus" (1Cor 1,23-24).

Fazer parte da *ekklêsia* supunha, principalmente, aceitar o fato de que a morte na cruz de Jesus era o acontecimento mais importante da história, porque nele se revelava Deus como é, sem véus que o ocultassem: Deus era assim. Aceitar isso, presumia, consequentemente, uma nova identidade, ou seja, que quem assim aceitava e experimentava a Deus (não era uma questão somente de palavras, mas também de experiências carismáticas, como diz em 1Cor 2,3) devia reorganizar as próprias hierarquias de valores consoante esse novo princípio. Se Deus se havia manifestado surpreendente e paradoxalmente em um crucificado, humilhado, desprezado..., os que acreditavam nesse Deus deviam torná-lo visível também em sua vida, em suas relações sociais, no modo de organizar-se, na hierarquia de valores que regiam todos os aspectos da vida... Ou seja, deviam parecer-se, imitar, refletir o Deus da cruz (2Cor 3,12-18). Em tal caso, a melhor forma de fazê-lo era mostrar-se não como uma assembleia poderosa, culta, influente, elitista, patriarcal ou etnocêntrica, mas precisamente como um grupo aparentemente vulnerável, débil, torpe, marginal ou indesejável, porque assim mostravam o rosto do Deus em quem acreditavam.

Esta é a razão que explica a estranheza do texto anterior. Construir grupos com tais critérios de pertença, nos quais os que predominam são os néscios, débeis, plebeus, desprezíveis, os que nada valem nem contam..., é uma estratégia absurda e suicida: um grupo que busca os mais idiotas e menos capazes não sobrevive. Contudo, Paulo não procurava a sobrevivência da *ekklêsia*; como já disse, ele esperava o fim da história de modo iminente. Ele queria refletir, imitar, mostrar no tempo presente esse rosto de Deus descoberto na cruz de Jesus, e a *ekklêsia* devia ser esse rosto na história que revelasse quem e como é Deus, até que chegasse o tempo final, em que suas assembleias seriam apresentadas a Deus como uma noiva que o pai entrega ao noivo nas bodas (2Cor 11,2). De modo que Paulo não busca na construção da *ekklêsia* os mais capazes para levar adiante um projeto histórico; tampouco os mais influentes, que podiam garantir suas boas relações: Paulo busca que as assembleias reflitam algo do rosto de Deus, sua identidade paradoxal, seu absurdo modo de estar na história, seu contraditório projeto para restaurar Israel. A *ekklêsia* deve ser, assim, paradoxal, para provocar a pergunta e o chamado em quem olhar para ela.

Acontece a mesma coisa com a segunda característica mencionada: Paulo oferece orientações para a organização dentro das assembleias em 1Cor 12,12-27. Provavelmente, como no caso anterior, este texto responde a uma situação conflitiva, cuja resposta não podemos generalizar; no entanto, reflete, como sempre, as estratégias de Paulo e seus próprios critérios de construção da *ekklêsia*. Neste texto, Paulo utiliza a metáfora do corpo humano, como faziam muitos em seu tempo, com a ideia de oferecer um modo de coesão e de unidade na diversidade (NEYREY,

1986). O mais surpreendente é como hierarquiza os membros do corpo humano para oferecer um protótipo adequado à sua identidade:

> Mas Deus dispôs cada um dos membros no corpo, segundo a sua vontade (...). Os membros do corpo que parecem mais fracos são os mais necessários, e aqueles que parecem menos dignos de honra do corpo são os que cercamos de maior honra, e nossos membros que são menos decentes, nós os tratamos com mais decência; os que são decentes não precisam de tais cuidados. Mas Deus dispôs o corpo de modo a conceder maior honra ao que é menos nobre... (1Cor 12,18.22-24).

Como no caso anterior, um grupo cuja organização e hierarquia são presididas pelos membros considerados mais vis e desonrosos não pode aspirar a uma vida longa; está condenado ao fracasso social. Se nas assembleias paulinas se dava maior honra aos membros que todos consideravam mais torpes, néscios e desprezíveis, não é difícil imaginar o caos interno e os conflitos que se criariam; estavam fadadas ao desastre. No entanto, como vimos antes, Paulo não busca (pelo menos somente) uma organização interna eficaz, mas refletir o princípio teológico que confere identidade ao grupo. Essa medida, como a anterior, não pretende organizar a *ekklêsia* de modo eficaz e permanente, mas refletir sua identidade, mostrar quem são em todos os aspectos de sua vida. É a identidade de Deus que dá a identidade da *ekklêsia*; é a vida cotidiana da *ekklêsia* que dá testemunho de Deus no contexto histórico em que vive. Este é o critério último que parece resultar da estratégia de Paulo: a criação de seus grupos tinha como objetivo fundamental e primeiro refletir o Deus de Jesus.

2.2. Os conflitos e a estratégia de resolução

Os conflitos internos (tensões entre crentes ou entre líderes locais), a legitimação da autoridade e os comportamentos desviados (aqueles que Paulo considerava que se desviavam da identidade da *ekklêsia*) refletem também esta estratégia paradoxal. Enquanto Paulo estava no cárcere em Éfeso, recebeu notícias de um conflito entre duas mulheres que lideravam, cada uma, assembleias domésticas em Filipos: Evódia e Síntique (Fl 4,2-3). Paulo considera-as "auxiliares" ou "colegas" (*synergoi*), termo que se reserva aos mais próximos na missão da construção da *ekklêsia*. Este conflito aconteceu no âmbito de uma crise, provavelmente comum em outras assembleias, provocada por divisões, criação de subgrupos e ameaças de fragmentação (Fl 2,1-4; cf. 1Cor 1,11-12). A estratégia de Paulo é a mesma que

A identidade da ekklêsia

vimos: propor o modelo teológico de Deus tal como se descobre no acontecimento da cruz de Jesus, para gerar forças de coesão e diminuir assim as tensões provocados por protagonismos, prerrogativas ou ambições pessoais, sublinhando e antepondo o interesse dos outros ao próprio ("... nada fazendo por competição e vanglória, mas com humildade, julgando cada um os outros superiores a si mesmo, nem cuidando cada um só do que é seu, mas também do que é dos outros. Tende em vós o mesmo sentimento de Cristo Jesus", Fl 2,3-5). O modelo, conforme disse, é o da divindade que se descobre no Crucificado:

[Jesus Messias] estando na forma de Deus,

não usou de seu direito de ser tratado como um deus,

mas se despojou,

tomando a forma de escravo,

tornando-se semelhante aos homens,

e reconhecido em seu aspecto como um homem,

abaixou-se,

tornando-se obediente até a morte,

à morte sobre uma cruz.

Por isso Deus soberanamente o elevou

e lhe conferiu o nome que está acima de todo nome,

a fim de que ao nome de Jesus todo joelho se dobre,

nos céus, sobre a terra e sob a terra,

e que toda língua proclame que o Senhor é Jesus Cristo

para a glória de Deus Pai (Fl 2,6-11).

O exemplo de Jesus crucificado é tomado neste texto como justificação da exortação que citei antes ("... não fazendo nada por competição... Tende em vós o mesmo sentimento de Cristo Jesus"). Jesus na cruz, mais do que na ressurreição, reflete quem e como é Deus (como vimos pormenorizadamente no capítulo terceiro): um Deus que se esvazia, se humilha, se entrega... Este é o modelo que Paulo coloca diante dos filipenses quando tem de resolver um conflito criado pela defesa dos próprios interesses, sentimentos ou opiniões. Não se trata de que estes sejam maus, inadequados ou heterodoxos. Paulo não avalia isso; o que diz é que os membros da *ekklêsia* não podem antepor seus interesses ou ideias pessoais porque, desse

SEGUNDA PARTE • Quais são os aspectos centrais do tema?

modo, não agem como Deus. Para Paulo, é assim tão simples: antepor as próprias ideias, práticas, concepções, convicções ou interesses constrói uma assembleia que pode ser muito eficaz socialmente, bem organizada, integrada, prestigiosa ou interessante, mas que não é a *ekklêsia tou Theou*, a assembleia do Deus de Jesus. Paulo não é um homem que pense a longo prazo, pelo menos em termos de eficácia; não resolve os conflitos pensando na sobrevivência da *ekklêsia*. Ele o faz com uma fixação na cabeça: que tudo reflita quem é Deus.

Outro exemplo de tratamento do conflito (Paulo teve muitos) é o caso dos papéis dos homens e das mulheres nas assembleias, tal como vemos em 1Cor 11,2-16. Este assunto mostrava-se muito complexo em Corinto no ano 51 d.C., a ponto de o próprio Paulo ter consciência de que o conclui sem firmeza, sem consenso; assim termina o tema: "Se, no entanto, alguém quiser contestar, não temos este costume, nem tampouco as Igrejas de Deus" (1Cor 11,16). Parece que, tal como em outras associações e cultos, havia uma grande divisão na *ekklêsia* de Corinto sobre as funções que os homens e as mulheres podiam exercer, quando se reuniam todos para celebrar a refeição comunitária, a ceia do Senhor (cf. 1Cor 11,17-21). Uns defendiam o modelo da família patriarcal para organizar estas refeições com sobremesa, o que supunha que somente os homens podiam dirigir a palavra em público e, portanto, somente eles podiam orar e profetizar enquanto a assembleia estava reunida. Para visibilizar essa situação, pediam que as mulheres usassem um véu que lhes cobrisse a cabeça, como era o costume, significando assim seu lugar subordinado na assembleia patriarcal (1Cor 11,4-6.14-15). Para legitimar esta postura, além de apelar aos valores hegemônicos culturais (cf. 1Cor 11,14-15), citavam o segundo relato da criação (Gn 2,7.18-25), que mostrava que Deus havia criado primeiro o homem e, em segundo lugar, havia criado a mulher, dando a ele a autoridade de impor um nome a ela. Outros, no entanto, defendiam a ideia de que tanto homens quanto mulheres podiam exercer funções públicas, como era também costume em muitas cidades do Império durante a primeira metade do século I, quando a mulher havia conquistado certas cotas de autonomia que desaparecerão com a chegada dos imperadores Flávio (anos 70 d.C.). Para visibilizar esta igualdade, decidiram adotar uma prática comum em outros cultos populares em Corinto, que consistia em revestir (ou travestir) os homens como mulheres e as mulheres como homens, significando, assim, o caráter cultural e, portanto, alterável dos papéis sociais de gênero. Para legitimar esta postura, além da novidade da fé em Cristo (cf. Gl 3,28), citavam o primeiro relato da criação (Gn 1,26-30), que mostrava Deus criando o homem e a mulher iguais, ambos imagem de Deus, ambos tendo autoridade sobre a criação e exercendo o mandato divino de cuidar e servir-se da terra.

Paulo trata deste conflito de modo ambíguo, ao menos aparentemente. É preciso levar em conta dois dados para entender a questão: primeiro, a dupla situação que acabo de descrever, o enfrentamento entre dois grupos; e, segundo, que Paulo não responde à pergunta sobre os papéis de gênero, mas ao conflito de dois grupos antagonistas que ameaça romper a *ekklêsia*. Paulo não toma o partido de uns ou de outros, nem se põe a discutir suas razões; ele já havia deixado clara sua postura alhures (Gl 3,28) e também a manifestará aqui, mesmo que indiretamente. Paulo trata do que era, para ele, o verdadeiro problema: a divisão e a ameaça de desintegração. Ele vê dois grupos confrontados, ambos com razões válidas e com legitimidade para defender suas posturas, mas com o risco de que essas ideias, visões e decisões, sendo corretas individualmente, redundem mortais para a *ekklêsia*. É o mesmo problema que vimos no exemplo anterior (Fl 2,1-11) e a mesma solução: a defesa dos próprios interesses, quando está em jogo a identidade da *ekklêsia*, não é o modo de visibilizar o Deus de Jesus. Este é o princípio que Paulo apresenta no início de sua argumentação também neste caso: tudo está subordinado à imagem de Deus que se desvela em Jesus (1Cor 11,2-3). Por isso, independentemente da legitimidade e da verdade dos argumentos de uns e outros, o que conta, para Paulo, no tempo presente (o tempo escatológico, não o esqueçamos), é a construção da *ekklêsia*, ao que tudo está subordinado. Por isso, para aproximar ambas as posturas, não lhe ocorre melhor estratégia do que utilizar os argumentos de uns contra os outros, e vice-versa, acrescentando, talvez, uma boa dose de confusão.

Assim, aos que pediam subordinação e silêncio para a mulher, juntamente com o véu, recorda-lhes que "a natureza" (podíamos traduzir, sem forçar o sentido original, "a cultura" ou "a tradição") já oferece, na cabeleira feminina, o modo cultural adequado de presença e, portanto, o véu está sobrando. Aos que pediam a igualdade de homem e mulher para orar e profetizar na assembleia mediante o travestismo, lembra-lhes de que resulta em "afronta", em desonra (cultural), eles vestirem-se de mulher (deixando crescer a cabeleira ou usando peruca) ou elas de homem (cortando o cabelo). Além do mais, lembra a uns e a outros que os textos bíblicos que utilizavam para justificar suas posturas são válidos, embora deixe ver que se inclina para o de Gn 1,26-27, já que este parece coincidir melhor com a

SEGUNDA PARTE • Quais são os aspectos centrais do tema?

novidade de Cristo: "Por conseguinte, a mulher é inseparável do homem e o homem da mulher, diante do Senhor. Pois, se a mulher foi tirada do homem, o homem nasce pela mulher, e tudo vem de Deus" (1Cro 11,11-12); seu olhar crente sobre a tradição desautoriza a possibilidade de utilizar qualquer texto para justificar a subordinação da mulher.

Com isso, Paulo pretende mitigar as forças centrífugas que geravam os grupos opostos, criando forças de coesão que compensem aquelas mediante o reconhecimento da razão e da legitimidade do outro no conflito que os separa. Mais uma vez, Paulo aplica aqui o mesmo princípio teológico que vimos antes, mesmo que não o explicite tanto como no caso da Carta aos Filipenses: o modelo de entrega e de humilhação próprias de Jesus na cruz revelava não somente como Deus é, mas como devem imitá-lo, visibilizá-lo na história aqueles que acreditaram nele. Assim sendo, no conflito pelos papéis de gênero, Paulo não procura esclarecer quais são; o que era preocupante para ele é que haja "divisões e discórdias" em vez de "um mesmo falar", "num mesmo modo de pensar e no mesmo sentimento", que é o que lhes havia dito no início da carta (1Cor 1,11; como em Fl 2,2). Devem considerar, também neste ponto, o outro como alguém diante do qual abaixar-se, alguém que merece maior estima do que a própria pessoa (cf. Rm 12,3); não porque o outro tenha razão, mas porque, desse modo, se constrói uma *ekklêsia* que visibilize o Deus de Jesus.

Não obstante, sutil e indiretamente, Paulo deixa claro que, para ele, nem todo argumento tem o mesmo peso; porque, mesmo que utilize razões de ambos os grupos com o intuito de criar coesão, e cite os dois textos de Gênesis (Gn 1,26-27 e 2,18-25), não pode evitar sublinhar que lhe parece mais coerente "no Senhor" a visão de Gn 1,26-27 e que está mais de acordo com os que pedem a igualdade de papéis e de funções na *ekklêsia* do que com os que pedem o silêncio. De fato, deixa bem claro ao tratar o tema que "todo homem que ore ou profetize de cabelos longos desonra sua cabeça. Mas toda mulher que ore o profetize com a cabeça descoberta desonra a sua cabeça; é o mesmo que ter a cabeça raspada" (1Cor 11,4-5); ou seja, embora ambos devam mostrar-se como o que são (eles, como se vestem os homens; elas, como se vestem as mulheres), ambos podem e devem desempenhar exatamente as mesmas funções, orar e profetizar, como também diz em outros lugares ("Vós todos podeis profetizar, mas cada um a seu turno, para que todos sejam instruídos e encorajados", 1Cor 14,31). Estas funções implicavam a autoridade para dirigir uma palavra à assembleia congregada e que esta fosse reconhecida como palavra autorizada (cf. 1Cor 14,26-33). Esta ideia será uma das que mais transformarão os discípulos de Paulo após sua morte, como veremos nos capítulos sexto e oitavo.

Isto revela uma estratégia complicada, mas coerente: quase todos os conflitos que Paulo reporta em suas cartas (para não dizer todos) são tratados como problemas de coesão, que é o mesmo que dizer problemas de fé. Se ocorrem essas dificuldades é porque não estão pondo em prática o princípio geral: imitar o Deus de Jesus. Isto é um problema de fé, que se concretiza em uma falta de coesão entre os crentes. Embora Paulo não dê igual valor a todas as opiniões e demonstre que tem uma ideia muito clara do que é coerente "no Senhor", sua estratégia particular para resolver os conflitos se compreende melhor como aquela que busca fazer com que toda a *ekklêsia* visibilize o Deus descoberto na cruz de Jesus. Paulo está pensando em conjunto, no plural; nada se entende sem este princípio.

2.3. A autoridade da cruz (a autoestigmatização)

Entre os conflitos que Paulo teve de enfrentar, um de especial significado para entender a identidade da *ekklêsia* foi o que tinha como centro a própria autoridade e reconhecimento. Em repetidas ocasiões e por diversas pessoas, viu-se desautorizado ou desacreditado em suas decisões; algumas vezes porque não estavam de acordo com sua estratégia de missão (1Cor 9,1-23), outras porque tinham ideais teológicos diferentes (Gl 2,1-14), outras tantas porque diziam que não tinha presença nem eloquência (2Cor 11,6), outras ainda porque havia outros que possuíam maiores contatos e recomendações (2Cor 3,1-2) etc. Parece que sempre existia alguma razão para questionar sua autoridade (como se questionava a autoridade de líderes de suas assembleias; cf. 1Ts 5,12). No entanto, o mais peculiar de Paulo foi o modo pelo qual enfrentou esses problemas de autoridade. Em vários textos, podemos descobrir uma mesma estratégia para fazer frente ao descrédito, desenvolvida progressivamente; uma estratégia que alguns chamaram de autoestigmatização (GIL ARBIOL, 2003).

Pouco depois de deixar a *ekklêsia* de Corinto, um tanto à força, e dirigir-se a Éfeso (por volta do ano 51 d.C.), chegou aos ouvidos de Paulo que haviam surgido divisões na assembleia porque uns poucos mais cultos e educados desprezavam a maioria, inculta e pouco formada (cf. 1Cor 1,11-12). Paulo, em sua surpreendente estratégia, identifica-se com os incultos e incapazes e demonstra-lhes que sua debilidade e incapacidade não são algo a ser desprezado, mas bem ao contrário.

Eu mesmo, quando fui ter convosco, irmãos, não me apresentei com o prestígio da palavra ou da sabedoria para vos anunciar o mistério de Deus. Pois não quis saber outra coisa entre vós a não ser Jesus Cristo, e Jesus Cristo crucificado. Estive entre vós cheio de fraqueza, receio e tremor; minha palavra e minha pregação nada tinham da persuasiva linguagem da sabedoria, mas eram uma demonstração de Espírito e poder, a fim de que a vossa fé não se baseie sobre a sabedoria dos homens, mas sobre o poder de Deus (1Cor 2,1-5).

O conteúdo paradoxal da pregação de Paulo requer uma estratégia igualmente paradoxal. Este modo de pensar é muito peculiar também a Jesus, que anunciava o reino de Deus com palavras e fatos que faziam o conteúdo desse anúncio evidente e claro, para além de explicações ou definições. Assim o faz também Paulo: não é possível explicar qual é o conteúdo do "mistério de Deus", o sentido do acontecimento da cruz de Jesus, se não for de modo coerente com esse mistério. Deve-se entender com os olhos (sinais ou metáforas) mais do que com os ouvidos (discursos ou explicações); deve-se ver mais do que ouvir ("Gálatas insensatos! Quem vos fascinou, a vós ante cujos olhos foi desenhada a imagem de Jesus Cristo crucificado?", Gl 3,1). Portanto, a torpeza ou a incapacidade de Paulo não são uma limitação que deva ser compensada, mas um modo de apresentar um paradoxo. Paulo converte-as em sinal, em metáfora que se pode ver e captar para além dos discursos. Se o anúncio do mistério de Deus, descoberto na cruz, revelou-se impactante (como de fato o foi para aqueles que então liam a carta de Paulo), não se devia à sedução ou retórica de Paulo, mas à verdade e à força que esse mistério tinha. Paulo desvia o olhar de seus leitores para essa força da boa notícia de Deus, usando sua torpeza ou incapacidade como prova de que ele não tem nenhum mérito no que eles acreditaram. Sendo assim, Paulo subverte a acusação de incapacidade ou de falta de eloquência, mostrando-as como a melhor forma de visibilizar a força de Deus e de sua boa notícia. Esta é a primeira característica daquilo a que chamamos autoestigmatização: Paulo assume um rótulo negativo (neste caso, o de ser pouco eloquente e não ser uma pessoa muito culta) e o esvazia de seu sentido negativo, descobrindo outras possibilidades inéditas nele (neste caso, sua capacidade para revelar a força que tem em si mesmo a mensagem da cruz); por conseguinte, converte-o em algo positivo e desejável ("a linguagem da cruz é loucura para aqueles que se perdem, mas para aqueles que se salvam, para nós, é poder de Deus", 1Cor 1,18).

Alguns meses mais tarde, por volta do ano 52 d.C., Paulo recebeu notícias de que haviam chegado a Corinto alguns missionários que o acusavam, entre outras coisas, de não estar credenciado nem de ser suficientemente capaz de levar adiante uma tarefa que, de maneira clara e patente, superava-o. Quando Paulo foi informado disso, escreveu algumas cartas que se conservaram em 2Cor 2,4–7,4, e que enviou com seus informantes quando da volta deles. Aí oferece outro argumento surpreendente, desenvolvendo o que acabamos de ver: a debilidade e a incapacidade são, precisamente, prova do carisma de Jesus, de sua autoridade. Reporto suas palavras porque são muito eloquentes:

> Trazemos, porém, este tesouro em vasos de argila, para que esse incomparável poder seja de Deus e não de nós. Somos atribulados por todos os lados, mas não esmagados; postos em extrema dificuldade, mas não vencidos pelos impasses; perseguidos, mas não abandonados; prostrados por terra, mas não aniquilados. Incessantemente e por toda parte trazemos em nosso corpo a agonia de Jesus, a fim de que a vida de Jesus seja também manifestada em nosso corpo (2Cor 4,7-10).

Tal como na primeira vez em que o desafiaram em Corinto porque o consideravam inculto, Paulo defende a debilidade, a incapacidade e a torpeza não já como estratégias úteis para pôr em evidência a força da mensagem da cruz, mas como situações idôneas para visibilizar o conteúdo mesmo desta mensagem, do mistério de Deus, e captar a força transformadora que encerra. Paulo intensifica sua argumentação, aprofundando-a e mostrando que essa fraqueza ou incapacidade também contém uma força insuspeitável, paradoxal, surpreendente: assim como a morte (a vulnerabilidade e a humilhação) de Jesus é o modo como Deus se mostrou e agiu, amando o inimigo, assim também a debilidade e a incapacidade de Paulo é um sinal, uma marca de sua fidelidade, de seu compromisso, de sua autoridade. Trata-se da segunda característica da autoestigmatização, o modelo teológico que Paulo utiliza para transformar a desqualificação e o desprezo em algo positivo: da mesma maneira que a morte de Jesus parecia a exposição da vulnerabilidade, da impotência, da incapacidade, na realidade, porém, revelava a presença silenciosa de Deus acolhendo a vítima, assim também a impotência de Paulo se converte, para todos os que creem no Deus de Jesus, a melhor carteira de identidade do apóstolo desse Deus. Uma vez mais, Paulo esvazia o sentido negativo de sua incapacidade e apresenta-a como sinal e identidade do apóstolo autorizado por Deus, a quem imita.

No entanto, esta carta (2Cor 2,14–7,4) não foi bem acolhida e a situação piorou: a desautorização de Paulo cresceu. Ele viu-se forçado a fazer uma viagem--relâmpago de Éfeso a Corinto para tentar resolver um dos problemas mais agudos e difíceis de seus anos como missionário independente. Pelo que podemos deduzir de seus textos posteriores, essa visita revelou-se um fracasso absoluto, a ponto de ter piorado ainda mais a relação, com confrontos pessoais e alguém o desautorizando em público. Paulo voltou para Éfeso com a sensação de que sua relação com a *ekklêsia* de Corinto estava a ponto de romper-se. Depois de breve tempo, Paulo escreveu, "com o coração angustiado e em meio a muitas lágrimas" (2Cor 2,4), uma carta que dirigiu à assembleia de Corinto, conservada em 2Cor 10–13. Aí escreve um parágrafo sobre o tema que nos ocupa, no qual dá uma guinada em sua particular legitimação da autoridade.

Já que essas revelações eram extraordinárias, para eu não me encher de soberba, foi-me dado um aguilhão na carne – um anjo de Satanás para me espancar – a fim de que eu não me encha de soberba. A esse respeito três vezes pedi ao Senhor que o afastasse de mim. Respondeu-me, porém: "Basta-te a minha graça, pois é na fraqueza que a força manifesta todo o seu poder". Por conseguinte, com todo o ânimo prefiro gloriar-me das minhas fraquezas, para que pouse sobre mim a força de Cristo. Por isto, eu me comprazo nas fraquezas, nos opróbrios, nas necessidades, nas perseguições, nas angústias por causa de Cristo. Pois quando sou fraco, então é que sou forte (2Cor 12,7-10).

Estas frases ("é na fraqueza que a força manifesta todo o seu poder", "pois quando sou fraco, então é que sou forte" etc.) ressoaram na tradição cristã e fora dela como chavões, algumas vez com fundamento, outras não. Afirmações assim tão paradoxais revelam-se tão opacas quanto luminosas, caso se descubra a chave que as decifra. Para Paulo, e para os que o desqualificavam, sua debilidade era óbvia. Esta tinha diversas origens: de um lado, a idade (por esse tempo, considera-se Paulo um ancião: cf. Fl 1,9); por outro, as crescentes dificuldades com as autoridades locais, especialmente em Éfeso (cf. 2Cor 1,8-9; 11,23-29); ademais, a enfermidade, que ocasionalmente o afligia (cf. Gl 4,12-15); e, não menos pesados, seus embates com alguns dos crentes de suas assembleias (cf. 2Cor 2,5-7; 10,12-15 etc.). Essa situação tornava impossível negar a evidência. Paulo, no entanto, não faz isso; simplesmente indica outras faces da realidade: a força de Deus mostrou-se na debilidade de um Crucificado. Ali, a morte de cruz de Jesus parecia a exposição da vulnerabilidade e da impotência; na realidade, porém, revelava a verdadeira força de Deus, a que despreza a ira ou a vingança, e as substitui pela oferta da reconciliação; esta é a força de Deus que somente ele sabe demonstrar. Portanto, a impotência de Paulo – concretamente: sua rejeição à força convencional, à coação ou a imposição – converte-se para todos os que creem no Deus de Jesus em permanente oferta de liberdade, respeito e reconciliação por parte de Deus. Este é o terceiro traço característico da autoestigmatização: Paulo descobriu em si mesmo que a forma de agir de Deus (nele e em todos) não é a da imposição ou da dominação, mas a da acolhida e da liberdade. Seu próprio modo de agir, como a de qualquer crente, deve ser sinal desta forma de ser de Deus: não se pode impor, coagir ou manipular; a renúncia a essa tendência da "carne" exige a maior fortaleza interna; ser fraco (diante do outro, sem impor-se, nem exercer a violência, inclusive quando pareça justificada) é, na realidade, ser forte (imitar a verdadeira força de Deus, que oferece reconciliação quando poderia exigir vingança e violência).

Essa estratégia está no fundo, como estamos vendo, de muitas das atividades de Paulo. No caso da autoridade, aparece talvez com mais clareza e reflete muito bem que compreendeu que o paradoxo teológico da cruz exigia estratégias de comunicação e de atuação igualmente paradoxais. A autoestigmatização, ou seja, a assunção de valores e comportamentos considerados negativos, sua inversão simbólica e sua oferta como valores positivos, foi uma delas, eventualmente a mais significativa. Ela permitiu-lhe olhar a realidade, especialmente as situações negativas (próprias e alheias), buscando sempre outra perspectiva inédita, uma nova possibilidade que refletiria o olhar de Deus; permitiu-lhe, igualmente, oferecer um critério de exercício e de legitimação da autoridade na *ekklêsia* que acolhesse esta novidade; e, por último, permitiu-lhe também mostrar o mais original de Deus, imitando seu modo de agir na história, sem imposições nem coação, para revelar toda a sua força, sua oferta de liberdade e de reconciliação.

2.4. A ética para a ekklêsia

Pode-se dizer o mesmo quanto às exortações de caráter ético. Aqui podemos descobrir um dos maiores mal-entendidos sobre Paulo. A leitura fragmentada na liturgia cristã, os interesses moralizantes de pregadores durante séculos, sua falta de formação, a escassa atualização dos estudos paulinos, muito centrados em aspectos como a "justificação pela fé" (veja-se o primeiro capítulo), entre outras razões, fizeram dos textos de Paulo um compêndio de remédios morais que não podem deixar de ser antiquados, anacrônicos, etnocêntricos, androcêntricos etc. A ética paulina não foi pensada para hoje (de fato, não foi pensada senão para os destinatários concretos em seu tempo e lugar); mas, o que é mais importante, nem sequer foi pensada como ética pessoal, mas comunitária (HORRELL, 2005).

Há muitas exortações que parecem dar orientações morais pessoais: comportamentos sexuais inadequados (1Ts 4,1-8; 1Cor 5,1-13; 6,12-20), abusos e extorsões econômicas (1Cor 6,1-8), problemas matrimoniais ou de casais (1Cor 7,1-14), outros comportamentos desviados (Gl 6,19-21; Fl 2,14-16; 1Cor 6,9-11), ou o caso comentado das carnes sacrificadas aos ídolos (1Cor 8,1-13). No entanto, se se leem com atenção, todas elas estão orientadas não à santidade do indivíduo, não à imitação pessoal de Deus, mas à sua importância na construção da *ekklêsia*. Todos esses comportamentos são importantes porque cada indivíduo, como cada parte do corpo humano, é membro do corpo social (a *ekklêsia*), que é, por sua vez, reflexo do corpo teológico, o corpo de Cristo: "Vós sois o corpo de Cristo e sois os seus membros, cada um por sua parte" (1Cor 12,27). A preocupação de Paulo não é a individualidade de cada crente (sua alma, diria a leitura tradicional), mas sua identidade como membro da *ekklêsia*; esta deve representar, em sua totalidade, sua identidade teológica, parecer-se com o Deus de Jesus. Contudo, deve fazê-lo em seu conjunto: "todos os membros do corpo, apesar de serem muitos, formam um só corpo. Assim também acontece com Cristo (...). O corpo não se compõe de um só membro, mas de muitos. Se o pé disser: 'Mão eu não sou, logo não pertenço ao corpo', nem por isso deixará de fazer parte do corpo" (1Cor 12,12.14-15).

Alguns exemplos ilustram isso com clareza; ambos tratam de comportamentos sexuais inadequados (o que Paulo chama de "porneia"), tradicionalmente considerados casos de moral pessoal. Antes de apresentá-los, talvez seja oportuno lembrar que, para entender estas passagens, deve-se levar em conta a estreita relação que existia naquele tempo entre a sexualidade e o poder ou, com outras palavras, a valoração das relações sexuais de acordo com o exercício do poder e da dominação, usando-se como critérios a idade e a posição social (CROSSAN; REED, 2006, p. 287-415). Um dos sinais mais claros era o abuso dos escravos e escravas para o desfrute de seus amos: as relações sexuais estabeleciam papéis passivos e ativos muito definidos pelo exercício do poder. No entanto, este princípio se estendia a quase todas as relações sexuais, que se converteram em um modo de estabelecer e conservar (ou alterar, em seu caso) o lugar social (RICHLIN, 1983).

Vemos o primeiro exemplo em 1Cor 6,12-20: os crentes que saem com prostitutas. Paulo apresenta o tema oferecendo-nos uma referência para entender o problema: os que saem com prostitutas são citados por Paulo como exemplo dos que pensam que "tudo me é lícito" (1Cor 6,12). Parece que alguns crentes entenderam que a ideia paulina de que a lei não tinha valor em si mesma, se não remetia à bondade de Deus (ver o capítulo terceiro), era preciso interpretá-la como o fim de toda lei, ou seja, que já não era necessário cumprir nenhuma lei porque Deus estava acima de todas elas, oferecendo salvação independentemente de seu cumprimento. Em todo caso, é uma interpretação compreensível e bastante lógica, que Paulo teve de desmontar em repetidas ocasiões (cf. 1Ts 4,1-8; Gl 5,13-26 etc.). Estes, como prova da novidade do Deus de Jesus, mostravam sua pertença à *ekklêsia* mediante a transgressão de alguns valores e comportamentos sexuais que a maioria considerava respeitáveis. Para aqueles, segundo se depreende deste texto, sair com prostitutas refletia a ruptura das limitações morais, o fim da qualificação moral das pessoas em função do cumprimento das leis. A prova disso era que, sendo membros da *ekklêsia*, tinham relações sexuais com prostitutas sem que isso repercutisse negativamente em seu *status* diante de Deus. Deus continuava a amá-los. A partir do ponto de vista do fundamento teológico que fundamenta a cosmovisão paulina, essa visão não era totalmente incorreta.

Paulo depara-se com um problema mais sério do que parece, que não é se os crentes podem ou não podem sair com prostitutas; o que está sob suspeita é a novidade do Deus de Jesus e a identidade da *ekklêsia* que o visibiliza. Por isso Paulo trata do tema com uma estratégia acurada: não como um problema de um membro do corpo (o indivíduo), mas como um problema do corpo inteiro ("Não sabeis que os vossos corpos são membros de Cristo?", 1Cor 6,15). Não é um assunto de pureza ou impureza pessoal, mas um problema de fé, de identidade do conjunto dos crentes ("Não sabeis que aquele que se une a uma prostituta constitui com ela um só corpo? Pois está dito: *Serão dois em uma só carne*. Ao contrário, aquele que se une ao Senhor, constitui com ele um só espírito", 1Cor 6,16-17). Paulo separa a relação do crente com uma prostituta de sua dimensão pessoal e a vincula ao sentido

SEGUNDA PARTE • Quais são os aspectos centrais do tema?

social e público; o corpo que se relaciona com a prostituta não é o corpo do crente, mas o corpo de Cristo, a *ekklêsia* ("sois membros de Cristo", "não pertenceis a vós mesmos", "sois tempo do Espírito"...). Paulo obriga os que se julgavam livres de normas morais a ver-se não como indivíduos "fortes" ou "livres" (cf. 1Cor 8,1-13), mas como partes de um todo que tem uma identidade definida (que provém do Deus de Jesus) e que não pode ser alterada ou traída pela cobiça, pelo egoísmo ou pela liberdade de um de seus membros: "Ou não sabeis que o vosso corpo é templo do Espírito Santo, que está em vós e que recebestes de Deus?... e que, portanto, não pertenceis a vós mesmos? Alguém pagou alto preço pelo vosso resgate; glorificai, portanto, a Deus em vosso corpo" (1Cor 6,19).

Não é difícil imaginar que, tal como no caso dos que participavam das comidas sacrificais, prejudicando a consciência débil de alguns irmãos, neste caso também alguns poderiam sentir-se lesados na própria identidade de crentes, confundidos pelos comportamentos daqueles. Os que frequentavam prostitutas não estavam sozinhos (metaforicamente); levavam também consigo seu ser crente, sua pertença à *ekklêsia*, que se via afetada por um comportamento dominado pelos interesses deles. Por outro lado, para não fazer leituras anacrônicas, é importante recordar o dito sobre a relação entre sexualidade e exercício do poder: ter intimidade com prostitutas não era uma relação entre iguais, mas o exercício da posse e do domínio de uns sobre os outros. Os que assim agiam em Corinto não reproduziam os valores do Deus da cruz. Em síntese: Paulo não lida com esse comportamento sexual como se fosse um caso de moral pessoal, mas como um caso de traição da identidade da *ekklêsia*; em vez de refletir o rosto do Deus de Jesus, refletem o rosto de um deus que busca seu próprio interesse ou benefício, exercendo o domínio sobre o fraco, e isso é idolatria. A ética paulina é uma ética coletiva, orientada não para o *status* ou qualidade moral do sujeito individual, mas à identidade da *ekklêsia*, ao objetivo de visibilizar no mundo o rosto do Deus de Jesus.

Encontramos o segundo exemplo em 1Cor 5,1-13, quando Paulo trata o caso de um crente que vive com a mulher de seu pai. Poderia parecer que se trata, de novo, de um caso de desvio, de infidelidade ou de debilidade pessoal; no entanto, os dados do texto apontam em outra direção. Em primeiro lugar, Paulo nunca se dirige a ele, mas aos responsáveis pela assembleia a que pertence; eles deviam ter resolvido satisfatoriamente o assunto, mas, em vez disso, ficaram "cheios de orgulho". Em segundo lugar, a solução que Paulo adota não é expulsar aquele que se comportou mal (o que teria sido mais simples), mas obrigar a assembleia a convocar uma reunião de todos e expulsar o indivíduo. Desse modo, força a assembleia a pôr em evidência os líderes que deviam ter evitado a situação e não o fizeram. Paulo pretende que toda a *ekklêsia* lhes dê uma lição de moral; por isso, censura-lhes o envaidecimento e os submete à autoridade da assembleia e à sua própria. Em terceiro lugar, a expulsão não é, como pode parecer à primeira vista, um castigo individual "para perda da sua sensualidade" (literalmente "carne": 1Cor 5,5), mas para que "um pouco de fermento não levede toda a massa" (1Cor 5,6), ou seja, para que o comportamento inadequado de um não afete a identidade da *ekklêsia*, não suceda que, olhando-a, alguém não descubra a "nova massa" devido à cobiça, ao interesse ou benefício desse indivíduo. A raiz do problema, pois, não é o mau comportamento do incestuoso, mas o desvanecimento dos que, comportando-se imoralmente, antepondo seu próprio interesse ou prazer, julgam que destarte estão refletindo o rosto do Deus de Jesus, fazendo da *ekklêsia* um espelho de deuses falsos. Uma vez mais nos defrontamos com um problema social, de identidade da *ekklêsia*, não de moral pessoal. Esse indivíduo está prejudicando a imagem pública da assembleia porque reflete um rosto de Deus que não é o de Jesus: está antepondo sua cobiça ("sua carne") à entrega, ao esvaziamento e à humilhação de Deus na cruz.

Daqui se pode tirar uma conclusão importante para compreender esta estratégia paulina: o objetivo teológico é superior ao eclesiológico. Paulo não se propõe construir a *ekklêsia* como um fim em si mesma, mas como uma estrutura que visibiliza o Deus de Jesus, uma mediação, um espelho, um dedo que aponta para Deus; se Paulo tivesse feito da *ekklêsia* o mesmo que sua tradição farisaica fizera com a Torá, teria cometido o mesmo erro que tanto criticou (tão visceral e belicosamente). Seus discípulos é que, em uma situação posterior muito diferente, deslocaram o olhar para o dedo, para a *ekklêsia*, porque acreditavam que se havia fundido com o projeto de Deus para a história, que a *ekklêsia* era "a plenitude daquele que plenifica tudo em tudo" (cf. Ef 1,23). Veremos isto no capítulo posterior.

3. O "gênio" de Paulo

A biografia de Paulo, ou pelo menos os dados que temos de como se comportava e o que dizia, revela-se ambígua e paradoxal no que tange a esta estratégia de criação de identidade. De um lado, Paulo repete, em numerosas ocasiões, que sua atuação com todas as assembleias tem sido esta: antepor os interesses da *ekklêsia* aos seus próprios: "Terá sido falta minha anunciar-vos gratuitamente o Evangelho de Deus, humilhando-me a mim mesmo para vos exaltar?" (2Cor 11,7); "Ainda que livre em relação a todos, fiz-me o servo de todos, a fim de ganhar o maior número possível..." (1Cor 9,19); "... ainda que nós, na qualidade de apóstolo de Cristo, pudéssemos fazer valer a nossa autoridade. Pelo contrário apresentamo-nos no meio de vós cheios de bondade, como uma mãe que acaricia os filhinhos. Tanto bem vos queríamos que desejávamos dar-vos não somente o Evangelho de Deus, mas até a própria vida, de tanto amor que vos tínhamos" (1Ts 2,7-8) etc. Atreve-se a repetir-lhes, inclusive, que sejam seus imitadores (1Ts 1,6; 1Cor 4,16; 11,2 etc.), porque ele imita a Jesus na cruz (Gl 6,14-17).

Por outro lado, no entanto, Paulo age em muitas ocasiões com uma liberdade e autonomia tais que parecem autoritarismo ou imposição. O caso do indivíduo que vive com a mulher de seu pai (1Cor 5,1-13), como vimos, parece um exemplo de coação, visto que obriga a assembleia a tomar a decisão que ele já havia tomado. Temas discutidos nas assembleias, como o dos papéis de gênero (1Cor 11,2-16) ou outras funções (1Cor 14,29-33.36-38), trata-os com uma atitude que deixa pouco espaço para a dissenção ("Se, no entanto, alguém quiser contestar, não temos este costume, nem tampouco as Igrejas de Deus", 1Cor 11,16). Em questões como a do sustento (se devia deixar-se manter pelas assembleias ou trabalhar com suas mãos para ganhar o pão), Paulo mostra-se inflexível, antepondo sua própria ideia e visão à de boa parte da *ekklêsia*, inclusive à de outros líderes (1Cor 9,1-18). Esta atitude intransigente foi o que o afastou da comunidade de Antioquia, como vimos no capítulo anterior, para levar adiante sua própria missão (cf. Rm 15,17-21).

O que é paradoxal no caso é que, em todas estas situações (e em outras semelhantes) nas quais parece antepor de modo autoritário ou unilateral sua própria ideia ou visão, Paulo diz estar defendendo não suas convicções ou decisões, mas as de Deus. Paulo apela uma e outra vez à vocação recebida (Gl 1,15-16), à missão imposta por Deus (1Cor 9,16-17), como se fosse algo que nada tivesse a ver com suas próprias convicções ou desejos (ou que pelo menos estivesse acima deles). É provável que, para ele, as posturas e decisões que nos parecem autoritárias fossem um exemplo de negação e de renúncia dos próprios interesses e de aceitação generosa do projeto de Deus. Este tema dá ideia da complexidade (do "gênio" em seu duplo sentido de "genialidade" e de "caráter") de Paulo de Tarso.

126

A identidade da ekklêsia

4. A relação da *ekklêsia* paulina com outros

Para terminar este capítulo, gostaria de reunir algumas ideias que nos permitem entender a relação do "gênio" de Paulo e suas assembleias com outros círculos de seguidores de Jesus. Já vimos no capítulo anterior que, embora incialmente Paulo tenha feito parte ativa e destacada da tradição a que chamamos helenista, depois do chamado conflito de Antioquia, em fins dos anos 40 d.C., foi-se embora dali por não aceitar o novo rumo da comunidade, o que ele interpretava como um retrocesso. Isso fez com que sua vinculação com o resto dos seguidores de Jesus, durante a etapa independente, ficasse marcada por um sinal de interrogação. Muitos pensavam diferentemente de Paulo, principalmente a respeito das consequências que se derivavam do acontecimento de Jesus e que Paulo cristalizou em seu projeto de *ekklêsia*, tal como vimos. Desses, alguns tiveram uma atitude hostil e beligerante em relação ao projeto de Paulo e o demonstraram de muitos modos. Parece que em várias assembleias fundadas por Paulo, quando ele ia embora, chegavam outros crentes em Cristo que queriam desfazer ou refazer seu trabalho (cf. SUMNEY, 1999; PORTE, 2005).

Talvez o melhor modo de compreender este conflito seja buscar uma razão que explique essa hostilidade e aparente perseguição a Paulo por parte de outros seguidores de Jesus. Um dado da autodefesa que Paulo faz em Corinto nos revela a possível razão do problema. Quando escreve aos coríntios para resistir à ofensa, diz: "Quanto a nós, não nos gloriaremos além da justa medida... Não nos estendemos indevidamente... Não nos gloriamos desmedidamente, apoiados em trabalhos alheios... sem entrar em campo alheio para nos gloriarmos de trabalhos lá realizados por outros" (2Cor 10,13-16). Como vimos no capítulo anterior, na assembleia de Jerusalém, não havia ficado suficientemente clara a divisão da missão depois dos primeiros conflitos entre Antioquia e Jerusalém. Paulo compreendeu-a como uma separação fundamentalmente geográfica (Pedro e os demais dedicar-se-iam à terra de Israel e ele, à diáspora), enquanto os hierosolimitanos, com Tiago à frente, entenderam-na de modo mais étnico (eles se dedicariam aos judeus circuncisos, ao passo que Paulo se voltaria para os não circuncisos). Paulo, de acordo com sua interpretação, propôs-se cumprir o acordo dedicando-se aos gentios (cf. Rm 15,17-21), mas não deixou de lado os circuncidados, porque considerou que seu projeto era integrar os gentios ao Israel de Deus (cf. Rm 11,16-32). Contudo, os de Jerusalém, chefiados por Tiago, puderem entender que estavam cumprindo sua

SEGUNDA PARTE • Quais são os aspectos centrais do tema?

parte do acordo ao dirigir-se aos circuncidados das assembleias que Paulo formava, pedindo-lhes, fundamentalmente, que guardassem a Torá. Mesmo que Paulo chegue a insultá-los, tratando-os como "falsos apóstolos" ou "enviados de Satanás" (2Cor 11,12-25), não sabemos o que estes pensavam ou pretendiam, de modo que parece justo conceder-lhes o benefício da dúvida.

Por outro lado, do ponto de vista da maioria dos seguidores de Jesus, Paulo era um crente em Cristo marginal, atípico, independente, imprevisível…, "genial" (no duplo sentido), que facilmente provocava amores apaixonados ou ódios viscerais. Sua posição no início de sua atividade independente (começo dos anos 50 d.C.), quando partiu de Antioquia, era absolutamente minoritária: ninguém o acompanhou, à exceção de Silvano. Não é difícil entender os receios da maioria diante de alguém que ia por si, que apelava para revelações pessoais que os demais não partilhavam (ou pelo menos não totalmente) e criava assembleias de acordo com elas. Em todo caso, a relação de Paulo com o resto dos seguidores de Jesus varia da colaboração cordial ao confronto e desqualificação franca e sem atenuantes, passando por diferentes graus de receio e de hostilidade; esses rivais nos deixaram alguns vestígios em Corinto, na Galácia e em Filipos.

Em Corinto, pouco depois da ida de Paulo para Éfeso, chegaram em vários momentos outros crentes em Cristo que, diferentemente de Paulo, traziam cartas de recomendação de Jerusalém (2Cor 3,1; 10,12) que os credenciavam como verdadeiros apóstolos (2Cor 11,7-13), aceitavam ser mantidos economicamente pelas assembleias (2Cor 12,11-15), tinham grande capacidade de persuasão (2Cor 11,5-6) e eram capazes de realizar sinais (visões, revelações, curas…) que atraíam e arrastavam os coríntios (2Cor 12,11-12). Paulo não diz que eles pretenderiam circuncidar os gentios, mas que a chegada deles, com diferentes estratégias de missão e projeto diferente, estava criando confusão, divisão, além de desautorizar seu trabalho e a ele próprio. A razão do ataque deles está na pretensão de Paulo de defender uma "nova aliança" (2Cor 3,1-18) que se lhes afigurava uma pretensão injustiçada e para além do horizonte mesmo de Jesus (2Cor 5,16-21). É provável que a relação de Paulo com eles se estivesse deteriorando progressivamente devido às consequências que a desautorização de Paulo como apóstolo estava provocando na *ekklêsia* de Corinto. No final, parece que a tensão se mitigou graças à intervenção de Tito (2Cor 2,12-13 e 7,5-7), que permitiu a acolhida de Paulo em Corinto e o recolhimento da coleta para Jerusalém. É possível que a decisão de levar, ele próprio, a coleta à Cidade

Santa, tenha suavizado posturas; se os rivais de Paulo tinham conexão com Jerusalém ou eram oriundos de lá, o fato de arrecadar dinheiro e de levá-lo pessoalmente era uma espécie de exame ou revalidação para Paulo (1Cor 16,4; Rm 15,30-32). A aprovação dela permitiria que ele continuasse a desenvolver sua missão para além do território explorado até agora.

Na Galácia, a situação é diferente porque Paulo diz que seus oponentes se dirigem aos gentios pedindo-lhes a circuncisão, argumentando que é o que Paulo faz em outros lugares (cf. Gl 5,11-12). Também em Filipos encontramos algum resquício desta oposição em termos semelhantes aos da Galácia: a parte mais dura da carta (Fl 3,2–4,1) é um aviso contra os "cães" que buscam a "mutilação", em clara referência à circuncisão (Fl 3,2-3). Esta situação não é comparável à que supusemos em Corinto; aqui os oponentes de Paulo pretendem circuncidar os gentios, transgredindo claramente o acordo de Jerusalém. Por isso, mesmo que a resposta de Paulo pareça mais contida do que em 2Cor 10–13, na realidade revela-se mais dura, porque os exclui da aliança (cf. Gl 5,21-31). Posto que Lucas, anos mais tarde, apresente Tiago opondo-se aos que pedem a circuncisão dos pagãos (cf. At 15,24), Paulo os vincula à liderança de Tiago em Jerusalém mediante a eloquente posição da "Jerusalém terrena" (liderada por Tiago nos anos cinquenta) e "a Jerusalém celeste" (a que Paulo aspira) em Gl 4,25-26.

Há outras relações não polêmicas de Paulo com crentes em Cristo procedentes de outros lugares e com outras visões que ele parece aceitar ou, inclusive, integrar dentro de seu projeto. O exemplo mais claro é o de Apolo, um judeu originário de Alexandria, bem versado nas Escrituras e tão eloquente que conseguiu congregar um grupo de adeptos entre os crentes de Corinto (At 18,24; 1Cor 1,12). Sua chegada a essa cidade aconteceu à margem da missão de Paulo, talvez por iniciativa dos de Éfeso (At 18,27-28), e gerou divisões; no entanto, Paulo fala dele com cordialidade e sem tom polêmico (1Cor 16,12). Apolo é um caso claro da capacidade (mesmo que limitada) de Paulo de integrar diferentes modelos e estratégias em seu próprio projeto.

O caso de Pedro é semelhante. Aparece mencionado nas cartas de Paulo várias vezes, geralmente de modo positivo (Gl 2,9; 1Cor 1,12; 9,5), embora também de modo polêmico (Gl 2,11). A relação destes dois líderes foi mais difícil do que a memória cristã recordou; seus projetos de construção da *ekklêsia* eram diferentes e suas estratégias, diversas. Enfrentaram-se duramente em Antioquia por volta do

SEGUNDA PARTE • Quais são os aspectos centrais do tema?

ano 50 d.C. e tiveram uma relação tensa a partir desse momento (cf. 1Cor 1,12; 9,5), mas Paulo nunca dá mostras de ruptura ou de separação. Sua relação reflete a pluralidade de modelos e de estratégias que, conquanto em tensão, fazem parte de uma visão de conjunto que superava a missão de cada um. Esta ideia, como vamos ver, foi da máxima importância para Paulo.

4.1. O projeto universal de Paulo

Apesar destas oposições, como digo, Paulo concebeu seu projeto como parte de uma realidade mais ampla com a qual se sentia profundamente unido. Prova disso é um dos textos mais emotivos, apaixonados e, inclusive, angustiados de Paulo, antes de empreender a última viagem que o levaria a Jerusalém com uma ajuda econômica recolhida nas assembleias da Macedônia e da Acaia: Rm 15,25-32. Esta ideia de enviar dinheiro tem sua origem na assembleia de Jerusalém por volta do fim dos anos 40 d.C., quando pediram a Paulo que colaborasse economicamente com a necessidade dos crentes da Judeia, submetidos a secas, escassez e tensões políticas e militares (Gl 2,10). Paulo cumpriu este encargo em vários momentos, enviando dinheiro da Galácia (cf. 1Cor 16,1) e, no final, levando-o ele próprio. Este último envio era a contribuição mais generosa e ele se ofereceu pessoalmente para levá-la. Mesmo que o objetivo inicial fosse mitigar a penúria dos que passavam necessidade na Judeia, Paulo assumiu a tarefa como algo muito mais importante para ele: era o sinal de sua vinculação com a origem da *ekklêsia*, o sinal de sua comunhão e, ainda mais importante, o exame que poria à prova a aceitação, por parte dos de Jerusalém, de sua missão e da das assembleias que ele havia criado. Paulo sabia que sua presença em Jerusalém iria encontrar forte oposição (Rm 15,31) e que estava em jogo não somente seu *status* entre os seguidores de Jesus, mas também o de suas assembleias. Esse dinheiro era valioso para os pobres de Jerusalém, mas o era ainda mais para ele, para selar a comunhão entre as assembleias daqui e de lá: simbolicamente, aceitar esse dinheiro significava uma aliança (quase) universal.

Não sabemos que destino teve o dinheiro, porque Paulo não nos conta o que aconteceu; a Carta aos Romanos é a última que escreveu. Deste episódio só temos o testemunho de Lucas em At 21,17-26, mas não nos diz o que aconteceu com a maior preocupação de Paulo ao fazer esta viagem. Poder-se-ia desculpar Lucas dizendo que ele não tinha conhecimento da coleta, mas não é certo; em At 24,17, diz que Paulo explica ao procurador Félix qual seria a causa da viagem a

Jerusalém: "Depois de muitos anos, vim trazer esmolas para o meu povo e também apresentar ofertas". Então, por que não diz nada sobre o dinheiro, se o aceitaram ou não? Talvez seja preciso ler nas entrelinhas. Lucas diz que, quando Paulo chegou a Jerusalém, falaram-lhe imediatamente dos êxitos da missão entre os judeus e dos receios e acusações que havia contra ele e sua missão, porque falava contra a lei e as tradições (At 21,20-21). Para evitar todo mal-entendido, propõem-lhe que "pague" pelos votos que tinham de fazer alguns deles no templo. Esta é a única alusão de Lucas à aceitação da coleta. Se devemos detectar o sentido implícito, parece que a aceitação desse dinheiro esteve condicionada a uma demonstração pública, da parte de Paulo, de que ele não renunciava à Torá nem às tradições dos antigos (At 21,24). Segundo Lucas, Paulo aceitou e pagou (At 21,26). A avaliação histórica desta informação sobre Paulo é difícil, porque Lucas, como sabemos, tem grande tendência a apresentar os conflitos do modo menos polêmico possível. Seja como for, não é surpreendente a solução que Lucas traz: Paulo pôde entender que esse era um preço justo para conseguir a comunhão de toda a *ekklêsia*, o reconhecimento de sua missão e, o que nesse momento mais importava, a possibilidade de seguir desenvolvendo sua missão para além de Roma.

Outros sinais ressaltam a importância que tinha para Paulo a comunhão entre assembleias. Além da solidariedade econômica entre umas e outras (especialmente as da diáspora com as da Judeia), Paulo fomentou muito a hospitalidade, o envio de colaboradores e de apóstolos, o conhecimento e a relação afetiva dos crentes mediante as saudações, as orações comuns nas quais uns pediam pelos outros, o envio de notícias de uns para outros mediante as cartas etc. Paulo construiu uma verdadeira rede de relações que superava em muito as próprias de cada cidade; para ele, a *ekklêsia* não se limitava aos mais próximos, mas tinha uma dimensão supralocal, quase universal. Este aspecto era característico de estruturas como a sinagoga ou algumas associações voluntárias, que serviram a Paulo como modelos parciais. No entanto, a importância que essas redes supralocais foram adquirindo depois de Paulo reflete, melhor ainda, o acerto desta estratégia, que não era de modo algum exclusiva de Paulo. Pode parecer que esta ideia entre em choque com a iminência escatológica que tanto pesava na cosmovisão de Paulo; entretanto, esta rede que dava uma dimensão quase universal da *ekklêsia* não tinha como objetivo a duração temporal, mas a fidelidade teológica, a visibilização da identidade de Deus e de seu modo de fazer história, que não estabelecia fronteiras e se propunha a todos, sem distinção.

Bibliografia

BERGER, P. L., *Introducción a la sociología*, Limusa, México, 1976.

BOER, Martinus C. de, Paul and apocalyptic eschatology, in COLLINS, J. J. (ed.), *Encyclopedia of apocalypticism*, vol. 1, Continuum, New York, 1998.

CAMPBELL, William S., *Paul and the creation of Christian identity* (T & T Clark Biblical Studies), T & T Clark, London-New York, 2008.

CROSSAN, John Dominic; REED, Jonathan L. *En busca de Pablo: el Imperio de Roma y el Reino de Dios frente a frente en una nueva visión de las palabras y el mundo del apóstol de Jesús*, Verbo Divino, Estella, 2006.

FOTOPOULOS, John, *Food offered to idols in Roman Corinth: a social-rhetorical reconsideration of 1 Corinthians 8:1-11:1*, Mohr Siebeck, Tubinga, 2003.

GIL ARBIOL, Carlos, *Los valores negados. Ensayo de exégesis socio-científica sobre la autoestigmatización en el movimiento de Jesús*, Verbo Divino, Estella, 2003.

HALBWACHS, Maurice, *La memoria colectiva*, Prensas Universitarias de Zaragoza, Zaragoza, 2004.

HOLMBERG, Bengt, *Historia social del cristianismo primitivo*, El Almendro, Córdoba, 1995.

HORRELL, David G., *Solidarity and difference: a contemporary reading of Paul's ethics*, T&T Clark, London-New York, 2005.

MALINA, Bruce J., *El mundo del NT. Perspectivas desde la antropología cultural*, Verbo Divino, Estella, 1995.

NEYREY, Jerome H., Body language in 1 Corinthians: The use of anthropological models for understanding Paul and his opponents, *Semeia* 35 (1986) 129-170.

PORTER, Stanley E., *Paul and his opponents*, Brill, Leiden-Boston, 2005.

RICHLIN, Amy, *The garden of Priapus: sexuality and aggression in Roman humor*, Yale University Press, New Haven-London, 1983.

SUMNEY, Jerry L., *"Servants of Satan", "false brothers" and other opponents of Paul*, Sheffield Academic Press, Sheffield, 1999.

TERCEIRA PARTE

Questões abertas ao debate atual

Capítulo 6
A pseudoepigrafia e o *corpus* paulino

Nos capítulos anteriores, vimos o que podemos qualificar como a missão de Paulo, o projeto histórico-teológico da construção da *ekklêsia* ou a restauração de Israel mediante a inclusão de gentios e a autoestigmatização para visibilizar o rosto de Deus descoberto na cruz de Jesus. A esta altura do livro, o leitor terá percebido que este projeto não era a fundação do cristianismo (termo que evitei constantemente para referir-me ao tempo de Paulo), que surgirá como religião mais tarde; o cristianismo, de certo modo, pode ver-se como resultado do fracasso daquele projeto histórico de restauração de Israel. O que Paulo pretendia (tal como o descreve em Rm 11,16-29) malogrou historicamente: Israel inteiro não acreditou que o Crucificado fosse o messias de Deus. As consequências deste insucesso permitiram o nascimento do cristianismo, duas ou três gerações mais tarde.

Nesta nova seção ("Questões abertas ao debate atual"), vamos ver alguns temas de difícil consenso, que estão na base de muitas discussões e de visões bem diferentes de Paulo. Um destes temas é o da literatura paulina. Incluo aqui as questões sobre a autoria, a unidade literária e a formação do *corpus* paulino. As opções que se tomam diante destas perguntas condicionam outras tantas respostas sobre Paulo de Tarso; de fato, na introdução deste livro, já apresentei algumas opções que guiam a apresentação de Paulo que temos visto até agora. Portanto, quero apresentar questões discutidas, evitando a lista de posições diferentes e justificando a postura que me parece mais adequada aos dados históricos que temos, insistindo, uma vez mais, em que são questões cuja resposta é incerta.

1. A atividade literária na *ekklêsia* paulina

No processo de surgimento do cristianismo durante os dois primeiros séculos, houve alguns textos que tiveram um papel crucial, graças aos quais se constituiu um *corpus* considerado sagrado pelos crentes em Cristo; através deles, o cristianismo nascente começou a ter identidade religiosa própria. As cartas de Paulo, segundo a opinião da maioria dos especialistas, estão na base do surgimento do cânone cristão por volta do final do segundo século (GAMBLE, 1985). No entanto, e este é outro dos paradoxos que rodeiam Paulo, as cartas que ele escreveu não foram originalmente pensadas para permanecer no tempo; foram cartas para sustar problemas conjunturais, para responder a perguntas amigas ou inimigas, para construir, em cada cidade e em cada momento, seu projeto da *ekklêsia*, diferente tanto em Corinto quanto na Galácia, tanto em Tessalônica quanto em Roma... No entanto, contra todo prognóstico, permaneceram no tempo e, ainda mais, cresceram, multiplicaram-se e, algumas, morreram e desapareceram. No entanto, um *corpus* crescente de textos atribuídos a Paulo começou a circular pelas comunidades de crentes em Cristo de todo o Mediterrâneo, funcionando como carteira de identidade (BARBAGLIO, 1989, p. 229-367). No capítulo oitavo, falaremos um pouco desta história. Agora vamos deter-nos em esclarecer, primeiramente, que cartas dentre essas foram compostas por ele e quais foram escritas por seus discípulos depois de sua morte; em segundo lugar, quantas cartas Paulo escreveu e como se conservaram e se agruparam; e em terceiro lugar, como esse *corpus* de cartas atribuídas a Paulo foi adquirindo identidade e autonomia.

1.1. A pseudoepigrafia

Hoje há um consenso muito amplo em reconhecer como indiscutivelmente paulinas sete das catorze cartas atribuídas a Paulo: 1Ts, Gl, 1Cor, 2Cor, Fl, Fm e Rm. Isso não quer dizer que as outras sete não o sejam, mas que não há consenso suficiente entre os estudiosos para afirmá-lo e costumam ser qualificadas como cartas pseudoepígrafas: 2Ts, Cl, Ef, 1Tm, 2Tm, Tt e Hb. Este termo não prejulga seu valor nem supõe uma desqualificação de nenhum tipo; unicamente se refere à opinião majoritária entre os estudiosos que consideram que essas cartas foram escritas por discípulos de Paulo "em seu nome". Esta seria, talvez, a melhor explicação para entender a pseudoepigrafia: "escrito em nome de outro".

Se hoje um escritor copia um texto de outro e não o diz, de modo que o apresente como seu, todos consideram que comete plágio, porque se apropria indebitamente do trabalho ou das ideias de outro. Se isso acontece, o livro em questão é retirado do mercado e o autor pode enfrentar um processo judicial e o desprestígio social. No tempo de Paulo, a situação era diferente; não existia este sentido da propriedade das ideias ou dos textos; as fronteiras eram mais fluidas.

Isso não quer dizer que não houvesse limites; o plágio também existia no tempo de Paulo (EHRMAN, 2011). Significa, antes, que havia situações nas quais apresentar um texto como de outro autor não era considerado plágio ou falsidade, mas o contrário. Assim, por exemplo, quando autores anônimos escreveram depois da morte de Paulo o chamado Quarto Livro de Esdras (4 Esd), ninguém provavelmente estava pensando que se tratasse de uma falsificação ou de um livro originalmente escrito no século VI a. C., tal como diz o próprio livro. O mais provável é que este texto popular fosse lido como um livro que recordava uma figura importante da identidade judaica em tempos de crise. Este modelo servia como oportunidade para apresentar as perguntas mais agudas e inquietantes que impregnavam o ambiente depois da segunda destruição do templo de Jerusalém pelos romanos no século I (DÍEZ MACHO; NAVARRO, FUENTE, 1984, p. 250-258). O mesmo se pode dizer dos livros de Enoque, do Testamento de Adão e Eva etc. Podem-se considerar obras que honram ou desenvolvem a memória de alguém do passado que inspirou o texto.

No caso das cartas pseudoepígrafas de Paulo, podemos pensar a mesma coisa. Quando Paulo estava vivo, escreveu quase todas as suas cartas juntamente com outros coautores que aparecem entre os remetentes. Geralmente não nos lembramos deles e atribuímos todo o mérito ou a responsabilidade a Paulo; no entanto, Silvano, Timóteo e Sóstenes, entre outros, devem ter tido papel importante na composição dessas cartas; do contrário, não teriam sido nominados. A questão é que, após a morte de Paulo, muitas coisas ficaram por fazer; a parúsia não havia chegado, como Paulo pensava, e as assembleias estavam ainda em seus primeiros passos. Aqueles colaboradores de Paulo se depararam com muitos problemas para os quais era preciso dar uma resposta e, ao que parece, tomaram a decisão de continuar desenvolvendo a mesma tarefa realizada até então, com a única diferença de que Paulo não estaria fisicamente presente na redação das cartas. Este detalhe, não obstante, não precisava alterar a tradição: eles já haviam escrito com ele e tinham a legitimidade necessária para continuar a fazê-lo; podiam continuar escrevendo em seu nome, com sua "coautoria virtual", poderíamos dizer, desenvolvendo, expandindo e adaptando o projeto que haviam começado com ele, tornando-o presente através de suas cartas. Levando em conta que os destinatários destas cartas não eram um grupo homogêneo, mas plural, alguns estudiosos atuais acreditam que os discípulos de Paulo contavam com essa diferença entre os leitores de suas cartas, pensando que os de maior cultura e formação entenderiam melhor as sutilezas da pseudoepigrafia, ao passo que outros, com menos formação e cultura, poderiam pensar que eram cartas autênticas (KLAUCK; BAILEY, 2006, p. 395-406). De todo modo, trata-se de um fenômeno difícil de avaliar.

O fato de a pseudoepigrafia apresentar um cenário para compreender o *corpus* paulino como um conjunto de catorze escritos pertencentes a duas ou três gerações de seguidores de Jesus, este cenário é um consenso crescente, embora não se possa tomar como um dado inquestionável. Hoje, a maioria dos estudiosos considera que as catorze cartas atribuídas a Paulo foram escritas entre os anos 50 d.C. e 140 d.C., como datas extremas, dividindo-se em três períodos diferentes, tal como apresentei no capítulo primeiro, seguindo as convenções mais amplas (HARRILL, 2012):

1. Cartas originais de Paulo: escritas, aproximadamente, entre os anos 50 e 60 d.C. São: 1Ts, Gl, 1Cor, 2Cor, Fl, Fm e Rm.

2. Cartas deuteropaulinas: escritas, aproximadamente, na década dos anos 80 d.C. São: 2Ts, Cl e Ef.

3. Cartas pastorais: escritas, aproximadamente, nos começos do segundo século. São: 1Tm, 2Tm e Tt.

A Carta aos Hebreus fica fora desta classificação, pois, de maneira unânime, já não é considerada representante da tradição paulina, apesar da nota de caráter biográfico com que se conclui (Hb 13,22-25). Trata-se de um discurso teológico que reflete a situação do final do primeiro século (não do tempo de Paulo), quando o novo culto a Cristo se apresenta como a ideia central. Tomando como modelo o sacrifício expiatório da Bíblia Hebraica (especialmente LV 16), mostra a vida, morte e ressurreição de Jesus como um sacrifício novo que supera aquele, dado que o mesmo sacerdote é vítima e oferente sem pecado. O lugar que Cristo ocupa depois da ressurreição na cosmovisão do autor da carta sugere a ideia de que os sacrifícios expiatórios foram superados para sempre. Para isso, o autor, provavelmente um judeu helenista crente em Jesus, faz uma leitura alegórica e tipológica de passagens-chave da Sagrada Escritura judaica, a fim de mostrar a novidade de Jesus (tem semelhanças com o trabalho de Fílon, outro judeu helenista alexandrino de época anterior). O texto é extremamente acurado em sua forma, com um estilo e solenidades que sugerem um contexto litúrgico de composição. Espelha uma reflexão madura, posterior à de Paulo, que tem como objetivo superar o cansaço de muitos crentes em Cristo devido ao atraso da parúsia e evitar a apostasia, o abandono, mediante o entusiasmo novo pelo culto a Cristo como sinal de identidade (VANHOYE, 1978).

1.2. As cartas deuteropaulinas

As cartas deuteropaulinas (2Ts, Cl e Ef) são cartas discutidas no que tange à autoria. Uma maioria crescente inclina-se a considerá-las cartas pseudoepígrafas, escritas, em todo caso, em estreita relação com as cartas originais de Paulo. Desenvolvem algumas ideias presentes nas anteriores, adaptando-as, ampliando alguns detalhes, concretizando ou aplicando ideias paulinas a novas situações. Por isso, resulta difícil sua avaliação; é possível defender a ideia de que Paulo mesmo tenha desenvolvido, no final de sua vida, seu próprio pensamento nestas cartas. Seja como for, seguindo a opinião majoritária, apresentarei as razões por que se situam cronologicamente depois da morte de Paulo como cartas escritas por seus discípulos. As três cartas formam dois grupos: Cl e Ef são um díptico muito coerente, claramente composto de duas partes de um projeto editorial; 2Ts não tem conexão direta com elas e está composta como resposta a 1Ts.

A segunda Carta aos Tessalonicenses é um escrito polêmico diante de uma situação que podemos considerar como degeneração da de 1Ts: um entusiasmo escatológico que estava criando demasiada confusão e uma alteração da organização comunitária (MALHERBE, 2000, p. 456). Alguns defendiam, ainda depois da destruição do templo de Jerusalém pelos romanos no ano 70 d.C., que a parúsia estava perto, uma ideia que aparece, de fato, em 1Ts 4,13-18. No entanto, o que no ano 51 d.C. era uma ideia reconfortante e aceita, muitos anos mais tarde mostrava-se errônea e perigosa, porque podia desmotivar alguns, fazendo-os pensar que não era necessário continuar a desenvolver o anúncio do Evangelho (2Ts 2,1-12); isso é o que parece estar acontecendo entre os destinatários desta carta. Por outro lado, os problemas de organização interna que apareciam em 1Ts (falta de liderança reconhecida, abusos sexuais entre alguns, sincretismo...) haviam desencadeado uma espécie de corrida por cargos de poder entre eles, com a esperança de poder viver desse serviço sem precisar trabalhar como artesãos (2Ts 3,10-12).

Os autores desta carta (falo no plural para sublinhar a indeterminação da autoria) conheciam outras cartas anteriores de Paulo e as mencionam continuamente

TERCEIRA PARTE • Questões abertas ao debate atual

(2Ts 2,2.15; 3,17), mas de modo polêmico, provavelmente para corrigir interpretações consideradas errôneas. Ao mesmo tempo, imitiam deliberadamente estilo, vocabulário e expressões de 1Ts, talvez para mostrar sua conexão temática e indicar a origem dos problemas apresentados. Entretanto, existem diferenças dificilmente conciliáveis com o conteúdo de 1Ts, especialmente o atraso do final da história, ausente nas cartas originais de Paulo. Parece, pois, que esses autores escrevem com a intenção de corrigir ou de mitigar uma tendência "ultrapaulina" que recuperou em momento pouco adequado uma ideia de Paulo e aplicou à vida cotidiana, criando intranquilidade e confusão em muitos crentes, anos depois da morte de Paulo. 2Ts é um bom exemplo de como, já na segunda geração, alguns seguidores de Jesus se deram conta de que a leitura literal e descontextualizada de alguns textos redundava em grave erro e em falsificação do sentido deles.

A Carta aos Colossenses e a Carta aos Efésios são duas cartas estreitamente ligadas, provavelmente compostas como um díptico que desenvolve duas ideias teológicas que exigiam atualização anos depois da morte de Paulo: a cristologia e a eclesiologia. São cartas enraizadas em ideias próprias de Paulo, mas ampliadas para além do que Paulo havia dito, a fim de adaptá-las aos novos tempos. Paulo tinha sua própria cosmovisão teológica, mas nunca a sistematizou, entre outras coisas porque a iminência da parúsia o tornou desnecessário. Quando a maioria dos seguidores de Jesus, incluídos os discípulos de Paulo, começaram a convencer-se desse retardamento, foi preciso adaptar muitas coisas aos novos tempos, também aquela cosmovisão. Por outro lado, o crescimento das assembleias paulinas supunha um desafio e exigia uma nova organização. Assim, estes autores favoreceram o patriarcado para organizar as assembleias, mediante o recurso aos chamados "códigos domésticos", um gênero literário que consistia em oferecer orientação específica aos membros da casa segundo o lugar que ocupavam nela, de acordo com uma estrutura simples, formada por pares desiguais (homem e mulher, pais e filhos, senhores e escravos), em que um era o dominante e o outro, o subordinado (AGUIRRE, 2009, p. 115-162). Fílon de Alexandria ou Flávio Josefo, ambos judeus quase contemporâneos de Paulo, utilizaram este gênero literário para abrandar as tensões que se criavam entre as comunidades judaicas da diáspora e o contexto gentio, provocadas por seus diferentes estilos de vida. Os discípulos de Paulo utilizaram também esta estratégia e, com isso, distanciaram-se claramente de Paulo, que havia sido muito reticente com relação ao uso da casa patriarcal como modelo para a *ekklêsia*.

Assim, os autores de Cl se encontraram diante de uma situação que os obrigou a desenvolver a cristologia paulina. Fizeram-no de modo polêmico diante de certas ameaças de caráter ideológico (o que chamam de "vã filosofia" em Cl 2,8.16). Estes desafios têm um perfil sincretista (dualista e ascético), contra o que os autores são muito duros (Cl 2,20-23). Parece que alguns dos destinatários estavam deixando persuadir-se pela popularidade de determinadas práticas ascéticas, mortificações associadas a visões, festas e cultos "aos anjos" ou a "elementos do mundo", que ofereciam algum consolo diante das contingências da vida e uma consciência elitista. É provável que os que assim faziam imitassem a inculturação de Paulo, o esforço de assumir determinados modelos do ambiente para dar forma à *ekklêsia*. No entanto, o que no tempo de Paulo mostrou-se válido, agora estava criando confusão e mal-estar.

Os autores desta carta responderam, precisamente, desenvolvendo a cristologia com a esperança de anular tais ameaças. Por esta forma, puseram-se ampliar as ideias teológicas de Paulo, oferecendo nova cosmovisão na qual Cristo apareceria como o primogênito de toda a criação, aquele que está sentado no supremo trono e a quem tudo se submete: "Tronos, Soberanias, Principados, Autoridades, tudo foi criado por ele e para ele...; é o Princípio...; pois nele aprouve a Deus fazer habitar toda a Plenitude e reconciliar por ele e para ele todos os seres..." (Cl 1,15-20). Esta cristologia elevada oferecia uma forma de entender, de um lado, toda a criação dominada e submetida a Cristo, e, de outro, a cada pessoa como já entronizada com ele (Cl 2,12). Portanto, qualquer prática ou culto que levasse em conta outros "elementos do mundo" provava-se inferior e vão; o elitismo ficava anulado. Não é uma carta que Paulo não pudesse ter escrito; de fato, no que se refere ao desenvolvimento teológico, poderia tê-lo feito. Contudo, tal desdobramento, juntamente com o vocabulário e o estilo, diferente e mais pesado, culto e aprimorado do que o das cartas originais de Paulo, apontam na direção da pseudoepigrafia (ou *deuterografia*).

A esta estratégia se soma o uso do código doméstico que se centra em pedir aos escravos crentes que não criem problemas nas assembleias e sejam exemplo de obediência e submissão (Cl 3,22-25); ademais, pede aos senhores que os tratem com justiça e equidade (Cl 4,1). Comparado com o tratamento que os escravos e sua situação têm nas cartas originais de Paulo ("não vos torneis escravos dos homens", 1Cor 7,21-23; "não há escravo nem livre", Gl 3,28; "[Onésimo, o escravo] retirado de ti por um pouco de tempo, a fim de que o recuperasses para sempre, não mais como escravo, mas bem melhor do que um escravo, como irmão amado",

Fn 1,15-16), esse código doméstico mostra-se sutilmente alterado. Parece que a liberdade e a autonomia de que gozaram os escravos na *ekklêsia* durante a primeira geração provocou uma imagem social negativa na segunda metade do primeiro século. A dura exortação que Inácio de Antioquia dirige aos escravos alguns anos mais tarde para que sejam submissos e não busquem a liberdade revela o mesmo problema (Inácio, *Policarpo* 4,2-3). Os autores de Cl queriam suavizar a relação com o ambiente, limitando aquela liberdade e autonomia que os escravos haviam tido nas assembleias de Paulo.

Os autores da Carta aos Efésios, talvez os mesmos da carta anterior, viram também a necessidade de expandir a eclesiologia de Paulo. Neste caso, as referências à situação dos destinatários ou a uma ameaça concreta se esfumaram e é difícil determinar o contexto. Ef incorpora várias coisas de Cl: a elevada cristologia (Ef 1,20-23), a entronização do crente com Cristo (Ef 2,6), o uso dos códigos domésticos (Ef 5,21–6,9) etc. A estes dados compartilhados com a carta anterior acrescenta-se uma reflexão sobre o *status* da *ekklêsia* na nova situação depois do ano 70 d.C., consequência direta da cristologia:

> Conforme a ação do seu poder eficaz, que ele [Deus] fez operar em Cristo, ressuscitando-o de entre os mortos e fazendo-o assentar à sua direita nos céus, muito acima de qualquer Principado e Autoridade e Poder e Soberania e de todo nome que se pode nomear não só neste século, mas também no vindouro. Tudo ele pôs debaixo dos seus pés, e o pôs, acima de tudo, como Cabeça da Igreja, que é o seu Corpo: a plenitude daquele que plenifica tudo em tudo (Ef 1,20-23).

A *ekklêsia*, que nas cartas de Paulo tinha fundamentalmente uma concreção local ou supralocal, ou seja, assembleias com pessoas e problemas concretos, agora tem uma acentuada dimensão e missão transcendentes, nas quais as referências concretas à situação dos destinatários se esfumou; o conceito de *ekklêsia* foi abstraído. Uma metáfora ilustra esta evolução melhor do que uma explicação: a metáfora do corpo. Em 1Cor 12,12-27, para explicar o que era a *ekklêsia*, Paulo utilizou a imagem de um corpo humano completo, com todos os seus membros que são imagem de cada crente, no qual as partes mais débeis ou "vis" são tratadas com maior honra; esse corpo quase invertido era a melhor imagem do corpo de Cristo, da *ekklêsia*: "Ora, vós sois o corpo de Cristo e sois os seus membros, cada um por sua parte" (1Cor 12,27). Paulo, como vimos no capítulo anterior, utilizou esta imagem para

A pseudoepigrafia e o corpus paulino

afirmar que a presença de Cristo na história se realiza na totalidade dos crentes, uma assembleia onde os mais fracos são os que melhor refletem a presença de Cristo. Em Ef, no entanto, seus autores estabelecem uma sutil diferença entre a cabeça do corpo, que é Cristo, e o restante do corpo, que é o conjunto dos crentes; ambas as partes, cabeça e corpo, formam a *ekklêsia* (Ef 1,22-23). Na cabeça é que se descobre fundamentalmente a presença de Cristo, não nos membros mais fracos ou vis do corpo, que aqui não são objeto de atenção. Esta nova metáfora é muito útil quando se trata de estabelecer mecanismos de controle e de autoridade; todos os membros devem estar unidos à cabeça para poder alimentar-se e receber dela os movimentos e o crescimento, a identidade: "Assim não seremos mais crianças..., cresceremos em tudo em direção àquele que é a Cabeça, Cristo, cujo Corpo, em sua inteireza, bem ajustado e unido por meio de toda junta e ligadura, com a operação harmoniosa de cada uma das suas partes, realiza o seu crescimento para sua própria edificação no amor" (Ef 4,15-16; também Cl 2,18-19). O princípio de autoridade que vimos nas cartas originais de Paulo, no capítulo quinto, a autoestigmatização, aqui se diluiu, sendo substituído por outro modo de governo mais convencional. Nas cartas originais, para visibilizar Deus, era preciso humilhar-se e cuidar, e elevar os membros mais débeis; nas cartas deuteropaulinas, é preciso estar submisso à cabeça e receber dela a coesão.

Outra imagem desta sutil separação da cabeça e do corpo aparece no código doméstico da Carta aos Efésios, que trata com especial atenção a relação entre homem e mulher, utilizada, precisamente, como metáfora da relação de Cristo com a *ekklêsia* (Ef 5,21–6,9). Aqui se produz uma cuidadosa transposição de significados: o modelo patriarcal (culturalmente hegemônico) da relação entre marido e esposa é utilizado como protótipo para ilustrar a relação entre Cristo e a *ekklêsia*, e vice-versa: a compreensão desta relação hierárquica serve de protótipo para a relação entre o marido e a mulher crentes (Ef 5,21-33). Considera-se a esposa como o corpo do marido, que este deve cuidar, alimentar e amar, como Cristo à *ekklêsia* (Ef 5,29-30). A reciprocidade entre marido e mulher, tão original e inédita em Paulo (1Cor 7,1-5), desapareceu aqui; entretanto, põe-se ênfase em evitar os abusos ("pois ninguém jamais quis mal à sua própria carne, antes a alimenta e dela cuida...", Ef 5,29). Esta estratégia tão cuidadosa serve a dois propósitos. De um lado, como dissemos, atenua as tensões que existiam entre o contexto cultural e as assembleias de crentes, porque as mulheres tinham liberdade, autonomia e liderança desusadas para a maioria dos grupos durante a segunda metade do primeiro século (coincidindo com a chegada da dinastia Flávia ao Império). Integrando o modelo hegemônico que afirmava a subordinação das mulheres aos maridos, evitava-se a acusação de corromper a moral e as tradições que a *ekklêsia* padecia devido ao comportamento livre das mulheres crentes (MACDONALD, 2004). Por outro lado, essa estratégia constrói uma imagem da *ekklêsia* que responde melhor aos desafios da segunda metade do primeiro século (crescimento, visibilidade pública, desvios doutrinais, organização...), com um modelo hierárquico ordenado, no qual a autoridade e o controle são colocados nas mãos de homens com prestígio, capazes de controlar melhor os desafios internos de desvio, um modelo que se revele menos imprevisível do que os da primeira geração.

1.3. As cartas pastorais

As cartas pastorais formam um corpo homogêneo quanto à temática, à forma e ao estilo (2Tm tem forma de testamento e difere um pouco das outras duas no que concerne ao estilo); chamam-se "pastorais" porque se dirigem a pastores de comunidades. Alguns estudiosos creem que seus autores apenas utilizaram o nome de Paulo por respeito, mas que não se esforçaram em imitar seu estilo, porque os destinatários sabiam perfeitamente que não eram cartas de Paulo; a este fenômeno se chamou *alografia* (*allonymity*) ou escrever em nome de outro sem pretender ser ele, para distinguir da *deuterografia* (*deuteronymity*), ou escrever como discípulo de outro, como extensão de outro, o que corresponderia às cartas deuteropaulinas (MARSHALL, 1999, p. 83-92). As três cartas pastorais estão endereçadas a pessoas concretas, Timóteo e Tito, dois dos mais próximos colaboradores de Paulo durante sua vida, e que são apresentados agora como delegados legitimados por Paulo, aos quais se concede, mediante estas cartas, completa autoridade sobre as assembleias.

A situação e a estratégia que estas cartas espelham não são as mesmas das cartas originais de Paulo ou das cartas deuteropaulinas: evoluíram. Os autores mostram-se especialmente preocupados com a desordem, as ameaças externas e internas, os desvios doutrinais e morais, o exercício da autoridade, a imagem exterior da *ekklêsia* etc. Destacam especialmente a ameaça dos que "se opõem à sã doutrina" (1Tm 1,10; 2Tm 4,3). O perfil deles, curiosamente, não está tanto definido pelo conteúdo de sua doutrina (mesmo que se diga que eles "proíbem o casamento, exigem a abstinência de certos alimentos", 1Tm 4,3) quanto por seu comportamento, qualificado de imoral e relacionado com a alteração da ordem, especialmente o da casa patriarcal: "Entre estes se encontram os que se introduzem nas casas e conseguem cativar mulherzinhas carregadas de pecado, possuídas de toda sorte de desejos, sempre aprendendo, mas sem jamais poder atingir o conhecimento da verdade" (2Tm 3,6-7; leia-se 3,1–4,5).

Para fazer frente a estes perigos, desenvolveram uma estratégia de proteção ou fortalecimento das estruturas formais e institucionais. O modelo patriarcal da casa, que no tempo de Paulo esteve limitado e restrito pelos princípios de igualdade em Cristo (Gl 3,28), e nas cartas deuteropaulinas se incorpora com matizes e limites, neste momento, em começos do segundo século, é adotado com cautelas. Dessa forma, a autoridade é colocada nas mãos de homens, donos de casa, pessoas com prestígio e bens materiais suficientes para cumprir as tarefas de hospitalidade. Paralelamente, limita-se a presença pública das mulheres, apresentadas como a porta fraca pelas quais entram doutrinas estranhas e aberrantes. A *ekklêsia* organiza-se como uma casa patriarcal, com cargos definidos (bispos, diáconos/diaconisas, anciãos/ãs, viúvas...) e se chama pela primeira vez "casa de Deus" (1Tm 3,15; cf. 3,5).

A linguagem e os temas teológicos destas três cartas também diferem bastante dos das cartas originais de Paulo. Destaca a importância do conceito de "depósito" em vez do de "tradição", que é mais flexível; o depósito exige ser conservado, protegido, não desenvolvido ou interpretado (2Tm 1,12-13). Sobressai também a evolução para formas institucionalizadas de transmissão de autoridade, como a imposição de mãos (2Tm 1,6). Entre as ideias teológicas destas cartas, destaca-se, de um lado, a mudança de centro teológico: a morte e a ressurreição de Jesus cedem o protagonismo à sua "epifania", ideia que se provava mais popular entre os destinatários da mensagem de Jesus dos começos do segundo século (1Tm 3,16); por outro lado, sobressai-se a ideia de que os destinatários da Torá não eram todos os judeus, mas somente os injustos (1Tm 1,9). Além disso, chama a atenção a ausência das características típicas do estilo oral das cartas originais de Paulo.

Estas cartas refletem um avançado processo de institucionalização, comparadas com as cartas originais de Paulo e com as deuteropaulinas, bem como uma progressiva tensão com o ambiente circundante. De um lado, estas assembleias, que são cada vez mais visíveis e se sabem observadas, que crescem em número e já não esperam o final da história de modo iminente, devem elaborar uma identidade que lhes dê segurança e estabilidade, devem fixar fronteiras culturais que as definam e as separem suficientemente do mundo para que não se diluam. De outro lado, no

TERCEIRA PARTE • Questões abertas ao debate atual

entanto, têm consciência de estar em um mundo ao qual pertencem, que querem conquistar (simbolicamente), no qual querem ser relevantes e no qual desejam atrair, ser atraentes, conquistar adeptos. É a tensão entre a coesão e o proselitismo. Adotaram modelos hegemônicos do ambiente, como o modelo patriarcal, talvez com a ideia de conservar a proximidade, a abertura que os tornaria acessíveis. Todavia, esta estratégia teve alguns custos, como a mencionada imposição do silêncio aos membros subordinados segundo o modelo patriarcal (mulheres, jovens, escravos, estrangeiros...): utilizar o modelo da relação hierárquica entre homem e mulher para ilustrar a relação de Cristo com a Igreja legitimava a subordinação das mulheres aos homens também na *ekklêsia*. O modelo hierárquico imperante (Cristo é cabeça do homem, o varão é cabeça da mulher), partilhado tanto por Paulo como por seus discípulos, levou estes a tirar consequências eclesiais totalmente diferentes das de Paulo: enquanto ele sublinhou que o homem não é dono de seu corpo, mas a mulher (e vice-versa, 1Cor 7,4), para afirmar a igualdade radical de todas as pessoas na *ekklêsia*, a raiz da novidade de Jesus, seus discípulos reduziram a mulher a uma posse do homem, a corpo do homem (Ef 5,28-30), embora com limites (Ef 5,33). Esta situação degradou-se na terceira geração, quando outros discípulos dos começos do segundo século privaram as mulheres (e demais membros subordinados) da presença pública: invisibilizaram-nas e silenciaram-nas na *ekklêsia*, submetendo-as à autoridade e ao ensinamento dos maridos (1Tm 2,9-15).

Talvez o leitor ou leitora se faça uma pergunta: como é possível, então, que convivam na mesma tradição, no mesmo cânone, tradições tão diversas, opostas, inclusive, a respeito deste tema? Como pode haver textos atribuídos a Paulo que deem liberdade, autonomia e autoridade às mulheres na *ekklêsia*, enquanto há outros textos também atribuídos a Paulo que restringem tudo isso e as relegam ao silêncio e à invisibilidade? Isso se pode explicar com um exemplo.

1.4. As glosas, um exemplo

1Cor 14,34-35 pode ilustrar a resposta a essas perguntas. Colocado em seu contexto literário, o texto diz assim:

> [32]Os espíritos dos profetas estão submissos aos profetas. [33]Pois Deus não é Deus de desordem, mas de paz. Como acontece em todas as Igrejas dos santos, [34]*estejam caladas as mulheres nas assembleias, pois não lhes é permitido tomar a palavra.*

Devem ficar submissas, como diz também a Lei. [35]*Se desejam instruir-se sobre algum ponto, interroguem os maridos em casa; não é conveniente que a mulher fale na assembleia.* [36]Porventura, a palavra de Deus tem seu ponto de partida em vós? Ou fostes vós os únicos que a recebestes? [37]Se alguém julga ser profeta ou inspirado pelo Espírito, reconheça, nas coisas que vos escrevo, um preceito do Senhor (1Cor 14,33-37).

O fenômeno da pseudoepigrafia não se limita à composição de novas cartas, mas também se percebe no exercício estendido de introduzir pequenas ou grandes seções de texto, glosas, com o fim de esclarecer, matizar ou corrigir o que o texto original dizia. Esse é um fenômeno amplamente aceito como tal; são muito discutidos, no entanto, quais fragmentos devem ser considerados glosas e quais não. Nos casos em que se conservou alguma cópia antiga, sem o texto discutido, pode-se defender com mais facilidade seu caráter adventício, mas isto acontece muito poucas vezes. Nas demais, a avaliação é feita em função de critérios internos: ruptura da sequência epistolar, vocabulário estranho ou com significado diferente, intenção diversa, situação posterior... Em todos os casos, trata-se de avaliações difíceis.

O caso de 1Cor 14,34-35 não é exceção. No entanto, estes dois versículos são considerados geralmente uma glosa por várias razões (PAYNE, 2009). A primeira é que rompe a sequência epistolar, o que se percebe com clareza lendo-se 14,31-33 e passando-se a 14,36-38: fala-se da ordem na assembleia quando se está profetizando (como em 11,4-5). A segunda razão é que não é coerente com outros textos indiscutivelmente paulinos, como 1Cor 11,4-5 e 14,31, onde se diz explicitamente que "*todos* vós podeis profetizar... para que *todos* sejam instruídos", não somente os homens. E a terceira razão é que nem todos os manuscritos antigos que contêm cópias de 1Cor 14,33-37 trazem esses versículos.

Um deles, talvez o mais significativo, é o *Codex Fuldensis* (chamado assim porque foi conservado na cidade de Fulda, Alemanha). Este códice do século VI pertenceu ao bispo de Cápua (na Itália) e conserva a versão latina da Bíblia chamada "Vulgata". O bispo Víctor tinha uma impressionante biblioteca porque gostava de ler e comparar manuscritos da Bíblia, fazendo anotações sobre suas leituras. No dia 2 de maio do ano 546, quando leu a passagem que estamos comentando (1Cor 14,33-36), indicou um erro: a presença de dois versículos (14,34-35) que não estavam em outras cópias que ele manejava. Como considerou que o erro era do copista, pediu que o corrigisse; contudo, não era costume apagar ou riscar o texto sagrado, de modo que aquele pôs um sinal no final de 14,33 para que o leitor ignorasse o que se seguia e saltasse dali para o novo texto que ele copiou à margem, do qual havia eliminado os versículos 34-35. Na imagem, visualiza-se a página em questão.

Codex Fuldensis (a flecha, os círculos e os enquadramentos foram acrescentados)

Outro exemplo é encontrado no chamado *Minúsculo 088*, pergaminho do século V, que contém o texto em grego, com letras minúsculas, de várias partes das cartas de Paulo. Neste caso, pode-se ler uma versão do texto que nos ocupa com esta sequência: 1Cor 14,31-33.36-37; os versículos 34-35 não estão ali.

Minúsculo 088 (os círculos e os enquadramentos foram acrescentados)

A mesma coisa acontece em outro manuscrito, o *Codex Boernerianus*, do século IX, que contém o texto das cartas de Paulo em grego e latim interlinear, ou seja, uma linha em grego e imediatamente outra linha com a versão latina. Quando chegamos a 1Cor 14,31-33, o texto pula diretamente para 14,36-37, omitindo os versículos 34-35. Em ambos os casos, o copista, ao chegar ao versículo 33, faz uma chamada, um sinal à margem, que indica leituras variantes nas cópias que tinha diante de si. Nos dois casos, copiou os versículos 34-35 ao concluir o capítulo 14, depois de 14,40, como se fossem um apêndice, uma glosa.

Codex Boernerianus (os enquadramentos foram acrescentados)

O que se pode ler nos últimos dois exemplos é o seguinte: "Mas os espíritos dos profetas estão submissos aos profetas. [33]Pois Deus não é Deus de desordem, mas de paz. Como digo [ou ensino] em todas as Igrejas dos santos, [36]Porventura, a palavra de Deus tem seu ponto de partida em vós? Ou fostes vós os únicos que a recebestes? [37]Se alguém julga ser profeta ou inspirado pelo Espírito, reconheça, nas coisas que vos escrevo, um preceito do Senhor". Esta é, provavelmente, a versão original deste texto de Paulo. Como e por que foi modificado com a inserção desta glosa (14,34-35)?

Durante a primeira geração, a presença e liderança de mulheres nas assembleias de Paulo foram cotidianas: podiam orar e profetizar como os homens (1Cor 11,4-5). Conforme as comunidades cresciam e a parúsia não chegava, esta característica criou problemas de imagem externa, tensões e hostilidade com o ambiente; para mitigar essas tensões, organizaram-se as assembleias de acordo com

TERCEIRA PARTE • Questões abertas ao debate atual

o modelo da casa patriarcal, reduzindo a presença pública, a palavra e a liderança das mulheres (Ef 5,21-33). Mais tarde, provavelmente porque a situação não havia melhorado suficientemente, adotou-se o modelo patriarcal com mais radicalidade, proibindo-se explicitamente às mulheres a participação pública, obrigando-as a permanecer em silêncio e a perguntar em casa a seus maridos, os únicos que podiam intervir nas assembleias (1Tm 2,9-15). Entrementes, esta medida encontrou muitas resistências. Assim, por exemplo, em 2Tm 3,1-9 se alerta a respeito dos que dão protagonismo a mulheres que querem aprender e ter maior autonomia e liberdade na assembleia, mostrando-se que a proposta restritiva de 1Tm não era seguida por alguns. Estes e estas podiam apelar às cartas originais de Paulo para reclamar sua palavra na assembleia, especialmente aquela frase de Paulo: "todos vós podeis profetizar, mas cada um a seu turno, para que todos sejam instruídos..." (1Cor 14,31). De modo que os autores da terceira geração que haviam composto as cartas pastorais, concretamente 1Tm 2,9-15, pegaram duas frases deste fragmento e compuseram dois versículos que inseriram entre 1Cor 14,33 e 14,36. O lugar é estratégico, porque onde antes se dizia "se alguém julga ser profeta ou inspirado pelo Espírito, reconheça, nas coisas que vos escrevo, um preceito do Senhor", aplicado à desordem quando todos queriam profetizar sem respeito o próprio turno (14,31-33), uma vez inseridos os versículos 34-35, esta frase de aviso fica referida ao silêncio das mulheres: se alguém se julga profeta... deve considerar o silêncio das mulheres como um mandato do Senhor. A transformação do texto de Paulo foi concluída.

Este exemplo mostra a realidade de alguns textos vivos que ainda não se haviam fixado nem tinham uma consideração canônica inamovível: era preciso adaptá-los às novas circunstâncias, era necessário torná-los relevantes para os novos tempos. Como a linha que se impôs na escola paulina foi, neste tema, a do modelo patriarcal para a organização das assembleias, seus discípulos decidiram adaptar Paulo para fazê-lo mais patriarcal do que ele mesmo e suas assembleias haviam sido. No entanto, a contemplação desta história não legitima a consagração do mesmo modelo patriarcal, mas a necessidade de adaptar-se aos tempos. Falarei disso no penúltimo capítulo, sobre a relevância atual.

2. A recopilação das cartas originais de Paulo

Além da pergunta a respeito de quais são as cartas originais de Paulo e quais foram escritas posteriormente por seus discípulos em seu nome, apresentou-se também a questão da integridade das cartas originais. Essa integridade se explicita em uma pergunta: as sete cartas que consideramos originais de Paulo foram escritas tal como as conservamos ou sofreram algum processo de recopilação que agrupou cartas originalmente independentes em unidades literárias mais amplas? A origem deste questionamento está, em primeiro lugar, nos numerosos indícios de recopilação que se encontram nestas cartas e, em segundo lugar, no conhecido costume de conservar textos breves de um mesmo autor em unidades literárias mais amplas (casos conhecidos são a correspondência de Policarpo de Esmirna, a Carta a Diogneto, as Apologias de Justino ou a própria tradição sinótica, para não mencionar os numerosos casos de material veterotestamentário). Os indícios de recopilação são, geralmente, a ruptura da sequência epistolar, as contradições ou inconsistências entre fragmentos da mesma carta, os dados biográficos ou cronológicos que se apresentam deslocados ou desordenados, repetições de ideias semelhantes (às vezes com sentidos diferentes) etc. Encontraram-se indícios de recopilação em 1Cor, 2Cor, Rm e Fl, que sugerem a ideia de que cada uma destas quatro cartas é, na realidade, a união de duas ou mais que Paulo escreveu de modo independente e que após sua morte foram reunidas (PERVO 2012, p. 71-83; VIDAL, 1996, p. 14-22).

2.1. Primeira Carta aos Coríntios

A Primeira Carta aos Coríntios oferece vários destes indícios que apontam, como vamos ver, para duas possíveis cartas independentes (BETZ; MITCHELL, 1992). O primeiro encontra-se em 1Cor 5,9, em que Paulo menciona alguns comportamentos inaceitáveis e alude a uma carta anterior que havia sido mal interpretada pelos coríntios: "Eu vos escrevi em minha carta que não tivésseis relações com impudicos. Não me referia, de modo geral, aos impudicos deste mundo ou aos avarentos ou aos ladrões ou aos idólatras... Não, escrevi-vos que não vos associeis com alguém que traga o nome de irmão, e não obstante, seja impudico ou avarento ou idólatra ou injurioso ou beberrão ou ladrão...". Curiosamente, em 1Cor 6,9-11, encontramos uma descrição de condutas inadequadas semelhante: "Não vos iludais! Nem os impudicos, nem os idólatras, ... nem os ladrões, nem os avarentos, nem os bêbados... herdarão o Reino de Deus". A semelhança de ambos os fragmentos logo suscitou a hipótese: será que Paulo se refere a 6,9-10 quando menciona outra "carta" em 5,9?

O segundo indício afeta, precisamente, o fragmento 1Cor 6,1-11, que trata dos julgamentos entre crentes. Deste texto, diz-se que rompe a sequência epistolar de 1Cor 5,1-13 a 6,12,-20. E, efetivamente, se se lê o anterior e o posterior, ignorando-se 6,1-11, percebe-se a unidade temática (relações sexuais inadequadas) que fica interrompida com o tema dos julgamentos entre crentes. A conexão parece restabelecida pela repetição do termo "julgamento" (o que se costuma chamar de "palavra-gancho", um mesmo termo que conecta duas seções diferentes) em 5,12-13 e 6,2-3. No entanto, uma leitura atenta mostra que, mesmo sendo o mesmo termo, seu significado e uso são diferentes. Em 5,12-13, Paulo critica os destinatários no sentido de que eles se sentem melhores do que os de fora e os julgam, enquanto ignoram alguns comportamentos inaceitáveis de seus irmãos; por isso lhes recorda que devem limitar-se ao discernimento moral dos de dentro, porque dos de fora Deus se encarrega. Em 6,2-3, porém, Paulo diz-lhes que eles (os "justos") são chamados a julgar os de fora, inclusive "os anjos". De modo que, enquanto no primeiro caso lhes pede que deixem de julgar os de fora porque a eles Deus os julga, no segundo caso lhes diz que serão eles a exercer o papel de juízes, não Deus. O contraste surge precisamente quando se colocam juntos ambos os textos; caso sejam separados e colocados em situações diferentes, desaparece a contradição. Consequentemente, parece que 1Cor 6,1-11 não estava originalmente onde se encontra; e dadas as repetições mencionadas de 5,9-10 e 6,9-10, é provável que 6,1-11 faça parte da carta anterior, referida em 5,9.

O terceiro indício pode ser visto em 1Cor 10,1-22. O texto oferece uma resposta negativa e taxativa à possibilidade de participar das comidas em que se partilha carne sacrificada aos ídolos: "Não podeis beber o cálice do Senhor e o cálice dos demônios. Ou queremos provocar o ciúme do Senhor?" (1Cor 10,21-22). Entretanto, o contexto literário no qual se encontra este fragmento (1Cor 8,1–11,1) oferece uma resposta afirmativa muito mais matizada à mesma pergunta, como vimos no capítulo cinco. Assim, em 8,4-6, Paulo reconhece que o monoteísmo dessacraliza qualquer carne oferecida ao que não se considera deus e, portanto, não tem valor religioso; se alguém quer participar de tais comidas, pode fazê-lo sem problemas de consciência, inclusive, mesmo que seja no templo de uma divindade pagã (8,10). O mesmo acontece em 10,27: Paulo aceita que um crente participe de qualquer refeição na casa de um não crente. Deparamo-nos, pois, de 8,1 até 11,1, com uma seção tematicamente coerente, mas na qual Paulo oferece respostas diferentes. A hipótese mais lógica para resolver este problema é considerar 10,1-22 parte de uma carta anterior, na qual Paulo respondia negativamente e sem nuances à possibilidade de participar a fim de evitar problemas; contudo, as resistências a esta resposta

A pseudoepigrafia e o corpus paulino

por parte de alguns e a necessidade de oferecer razões coerentes com sua própria cosmovisão o obrigaram a matizar e corrigir sua postura, permitindo essas refeições desde que não causassem problemas a outros (8,7-13). Por conseguinte, 1Cor 10,1-22 pertence a uma carta anterior, e 8,1–9,27 e 10,23–11,1 a uma posterior; 10,1-22 pode ser contemporânea do fragmento que apontamos acima (6,1-11), como veremos.

O quarto indício afeta outro texto que parece romper a sequência epistolar: 1Cor 11,2-34. A partir de 1Cor 7,1, Paulo começa a dar resposta a uma carta que lhe trazem pessoas da casa de Cloé (citadas em 1,11): "Passemos aos pontos sobre os quais me escrevestes... (*peri de hôn egrapsate...*)". Esta fórmula se repete basicamente em outros cinco lugares: 7,25; 8,1; 12,1; 16,1 e 16,12, onde se responde às perguntas que os coríntios lhe haviam escrito. Contudo, este fragmento (11,2-34) muda de tema, abordando desordens da celebração da ceia do Senhor, sem responder a nenhuma pergunta. Por outro lado, ao terminar (11,34), deixa o tema inconcluso para tratá-lo com vagar em uma próxima visita que Paulo havia planejado; entretanto, é tratado com detalhe em 12,1–14,40, que, efetivamente, começa com a fórmula anterior (*peri de...*). Portanto, parece que Paulo tratou do tema do modo correto de celebrar a ceia do Senhor de modo breve em 11,2-34, porque pensava esclarecer tudo pessoalmente em uma próxima viagem. Como tal viagem atrasou, os coríntios escreveram-lhe pedindo esclarecimentos sobre a ordem das assembleias, ao que respondeu em 12,1–14,40. Por conseguinte, é provável que 11,2-34 pertença a uma carta anterior, e 12,1–14,40, a uma posterior.

Percebe-se o quinto indício em 1Cor 15,1-58, dedicado ao tema da ressurreição dos mortos. Este fragmento não é resposta a nenhuma das perguntas apresentadas, nem vem introduzido pela fórmula *peri de*; parece que Paulo foi informado somente de forma oral (15,12). Este fragmento, ademais, tem continuidade temática e formal em 16,13-18, que pertenceria à mesma carta. Tratar-se-ia, pois, de um fragmento que faria parte, com os anteriores mencionados, da carta citada por Paulo em 5,9.

Por fim, o sexto indício ajuda a compreender os anteriores e se refere à menção de dois grupos independentes de informantes: em 16,17-18, Paulo cita Estéfanas, Fortunato e Acaico, que o visitaram e dos quais diz que "tranquilizaram o meu espírito e o vosso"; em 1,11, no entanto, Paulo menciona outros, "os da casa de Cloé", que lhe informam a respeito de algumas divisões e problemas de comportamentos sexuais inadequados e lhe trazem uma carta com algumas perguntas da parte da

TERCEIRA PARTE • Questões abertas ao debate atual

comunidade (a que ele responde a partir de 7,1). Bem pode tratar-se de referências a dois momentos diferentes; primeiro, Estéfanas e seus acompanhantes levaram-lhe oralmente informação sobre a comunidade, e Paulo respondeu com uma primeira carta (chamada geralmente de Cor A, que compreendia 1Cor 6,1-11; 10,1-22; 11,2-34; 15,1-58; 16,13-18); depois chegaram os da casa de Cloé com mais informação e uma missiva com seis perguntas; a tudo isso responde em uma segunda carta (chamada Cor B, que continha o resto de 1Cor, ou seja: 1Cor 1,1–5,13; 6,12–9,27; 10,23–11,1; 12,1–14,40; 16,1-12.19-24). O recopilador que reuniu ambas as cartas para formar a atual 1Cor dividiu as cartas originais em fragmentos segundo os assuntos de que tratavam e os uniu todos de novo, agrupando-os tematicamente; isso faz com que o resultado tenha coesão temática, mas tensões internas.

2.2. Segunda Carta aos Coríntios

O caso da segunda Carta aos Coríntios é, se possível, mais complicado, porque a amálgama de cartas originalmente independentes, agrupadas em 2Cor, é difícil de esclarecer. Existe um consenso muito amplo que reconhece que Paulo não compôs esta carta tal como a conservamos: ela é o resultado do agrupamento de pelo menos quatro (embora o número destas varie de um estudioso a outro), enviadas em momentos diferentes (BETZ, 1992). A razão mais importante é a confusão cronológica das informações que Paulo oferece em 2Cor sobre suas viagens ou projetos de viagem e do envio de colaboradores; essas referências são impossíveis de ordenar se se toma como uma carta unitária. Ademais, são também indícios as rupturas na sequência epistolar ou o tom e o teor diferentes dos distintos fragmentos; vamos ver alguns.

O primeiro indício, como em 1Cor, é uma dupla referência a uma carta anterior que fora escrita "com o coração angustiado, em meio a muitas lágrimas" (2Cor 2,3-4; 7,8); no entanto, uma carta assim não coincide nem com Cor A, nem com Cor B, que compõem 1 Cor. Como na referência de 1Cor 5,9, podemos supor que se trata de uma carta contida na atual composição que forma 2 Cor.

O fragmento que com mais clareza rompe a sequência epistolar desta carta é 2Cor 2,14–7,4; se pularmos estes versículos e lermos seguidamente 2,12-13 e 7,5-7, o fragmento mencionado tem sua própria unidade e coerência em forma e conteúdo; parece uma apologia de Paulo diante de alguns opositores que não o consideram capaz para a missão que ele mesmo se propõe; estes capítulos foram identificados

154

A pseudoepigrafia e o corpus paulino

com Cor C, que está aí inserida por meio da palavra-gancho "tribulação", que se repete em 7,4 e 7,5; o fragmento que se inicia com uma referência ao "triunfo" de Cristo (2,14) parece explicar as tribulações das viagens de Paulo como parte de seu triunfo paradoxal.

O indício seguinte é uma repetição chamativa. Em 9,1-15, Paulo reitera o mesmo tema e as mesmas ideias que nos versículos anteriores (8,1-24), criando uma desnecessária sensação de *déjà vu*. O capítulo 8 é uma carta de recomendação de Tito (e de outro irmão), que Paulo escreve aos coríntios para estimular sua generosidade e que lhe entreguem o dinheiro da coleta que será enviada a Jerusalém. O capítulo 9 é a mesma carta de recomendação, com mínimas variantes, que Paulo envia para animar a coleta das demais comunidades da Acaia (9,2) e que expede através dos mesmos emissários anteriores (Tito e o "irmão"). Não tem muito sentido que Paulo tivesse escrito ambos os fragmentos na mesma carta; o que parece mais provável é que alguém os uniu mais tarde em uma única carta.

Por último, encontramo-nos com um salto abrupto no tema e, acima de tudo, no tom em 10,1–13,13, em que a ironia, o sarcasmo, o insulto e a ameaça dão ideia da intensidade com que Paulo escreve este fragmento; está escrito com muita paixão, com dor no coração e emoção, como se escrevesse "com o coração angustiado, em meio a muitas lágrimas" (2Cor 2,3-4). Vejamos um exemplo: "O que faço, continuarei a fazê-lo a fim de tirar todo pretexto àqueles que procuram algum para se gloriarem dos mesmos títulos que nós. Esses tais são falsos apóstolos, operários enganadores, disfarçados de apóstolos de Cristo…" (2Cor 11,12-13). Estes três capítulos formariam uma carta independente, a mencionada em 2,3-4 e 7,8, escrita posteriormente a Cor C, em um momento no qual a tensão com os coríntios havia chegado a seu momento mais crítico pela intervenção dos que Paulo chama, ironicamente, "eminentes apóstolos".

Estes indícios, reduzidos aqui quase a dados telegráficos, apontam para a existência de quatro cartas, como dissemos, originalmente independentes e agrupadas posteriormente na atual 2Cor: Cor C (2Cor 2,14–7,4) é uma carta de caráter apologético na qual Paulo se defende diante de uns recém-chegados a Corinto que põem em dúvida sua missão; Cor D (2Cor 10,1–13,13) é uma carta muito dura, escrita com lágrimas e dor no coração, na qual Paulo enfrenta dialeticamente os que ele chama de "eminentes apóstolos", porque desqualificam a ele e a sua missão; Cor E (2Cor 1,1–2,13; 7,5–8,24) é uma carta de reconciliação, escrita uma vez que

155

TERCEIRA PARTE • Questões abertas ao debate atual

a tensão com os coríntios se resolveu graças à intervenção de Tito; é muito mais amável e afetiva, e nela retoma o tom e a proximidade das primeiras cartas; Cor F (2Cor 9,1-15) é uma credencial para recolher a coleta das demais assembleias da Acaia, quase uma cópia da que havia enviado em Cor E aos da cidade de Corinto, uma vez que já se haviam reconciliado. A recopilação realizou-se tomando-se a base de Cor E, a carta de reconciliação, à qual se acrescentaram as demais, colocando-as onde melhor se encaixavam pelo conteúdo e tema, a fim de conferir ao conjunto um sentido coerente.

2.3. Carta aos Filipenses

A unidade literária de Fl afeta, fundamentalmente, o fragmento Fl 4,10-20, que se considera uma breve missiva de agradecimento pela ajuda recebida; Fl 3,1–4,1 apresenta dúvidas de autenticidade paulina, isto é, muitos se perguntam se se trata de uma glosa ou não, mas poucos defendem que se trate de um fragmento original e independente de Paulo, colocado posteriormente aí (KOESTER, 1988, p. 645-647). A razão mais importante para considerar a independência de 4,10-20 é a diferente situação a que faz referência: neste fragmento, Epafrodito acaba de entregar a Paulo uma ajuda econômica enquanto se encontra no cárcere, em Éfeso; este breve texto parece escrito para agradecer imediatamente a ajuda recebida e ser enviado com o próprio Epafrodito de volta a Filipos. No entanto, em 2,25-30, descobrimos uma situação posterior: Paulo escreve aos filipenses para anunciar-lhes a volta de Epafrodito, que se havia demorado mais do que o esperado porque teve que recuperar-se de uma grave enfermidade. Da situação descrita em 4,10-20 à descrita no resto da carta e refletida em 2,25-39, transcorreram alguns meses.

Isto sugeriu a ideia de duas cartas: Fl A (Fl 4,20-20) seria uma carta de agradecimento que Paulo enviou a Filipos (ou pretendeu enviar) ao receber a ajuda econômica que lhe mandavam no início de sua estada no cárcere; Fl B (1,1–4,9; 4,21-23) foi escrita depois da convalescência de Epafrodito, que já podia voltar; aproveitando esta circunstância, Paulo tenta resolver alguns problemas de divisão interna, confrontos e falta de identidade que ameaçam a assembleia de Filipos. O recopilador pôs no final de Fl B a carta de agradecimento (Fl A) para ressaltar a generosidade dos filipenses e sublinhar a estreita relação que essa assembleia manteve com Paulo durante sua vida.

2.4. Carta aos Romanos

Mesmo que se tenham apresentado mais possíveis fragmentos independentes (o capítulo 15, por exemplo), o texto mais discutido desta carta é, sem dúvida, o capítulo 16 (FITZMYER, 1993, p. 57; DONFRIED; MANSON, 1977). Os indícios de recopilação são fundamentalmente dois: de um lado, o final da carta, que aparece em Rm 15,33, com a fórmula com que Paulo frequentemente termina suas missivas, sugerindo que a carta acabava originalmente aí; de outro, o conteúdo desse capítulo, no qual se destacam vários detalhes estranhos, que apontam para outros destinatários diferentes dos romanos.

Em primeiro lugar, está a atrevida petição a uma comunidade com a qual Paulo não havia tido relação pessoal, para que acolha uma pessoa (a diaconisa Febe: 16,1-2). Esta petição revela-se estranha, além do mais, pela forma; Paulo dá por suposto não somente que vão recebê-la, mas que vão ajudá-la em tudo de que necessite. Chama a atenção essa liberdade e confiança quando ele mesmo escreve com muita cautela e respeito ao pedir-lhes que o acolham a caminho da Espanha (15,24); pareceria que, nestes versículos, Paulo se dirige a uma assembleia conhecida, com a qual tem suficiente confiança para tal pedido.

Em segundo lugar, Paulo menciona nominalmente várias pessoas cujas localizações estão mais perto de Éfeso do que de Roma. Assim, por exemplo, Paulo saúda Prisca e Áquila, dos quais diz que expuseram suas cabeças para salvá-lo (16,4) e a quem agradece o trabalho, tanto em nome pessoal como no das "assembleias da gentilidade", em referência a todas as que fundou. Ademais, saúda a "assembleia que se reúne em sua casa", como cumprimentando um grupo que ele conhece pessoalmente. A última notícia (antes desta carta) que tínhamos deste casal e da assembleia que se reúne em sua casa está em 1Cor 16,19, que nos situa em Éfeso. Ali também os situa Lucas quando os menciona em At 18,18.26. Em Rm 16,5, Paulo menciona Epéneto, de quem diz que são "primícias da Ásia para Cristo", para recordar que foi um dos primeiros que acreditaram em Cristo na Ásia, ou seja, em Éfeso, a capital. Em 16,7, diz que Andrônico e Júnia, além de serem exímios entre os apóstolos, foram companheiros de prisão; esta prisão foi a que teve de suportar em Éfeso. O resto da amplíssima lista de saudações, a lista mais longa de todas as cartas de Paulo, está cheia de referências íntimas, com nomes e episódios compartilhados, alguns colaboradores íntimos na criação de assembleias, com um grande conhecimento das circunstâncias pessoais. Tudo isso apresentou muitas dúvidas sobre os destinatários originais: como é possível que Paulo conhecesse em uma cidade que jamais havia visitado tantas pessoas por seus nomes, alguns colaboradores e tantos dados pessoais? Por que essas referências pessoais e os dados circunstanciais apontam para a assembleia de Éfeso? Não será que Rm 16 era, na realidade, uma breve missiva para Éfeso, na qual pedia que acolhessem Febe e na qual aproveitava para enviar saudações à comunidade na qual havia passado mais tempo, antes de empreender a viagem mais delicada de sua missão independente?

Isto sugere que a atual Carta aos Romanos é formada por duas cartas originalmente independentes: Rm A (Rm 16,1-23) é uma carta breve, dirigida às assembleias de Éfeso, na qual Paulo recomenda Febe e envia saudações com o fim de sentir-se apoiado perante a viagem a Jerusalém com a coleta, na qual estava em jogo sua comunhão com as assembleias da Judeia; Rm B (Rm 1,1–15,33), por sua vez, é uma carta de preparação de sua viagem a Roma, na qual quer apresentar-se e expor sua missão a fim de ser acolhido cordialmente antes de empreender sua viagem rumo ao Ocidente. O recopilador pôde colocar Rm A no final de Rm para apresentar Paulo em estreita relação com as influentes comunidade de Roma, uma vez que se estavam convertendo em assembleias com um peso crescente.

3. O nascimento do *corpus* paulino

As cartas originais de Paulo e as atribuídas a ele ou pseudoepígrafas formaram um *corpus* de textos que tiveram muita influência na construção do Ocidente e na tradição cristã. A formação deste conjunto de cartas que, como dissemos, está na base da formação do cânone cristão, revela-se um processo complexo e difícil de concretizar, porque temos poucos dados.

Um primeiro passo importante foi o que descrevemos no tópico anterior, dado pouco tempo depois da morte de Paulo: o processo de recopilação e de agrupação de cartas originalmente independentes, enviadas aos mesmos destinatários em uma cidade. Assim, quando o processo de criação do *corpus* paulino começa, já se haviam reunido as cartas originais de Paulo em sete cartas. Essa concentração local depois da morte de Paulo deu início à tendência de agrupar mais cartas, mesmo que tivessem sido dirigidas a outra cidade. A notícia mais antiga de um intercâmbio epistolar entre destinatários de diferentes cidades aparece em Cl 4,16: "Depois que esta carta tiver sido lida entre vós, fazei-a ler também na Igreja de Laodiceia. Lede vós também a que escrevi aos de Laodiceia". Igualmente, em 2Ts 2,2.15; 3,17, os autores dizem conhecer outras cartas de Paulo, entre as que obviamente estaria 1Ts. Em ambos os casos, trata-se de cartas deuteropaulinas, escritas durante a segunda geração por discípulos de Paulo. Este dado aponta para uma primeira conclusão: parece que depois da morte de Paulo, quando se corria o risco de perder sua memória, apresentou-se o intercâmbio de cartas entre assembleias e a recopilação delas.

Fora do *corpus* paulino, a referência mais clara a uma coleção de cartas de Paulo é 2Pd 3,15-16: "Considerai a longanimidade de nosso Senhor como a nossa salvação, conforme também o nosso amado irmão Paulo vos escreveu, segundo a sabedoria que lhe foi dada. Isto mesmo faz ele em todas as cartas, ao falar nelas desse tema. É verdade que em suas cartas se encontram alguns pontos difíceis de entender, que os ignorantes e vacilantes torcem, como fazem com as demais Escrituras, para a própria perdição". Este texto, provavelmente composto nos começos do segundo século, é uma baliza na história das cartas de Paulo, uma vez que indica que se começa a considerá-las como "Escritura". Esta alusão coincide cronologicamente, tal como dissemos, com a mudança transcendental que se realizou entre os seguidores de Jesus depois da conquista de Jerusalém e da destruição do templo no ano 70 d.C., e aponta para a segunda conclusão: o afã por recopilar, agrupar e conservar as cartas de Paulo coincide com o esfriamento da espera da parúsia e com o deslocamento do centro de atenção para a permanência e o entendimento com o Império.

Em 2Tm 4,13, os autores desta carta, em nome de Paulo, pedem que lhes tragam "os livros [*biblia*], especialmente os pergaminhos [*membranas*]", provavelmente em referência a um códice. Este dado foi interpretado como prova da preferência dos crentes em Cristo do segundo século pelo códice como melhor forma material de agrupar os textos considerados sagrados. Em todo caso, esta alusão coincide temporalmente com o início dos primeiros restos materiais conservados dos seguidores de Jesus (papiros, pergaminhos, códices), que datam do segundo século em diante: o Papiro 46 (Chester Beatyy II), o Papiro 30 (Oxirrinco 1598), o Papiro 92 (Madinet Madi 69.39a e 69.229a), o Cânone de Muratori etc.

Além disso, por volta do final do primeiro século, encontramos alusões mais ou menos diretas a coleções de cartas de Paulo em Inácio de Antioquia, Policarpo de Esmirna e Clemente de Roma, que dão sinais de conhecer uma indeterminada coleção de cartas de Paulo. Por volta do ano 140 d.C., Marcião realiza sua própria coleção, na qual agrupa dez das cartas atribuídas a Paulo. A partir dessa data, os testemunhos se multiplicam, sendo talvez os mais significativos os de Clemente de Alexandria e Tertuliano de Cartago, por volta do final do segundo século, que são testemunhas de uma coleção de cartas nas quais aparecem todas as atribuídas a Paulo no atual cânone cristão, menos Hebreus. Estes dados são uma prova clara da agrupação destas cartas desde os começos do segundo século, talvez no final do primeiro século (HURTADO, 2010, p. 47-49), e apontam para uma terceira conclusão: as cartas de Paulo, conforme se foram agrupando, adquiriram um significado, uma autoridade e uma influência cada vez maior.

O contexto mais plausível para essa tarefa "escolar" (a recopilação, agrupação, adaptação e ampliação das cartas de Paulo) é a cidade de Éfeso. Não somente é a cidade na qual passou mais tempo durante sua etapa de missionário independente, mas também porque ali escreveu boa parte de suas cartas originais. Além disso, Lucas diz que costumava reunir-se ali, na escola de Tirano (At 19,9). A presença de seus colaboradores nesta cidade, juntamente com os seguidores de Jesus de outros círculos, logo cedo se faz patente em Éfeso. Não é garantido que ali conservaram cópias originais das cartas, visto que Paulo não esperava que permanecessem no tempo; todavia, mostra-se plausível que em cada assembleia local tenham agrupado a correspondência que tinham de Paulo, uma vez que estava morto e a parúsia demorava, como dissemos. Estes primeiros agrupamentos, a partir de cartas originalmente independentes, foram postos em circulação para que chegassem a outras assembleias de outras cidades. Em Éfeso, podemos supor que se juntou uma (primeira?) coleção de todas as cartas originais. Esta coleção (que alguns chamaram ecumênica) seria a base para a posterior ampliação mediante o acréscimo de novas cartas (pseudoepígrafas) e de glosas.

Todo esse processo e as primeiras avaliações apresentam questões interessantes: que valor tinham as cartas de Paulo em sua origem e como evoluíram? Que autoridade tinha seu autor em vida e como mudou depois de sua morte? Em que contexto se começaram a recopilar, agrupar, transformar e ampliar as cartas de Paulo? Que consequências teve para sua interpretação a incorporação de uma coleção na qual se podiam ler todas? Como modificou a interpretação das originais a criação, difusão e justaposição das cartas posteriores pseudoepígrafas? De que maneira afetou a fé em Jesus esse processo de recopilação crescente de cartas originais, pseudoepígrafas, glosas...?

Há certos indícios que apontam para possibilidades de que Paulo tenha contado com que suas cartas fossem ser lidas no contexto da Ceia do Senhor (cf. 1Cor 11,17-34) e que suas fórmulas inicial e conclusiva tenham sido pensadas com este fim ("A graça e a paz estejam convosco", "A graça de nosso Senhor, Jesus Messias, esteja convosco..."). Por outro lado, mesmo que sua autoridade tenha sido muito discutida, como vimos em capítulos anteriores, não resta dúvida de que muitos dos membros das assembleias que ele criou o tinham por apóstolo com autoridade. Sua morte significou para eles, como para os colaboradores mais íntimos, uma perda insubstituível; o que restava dele, além de suas assembleias, era sua memória em forma de cartas às comunidades. Mostra-se plausível pensar que tudo isso contribuiu para um afã por conservar essas cartas como se fossem seu testamento, sua herança à *ekklêsia*, sua forma de manter viva sua memória. Se as coisas estão assim, as celebrações nas quais se continuava a ler contribuíram enormemente para o aumento de sua estima, autoridade e influência, favorecendo, primeiramente, as distintas recopilações e agrupamentos de suas cartas e, em segundo lugar, a ampliação delas com outras escritas em seu nome. Uma última conclusão desta situação é que a interpretação de suas cartas se generalizou, abstraiu-se, ou seja, elas adquiriram um caráter universal porque se perdeu a peculiar conexão entre a situação original dos destinatários e a estratégia de Paulo para enfrentá-la. Agora, "Paulo" escrevia nelas a todos os crentes de qualquer tempo e lugar. Paulo, o apóstolo e missionário, transformou-se em um *corpus* que teve um peso incomparável, dando à sua figura e memória uma importância maior do que a que tinha tido, no conjunto do cristianismo nascente, sua própria missão.

Bibliografia

AGUIRRE, Rafael, *Del movimiento de Jesús a la Iglesia cristiana*: Ensayo de exégesis sociológica del cristianismo primitivo, Verbo Divino, Estella, 2009.

BARBAGLIO, Giuseppe, *Pablo de Tarso y los orígenes cristianos*, Sígueme, Salamanca, 1989.

BETZ, Hans Dieter, Corinthians, Second Epistle to the, in FREEDMAN, D. N. (ed.), *The Anchor Bible dictionary*, Doubleday, New York, 1992, p. 1:1148-1154.

BETZ, Hans Dieter; MITCHELL, Margaret M., Corinthians, First Epistle to the, in FREEDMAN, D. N. (ed.), *The Anchor Bible dictionary*, Doubleday, New York, 1992, p. 1:1139-1148.

DÍEZ MACHO, Alejandro et al., *Apócrifos del Antiguo Testamento*. Introducción general a los apócrifos del Antiguo Testamento, t. 1, Cristiandad, Madrid, 1984.

DONFRIED, Karl P.; MANSON, Thomas Walter. *The Romans debate*, Augsburg, Minneapolis, 1977.

EHRMAN, Bart D., *Forged: writing in the name of God*. Why the Bible's authors are not who we think they are, HarperOne, New York, 2011.

FITZMYER, Joseph A., *Romans: a new translation with introduction and commentary*, Doubleday, New York-London, 1993.

GAMBLE, Harry Y., *The New Testament canon*: its making and meaning, Fortress Press, Philadelphia, 1985.

HARRILL, James Albert, *Paul the Apostle*: his life and legacy in their Roman context, Cambridge University Press, Cambridge-New York, 2012.

HURTADO, Larry W., *Los primitivos papiros cristianos*: un estudio de los primeros testimonios materiales del movimiento de Jesús, Sígueme, Salamanca, 2010.

KLAUCK, Hans-Josef; BAILEY, Daniel P., *Ancient letters and the New Testament*: a guide to context and exegesis, Baylor University Press, Waco, TX, 2006.

KOESTER, Helmut, *Introducción al Nuevo Testamento*, Sígueme, Salamanca, 1988.

MACDONALD, Margaret Y., *Las mujeres en el cristianismo primitivo y la opinión pagana*, Verbo Divino, Estella, 2004.

MALHERBE, Abraham J., *The letters to the Thessalonians*: a new translation with introduction and commentary, Doubleday, New York, 2000.

MARSHALL, I. Howard, *A critical and exegetical commentary on the Pastoral Epistles*, T & T Clark, Edimburgo, 1999.

PAYNE, Philip B., *Man and woman, one in Christ*: an exegetical and theological study of Paul's Letters, Zondervan, Grand Rapids, MI, 2009.

PERVO, Richard I., *Pablo después de Pablo*: Cómo vieron los primeros cristianos al apóstol de los gentiles, Sígueme, Salamanca, 2012.

VANHOYE, Albert, *El mensaje de la carta a los hebreos*, Verbo Divino, Estella, 1978.

VIDAL, Senén, *Las cartas originales de Pablo*, Madrid: Trotta, 1996.

Capítulo 7
Paulo e a memória de Jesus

Nunca se conheceram pessoalmente, mas sua relação tem sido causa de acalorados debates na história; Jesus de Nazaré e Paulo de Tarso protagonizaram curiosos encontros virtuais, tanto na memória dos primeiros seguidores de Jesus quanto na do cristianismo, uma vez que se desenvolve como religião. A memória que do primeiro o segundo conservou e a fidelidade ou infidelidade do segundo em relação ao projeto do primeiro estimularam os debates teológicos e históricos durante muitos séculos. Que conhecimento teve Paulo de Jesus e da tradição de seus ditos e feitos? Quem conservou e desenvolveu esta tradição? Que atitudes Paulo tomou em relação a ela? Que lugar ocupa Paulo na história começada pelos seguidores de Jesus? Que imagem teve Paulo de Jesus e como influenciou na dos outros seguidores? Como Paulo influenciou na(s) cristologia(s) do nascimento do cristianismo e depois?...

A complexidade deste tema é dada não unicamente pela escassez e ambiguidade dos dados sobre Jesus e Paulo, mas também pelo caráter de ambas as pessoas históricas. Concentrar-me-ei, por razões de brevidade e clareza, em três destas perguntas com a ideia de expor os problemas e consequências que estão em jogo, e oferecer algumas pistas para entendê-las melhor. Em primeiro lugar, quero indicar a importância de situar Jesus e Paulo em seu tempo e lugar, destacando tanto o que os une nesse sentido como o que os diferencia; em segundo lugar, apresentarei o problema do conhecimento que Paulo teve de Jesus e de sua tradição, assim como suas consequências; e em terceiro lugar, à guisa de conclusão, sintetizarei alguns traços da contribuição paulina para o surgimento e o desenvolvimento da memória de Jesus no cristianismo nascente.

A Crítica da Redação (conhecida pelo termo alemão *Redaktionsgeschichte*) generalizou, em meados do século XX, a ideia de que cada evangelista havia utilizado e modelado a tradição de Jesus para formar uma imagem definida e pessoal dele, de modo que se distinguisse de outras. De acordo com esta ideia, antes da redação dos Evangelhos Sinóticos, a partir do ano 70 d.C., a tradição de Jesus não tinha o grau de coerência que adquiriria depois, e era objeto de diferentes e, inclusive, contraditórias interpretações. Esta tradição pré-sinótica apresentava esse rosto ambíguo e contraditório porque Jesus não havia demonstrado interesse em dar-lhe coerência (CONZELMANN, 1974). Estudos interdisciplinares posteriores confirmaram a ideia de que a tradição de Jesus dependia fundamentalmente de seu carisma, e este é, por definição, arbitrário (SANDERS, 1998). A arbitrariedade, ou seja, o recurso aos paradoxos e contradições, juntamente com as inesperadas mudanças de direção na mensagem e na vida de um carismático, contribuem para aumentar seu carisma, porque mantêm por mais tempo a autoridade nele mesmo (ao ser imprevisível, evita que outros usurpem sua autoridade) e atrasam o processo de institucionalização. Portanto, a coerência, a partir de determinado ponto de vista, já não se mostra útil para julgar a historicidade dos ditos de Jesus e de Paulo.

Outros tantos autores estudaram, igualmente, a coerência e a lógica de Paulo em suas cartas (cf. MAYORDOMO-MARÍN, 2005), chegando a resultados muito plurais, mesmo que a maioria reconheça, de início, problemas similares aos apresentados por Sanders: que Paulo não mostra especial preocupação por parecer coerente ou consistente. Esta é uma das dificuldades para aproximar-nos e conhecer as figuras históricas de Jesus e de Paulo: seu carisma. Portanto, vamos apresentar o cenário histórico da primeira geração de seguidores de Jesus (do ano 30 ao ano 70 d.C.), levando em conta que sua tradição carecia da coerência que adquirirá com as redações dos relatos evangélicos (e de outros) e favorecia o surgimento de tradições divergentes, conflitos entre grupos e posições diversas.

1. Paulo e Jesus em seu(s) tempo(s)

As cartas originais de Paulo, escritas na década dos anos cinquenta, são a fonte histórica mais antiga para conhecer as tradições pré-paulinas e o cristianismo primitivo da primeira geração (30-70 d.C.), mas não é a única. Entre Jesus e Paulo, encontramos uma complexa rede de círculos de seguidores parcialmente ocultos ou interconectados, seja por dependência, seja por oposição, cuja tradição se cristalizou na segunda geração (70-110 d.C.), em uma miríade de textos apostólicos, dos quais conservamos a maior parte. Essa complicada rede de círculos de seguidores inclui, em primeiro lugar, os grupos de seguidores de Jesus na Galileia (o movimento sapiencial ou crentes galileus); em segundo lugar, os círculos da Judeia e de

Jerusalém (crentes "hebreus"); em terceiro lugar, os grupos de crentes em Cristo da diáspora (os crentes "helenistas"); em quarto lugar estão os círculos joaneus, que tiveram uma trajetória particular; inclui, ademais, todas as correntes internas diferentes dentro de cada uma destas quatro grandes tradições (AGUIRRE, 2010). Não seria, portanto, nem justo nem rigoroso esquecer a contribuição de outros muitos crentes anônimos durante a primeira geração. De todos estes círculos, a conexão histórica mais importante entre Jesus e Paulo é a tradição dos chamados "helenistas", aquela que primeiro estendeu a memória e o culto de Jesus para além das fronteiras geográficas de Israel. Dela Paulo herdará uma compreensão particular do acontecimento da morte de Jesus, que desenvolverá por sua conta e será a base da tradição chamada "pagão-cristã". Este elo, que contém influências de outras tradições, determina o lugar e a originalidade de Paulo em relação aos demais crentes em Jesus e, especialmente, com respeito ao próprio Jesus.

1.1. Analogias entre Jesus e Paulo

Paulo compartilha com Jesus uma série de perspectivas, enfoques e visões do mundo que se distanciam das perspectivas, enfoques e visões que os crentes em Cristo desenvolveram a partir do ano 70 d.C. Dito diferentemente, para além das divergências evidentes que vamos resumir posteriormente, as analogias entre Jesus de Nazaré e Paulo de Tarso sobressaem-se ao contemplar estas duas personagens históricas no processo de construção do cristianismo nascente, desde a morte de Jesus até Irineu, aproximadamente entre o ano 30 e o ano 190 d.C. Estes pontos partilhados são, fundamentalmente, três: a perspectiva escatológica, a concepção política da religião e o horizonte da renovação de Israel, aos quais se deveria somar o mencionado fato de que ambas as personagens históricas tiveram, cada uma a seu modo, uma personalidade carismática única (BARBAGLIO, 2009).

Em primeiro lugar, ambos compartilharam uma perspectiva mais escatológica do que apocalíptica. Estes termos se disfarçam muitas vezes e se utilizam frequentemente como sinônimos, mas não o são. A perspectiva apocalíptica era muito popular no tempo de Jesus e de Paulo, e vem determinada por um esquema dualista da história, que opunha o mundo presente ao futuro: o presente estava corrompido e era necessária (e garantida) uma intervenção de Deus, que faria justiça. Tanto Jesus quanto Paulo estavam sob a influência desta cosmovisão hegemônica e popular. No entanto, não é o que domina sua visão do mundo; ambos, diferentemente dessas

Terceira parte • Questões abertas ao debate atual

visões radicalmente apocalípticas, compreendiam o tempo presente como um tempo de possibilidades, de esperança, de novidade; acreditavam que o presente era um momento decisivo que abria possibilidades novas para todas as pessoas, independentemente de sua condição. Jesus, por um lado, proclamou com seus ditos e feitos que o reino de Deus já havia começado (cf. Mc 1,15; Lc 11,20) e que se instauraria completamente na futura intervenção de Deus. Paulo, por outro lado, acreditou que essa intervenção decisiva de Deus havia acontecido já no acontecimento da morte e ressurreição de Jesus, e que se completaria com a chegada iminente do Senhor para julgar. Esta pequena defasagem provocará uma perspectiva diferente, que sublinharei adiante, mas não esconde o fato de que ambos compartilharam a convicção de uma intervenção de Deus no presente, no transcurso de suas vidas. Essa confiança gerou em ambos um estilo de vida e uma estratégia de missão que compartilhava a intensidade, a urgência e a entrega ao momento histórico que viviam como se fosse o definitivo. Mais tarde, os seguidores de Jesus da segunda e, especialmente, da terceira geração suavizarão essa urgência, ao mesmo tempo que estabelecerão instituições para organizar a agitação e canalizar a intensidade inicial em modos históricos que pudessem durar no tempo.

Em segundo lugar, Jesus e Paulo partilham uma mesma compreensão da religião que poderíamos chamar "religião política", no sentido aristotélico de religião do âmbito público, da pólis. Nenhum dos dois pretendeu oferecer orientações unicamente para os aspectos pessoais da relação do crente com Deus, nem se limitaram ao âmbito da casa como horizonte de sua missão; ao contrário, compreenderam e anunciaram, cada um a seu modo e com estratégias diferentes, que Deus quer um mundo novo, um novo modo de todas as pessoas relacionarem-se entre si, um novo modo de se relacionarem com Deus, de acordo com o rosto de Deus que ambos pregavam. Em outros termos, o objetivo de ambos não era unicamente transformar a casa como âmbito privilegiado de relação com Deus, mas transformar toda a cidade, os espaços e as relações públicas para que tudo isso se adaptasse ao Deus do Reino; por isso, entraram em conflito com muitas das estruturas e instituições básicas da cultura mediterrânea oriental do primeiro século. Posteriormente, os discípulos de Paulo da segunda geração que escreveram as cartas deuteropaulinas (Cl e Ef) e os da terceira geração que escreveram as cartas pastorais (1Tm, 2Tm e Tt), adotaram a casa patriarcal como estratégia básica de inserção na sociedade, o que supôs uma mudança decisiva na prática de Jesus e de Paulo, e significou a assunção da casa como estrutura básica da *ekklêsia* e o deslocamento para uma "religião doméstica".

Em terceiro lugar, tanto Jesus quanto Paulo tinham em seu horizonte a renovação de Israel, embora de modos diferentes. Enquanto Jesus deu início a um movimento de restauração intrajudaico, cujo confins eram provavelmente as fronteiras de Israel (cf. Mt 10,5-6), Paulo pretendeu a transformação do judaísmo por meio da incorporação de pagãos ao povo eleito (cf. Rm 9–11). Entretanto, ambos estão unidos pela ausência de interesse por fundar uma religião (entendida esta como um sistema organizado de valores, ritos e normas separado dos que existem em seu ambiente). Ambos, portanto, partilham suas profundas raízes judaicas e sua vontade de dar pleno sentido ao povo de Deus, assentando as bases para esse processo de reconstrução; com o tempo, depois da segunda e terceira gerações, essa construção se definirá diante do judaísmo e demais cultos como uma nova religião.

1.2. Diferenças entre Jesus e Paulo

No entanto, ressaltadas as analogias entre Jesus e Paulo, é necessário indicar alguns dos pontos nos quais se distanciam um do outro, em grande medida devido à diferença de origem. Desse modo, em primeiro lugar, Jesus foi um judeu galileu, rural; seu mundo transcorria nas pequenas aldeias (sem aproximar-se das grandes cidades como Séforis ou Tiberíades) e utilizava imagens e linguagem próprias do ambiente rural da Galileia. Paulo, por sua vez, foi um judeu da diáspora, urbano, que visitou unicamente as cidades mais importantes do Império e se movia entre elas através das grandes vias de comunicação, utilizando a linguagem e as imagens próprias deste novo contexto urbano. Essa deslocação supôs, entre outras consequências, um desenraizamento palestino do Evangelho e um enraizamento greco-romano, que se concretizou não somente na tradução para o grego das tradições aramaicas sobre Jesus, mas na utilização de modelos culturais greco-romanos para uma exposição relevante do Evangelho. Exemplos destes modelos, como vimos no capítulo quarto, são as associações voluntárias ou a *ekklêsia* da cidade, além do uso da retórica, imagens urbanas etc. (cf. 1Cor 9,24-27).

Uma ulterior consequência desse desenraizamento é o que alguns têm chamado de "desnacionalização da restauração judaica", ou seja, ampliar o projeto de Jesus para além das fronteiras nacionais ou étnicas de Israel (FREDRIKSEN, 2000, p. 174-175). Portanto, enquanto os ouvintes de Jesus eram exclusivamente palestinos (judeus da Galileia e da Judeia) e mal sentiam a influência da religião oficial do Império, os ouvintes de Paulo eram predominantemente pagãos (não judeus e judeus da diáspora), acostumados à pluralidade e à competitividade de cultos, e ao onipresente culto imperial, com sua teologia do poder e da submissão.

Igualmente, enquanto Jesus não utilizou o discurso teológico para convencer seus ouvintes, mas buscou suscitar a imaginação com parábolas, mover a vontade com breves histórias, criar adesão ao reino de Deus, Paulo, por sua vez, pôs mais ênfase em ativar a inteligência e a compreensão de seus ouvintes, em pensar a realidade a partir de novas chaves de interpretação e, assim, mostrar o Reino com convicção e argumentação teológica. Jesus preferiu a parábola e a metáfora ao discurso, à retórica ou à exortação, ao passo que Paulo privilegiou estes últimos e não as primeiras. Estas diferenças fazem com que, para além das coincidências iniciais, Jesus e Paulo apareçam na primeira metade do primeiro século como personagens mais distanciados do que realmente estiveram.

Em segundo lugar, e como consequência do precedente, outra diferença distancia Paulo de Jesus e de seus discípulos judaítas (judeus da Judeia), contemporâneos de Paulo, que continuaram o estilo de vida de Jesus. Assim, enquanto estes últimos assumiram como forma social de ser no mundo a "seita" (*hairesis*), Paulo assumiu o modelo de "culto" (WHITE, 2007, p. 170).

O modelo de seita é definido por sociólogos como um "movimento de regeneração separatista – ou carismático – que surge dentro de um sistema estabelecido e religiosamente definido, com o qual partilha uma visão simbólica do mundo". Este é o que assumiram Jesus e seus seguidores na Palestina. Esses seguidores judaítas são judeus crentes em Jesus com um horizonte nacional. Essa dupla realidade, sua identidade judaíta e sua fé em Jesus, gerou grandes tensões em seu ambiente cultural, as quais eles resolveram intensificando as diferenças e relativizando as semelhanças, de modo que findaram por ser expulsos da sinagoga. Algumas tradições, como a recolhida no Evangelho de Mateus ou na carta de Tiago, refletem a permanência deste modelo na segunda geração.

Por sua vez, um "culto" é descrito como um "movimento integrador, amiúde sincretista, que é importado eficazmente – por traslado ou mutação – para outro sistema cultural religiosamente definido, com o qual busca sintetizar sua inédita visão simbólica do mundo". Paulo, como os judaítas, era judeu crente em Jesus, porém, diferentemente deles, tinha um horizonte greco-romano, uma vontade internacional, o que criaria outras tensões marcadas pela diferença com esse contexto cultural. De acordo com este modelo, Paulo e suas assembleias, a fim de resolver estas tensões, intensificaram as semelhanças e relativizam as diferenças, de modo que terminaram inserindo-se no mundo greco-romano, mesmo sem diluir-se totalmente, conservando a originalidade.

Estes dois modos de estar no mundo a partir da fé em Jesus gerarão, adicionalmente, muitas tensões internas entre os diferentes círculos do cristianismo nascente e nos mostram as diferenças práticas mais claras entre a tradição judaíta e tradição paulina.

2. O conhecimento que Paulo teve de Jesus

Vamos fixar-nos agora na segunda das perguntas a que nos propusemos responder: que conhecimento Paulo teve de Jesus e de seus ditos e feitos? Em 2Cor 5,16, Paulo afirma categoricamente: "Por isso, doravante a ninguém conhecemos segundo a carne. Também se conhecemos Cristo segundo a carne, agora já não o conhecemos assim". Paulo parece defender-se diante dos coríntios da acusação de não ter conhecido Jesus pessoalmente e, portanto, de não ter suficiente autoridade para interpretar sua tradição e apresentar-se em seu nome. Sem dúvida, para a pretensão apostólica de Paulo, que alguns negavam (cf. 1Cor 9,2), esta era uma enorme dificuldade. Sua relação com a tradição de Jesus era de segunda mão: não havia vivido com ele, nem havia sido testemunha direta de sua vida, morte e ressurreição (cf. At 9,1-19). Como se não bastasse, alguns dos que tinham vivido com Jesus e testemunhado sua morte e ressurreição opuseram-se a ele e o enfrentaram (cf. Gl 2,11-14). Paulo teve que defender-se de todas estas acusações, que tinham uma base real.

A defesa que Paulo faz de sua distância com o Jesus da história é surpreendente, na linha do que descrevemos como autoestigmatização: nega explicitamente a necessidade e, inclusive, a utilidade do conhecimento de "Cristo segundo a carne". Para Paulo, bastava sua experiência (ver o capítulo segundo) e o significado teológico da morte e da ressurreição de Jesus; a isso ele se referirá constantemente. Parece que pouco da vida de Jesus servia a Paulo nesta tarefa teológica. Foi, portanto, desinteresse ou desconhecimento? Paulo desprezou, de propósito, a história de Jesus (seus ditos e feitos), ou o fato é que não a conhecia e teve de elaborar uma cristologia que justificasse sua ignorância?

TERCEIRA PARTE • Questões abertas ao debate atual

Esta questão foi apresentada há muito tempo de modo crítico (WEDDER-BURN, 2004). Sempre chamou a atenção que, após somente vinte anos da morte de Jesus, Paulo mencione tão poucos dados de sua vida e que apenas cite seus ditos ou feitos. Parece conhecer, não obstante, algumas notícias gerais: sua descendência davídica (Rm 1,3), o nascimento "de mulher" e "sob a lei" (Gl 4,4), sua clemência e bondade para não comprazer-se em si mesmo (2Cor 10,1; Rm 15,3), a vinculação de Jesus com o grupo dos Doze e Pedro (1Cor 9,5; 15,5; Gl 2,7-8), a existência de irmãos de Jesus, especialmente de Tiago (Gl 1,19), a celebração da última ceia com seus discípulos (1Cor 11,23-26), sua morte e sepultamento (1Cor 15,4). Cita apenas quatro vezes algum dito de Jesus: sobre o divórcio (1Cor 7,10-11, cf. Mc 10,9-11), sobre o viver do trabalho apostólico (1Cor 11,24-25, cf. L 22,19-20) ou o modo de dirigir-se a Iahweh como "Abbá" (Gl 4,6; Rm 8,15, cf. Mc 14,36). Em outros lugares (por exemplo, 1Ts 4,15), Paulo alude a "palavras do Senhor", mas sem paralelo claro. Às vezes também menciona ideias comuns com o ensinamento ético de Jesus (especialmente da tradição marcana), que recolhe em algumas exortações de suas cartas (cf. 1Ts 5,13 e Mc 9,50; 1Ts 5,15 e Mt 5,38-48; Rm 12,14.17 e Lc 6,27-28; Rm 13,7 e Mc 12,17; Rm 13,9 e Mc 12,28-31; Rm 12,13 e Mc 9,42; Rm 14,14 e Mc 7,15).

Entretanto, o centro da pregação do tarsiano não é a ética nem a correta interpretação da lei, como faz o nazareno, mas o anúncio do sentido da morte e ressurreição de Jesus e o lugar da lei no plano de Deus (embora também ressalte suas consequências éticas). Caberia acrescentar a esta breve informação a escassez de referências ao núcleo do anúncio de Jesus, o reino de Deus, e, especialmente, o deslocamento de sentido: enquanto em Jesus o reino de Deus tem dupla dimensão – presente e futura –, em Paulo é apenas futura. Por outro lado, à parte a tradição da ceia do Senhor (1Cor 11,23-26), as duas citações de ditos de Jesus são reportadas por Paulo para corrigi-las ou introduzir variações. O dito sobre o divórcio é modificado por Paulo com uma exceção que matiza e adapta a novas circunstâncias o sentido original do dito de Jesus: para ele, é possível o divórcio no caso de que não se possa manter a paz (1Cor 7,15-16; cf. Mc 10,9-11). Igualmente, Paulo modifica o dito sobre viver do próprio trabalho (1Cor 9,14; 10,7; cf. Mt 10,10), que era interpretado como direito a que a comunidade hospede e mantenha o discípulo itinerante. Para Paulo, a liberdade de viver de seu trabalho artesanal e não ser mantido pela comunidade é mais importante. Estes exemplos mostram, de um lado, que Paulo conhecia alguns dados da tradição de Jesus e, por outro, que os interpreta com grande liberdade,

170

modificando-os e adaptando-os a novas circunstâncias ("Julgo que também eu possuo o Espírito de Deus", diz em 1Cor 7,40; cf. 7,25). Em conclusão: mesmo que os estudiosos divirjam muito na hora de avaliar estes dados, parece que Paulo teve certo conhecimento do ensinamento de Jesus, mas que não influenciou muito em sua missão. Como é possível explicar este fato? Vamos ver algumas respostas e os problemas que apresentam.

Em primeiro lugar, é necessário recordar que não conhecemos todo o conteúdo do ensinamento de Paulo, mas somente aquele contido em suas cartas. Como expôs, há algum tempo, Mauro Pesce, as cartas fazem parte da estratégia de conservação das assembleias (resolver conflitos e enfrentar novas situações), não da de criação (pôr as bases para constituir a *ekklêsia*), que é algo anterior (PESCE, 1994, p. 7-34). Não sabemos o que Paulo dizia sobre Jesus quando anunciava pela primeira vez o Evangelho ao chegar a uma cidade. Logicamente, é bem possível que falasse dele e contasse notícias de sua vida, de seus feitos e ditos, mas revela-se certamente estranho que em suas cartas apenas recorde alguma dessas notícias. Ao contrário, o que Paulo sublinha é a irrelevâncias de tais dados: "Por isso, doravante a ninguém conhecemos segundo a carne. Também se conhecemos Cristo segundo a carne, agora já não o conhecemos assim" (2Cor 5,16).

Em segundo lugar, o contexto helenístico em que Paulo anunciou o Evangelho necessitada de categorias adequadas para ser compreendido. Se Paulo, como dissemos antes, apresentou a fé em Jesus como um culto, era provavelmente necessário utilizar uma linguagem cultual ("Senhor", "Filho de Deus") para referir-se a quem era objeto de culto (DUNN, 2011). Isto poderia explicar a falta de interesse pela história de Jesus, pouco relevante para o culto e, o que é mais importante para Paulo, equívoco para os destinatários do Evangelho, que podiam confundir Cristo com um homem de prodígios ou um sábio (*theios aner*). Parece que Paulo queria apresentar a divindade de Cristo, não sua humanidade; no entanto, como explicar, então, a centralidade da cruz, das dificuldades e dos sofrimentos de Jesus, na mensagem de Paulo?

Em terceiro lugar, não podemos esquecer o convite a olhar para o futuro imediato, feito pelo anúncio do Evangelho e pela missão dos discípulos de Jesus durante a primeira geração; o centro da pregação são as consequências imediatas dos acontecimentos escatológicos iniciados com sua morte e ressurreição. Portanto, parece lógico que Paulo não volte o olhar para a história passada de Jesus, porque

TerceiraParte • Questões abertas ao debate atual

o urgente era projetar as consequências daquilo no futuro imediato e preparar os crentes (judeus e pagãos) para ele. A preocupação pelo passado será uma característica da segunda geração, devido ao retardo da parúsia, quando começam a morrer as testemunhas da vida de Jesus e as comunidades se defrontam com problemas oriundos do esquecimento da história de Jesus. No entanto, outras tradições, como as da Galileia ou da Judeia, conservaram, sim, sua memória, e mantinham, ao mesmo tempo, uma forte esperança escatológica durante a primeira geração. Por que Paulo não?

Em quarto lugar, a afirmação de 2Cor 5,16 ("Também se conhecemos Cristo segundo a carne, agora já não o conhecemos assim") está em um contexto muito polêmico contra outros crentes em Jesus que haviam chegado a Corinto e estavam semeando a desconfiança a respeito da autoridade e da legitimidade de Paulo. Esta situação repetiu-se em várias de suas comunidades, como mencionamos no capítulo cinco. Paulo vincula esses adversários a Jerusalém e à Judeia (cf. Gl 2,4-5), chama-os ironicamente de "eminentes apóstolos" (2Cor 12,11-12), diz que vêm com cartas de recomendação (cf. 2Cor 3,1) e que são representantes de outras tradições de crentes em Cristo, vinculadas à lei e às tradições judaicas (como a circuncisão ou as leis de pureza; cf. Gl 2,12; 6,12-13; Fl 3,2-3) etc. Parece que alguns rivais de Paulo lembravam ditos e feitos de Jesus para sublinhar a validade da lei e as normas de pureza (cf. Tg 2,14-26; Mt 5,17) ou a missão (exclusiva?) aos judeus (cf. Mt 10,5-6). Portanto, se os ditos e feitos de Jesus eram utilizados por adversários de Paulo para defender posturas divergentes, e até opostas às suas, não é difícil concluir que lhe resultava muito problemático apoiar-se nessa tradição de Jesus para defender seu projeto do Israel de Deus, especialmente quando ele não conhecia de primeira mão aqueles ditos.

Esta ideia se confirma ao comprovar a total ausência de referências à vida de Jesus nos debates que Lucas recolhe nos Atos sobre a incorporação de pagãos à comunidade de crentes, sem exigir-lhes a circuncisão; ninguém cita ditos ou feitos de Jesus para defender a abertura aos pagãos. Parece que esta postura, defendida incialmente pelos helenistas e depois por Paulo, não teve apoio nos ditos e feitos de Jesus.

Consequentemente, podemos aceitar a tese de que Paulo adquiriu certo conhecimento da vida de Jesus durante os anos de Damasco e Antioquia (40–49 d.C.), embora, dado que a interpretação predominante naquele momento contradizia a sua própria (baseada em sua experiência e conhecimento de Jesus crucificado), redundasse-lhe pouco útil, além de ter tido escasso impacto em sua missão, de modo que se permitiu mudá-la, como era o caso da tradição sobre o divórcio (1Cor 7,15-16) e o direito a ser conservado (1Cor 9,14). Assim, podemos entender melhor o texto citado no início (2Cor 5,16): Paulo afirma que o conhecimento do acontecimento escatológico da morte de Jesus supera o dos demais acontecimentos de sua vida e se erige em seu critério hermenêutico (BOYARIN, 1994, p. 39). Isto é o que lhe permite desenvolver a cristologia e a eclesiologia para além da cristologia implícita: para Paulo, Deus havia falado na cruz de Jesus mais do que nos ditos e feitos de sua vida.

De acordo com tudo isso, a continuidade e a descontinuidade entre Paulo e Jesus podem ser formuladas em termos de experiência religiosa: enquanto a que Jesus teve de Deus Pai foi direta e imediata, a de Paulo foi indireta e mediada pelo Crucificado. Ambos, entretanto, coincidiam nos aspectos radicais: em primeiro lugar, na imagem de um Deus de amabilidade e severidade, cuja misericórdia mostrava-se ofensiva e inclassificável para muitos (cf. Mt 20,1-16; 22,1-10 e Rm 9,6-13; 11,22); e, em segundo lugar, na consequência desta experiência: a predileção pelos excluídos sociais e religiosos.

Paulo adaptou muitos aspectos da mensagem de Jesus (explícita ou implicitamente); foi consciente de seu próprio carisma, da posse do Espírito que o levou a desenvolver o Evangelho de Jesus para além do que este provavelmente pensou. Contudo, identificou-se com ele e soube colocá-lo no centro de sua missão, recriando com liberdade seu Evangelho; soube captar a autoestigmatização de sua vida e, especialmente, de sua morte na cruz; tomou essa vida de autoentrega como modelo da própria e apresentou ambas como paradigma de transformação religiosa.

3. Importância de Jesus na história de Paulo

A partir de tudo o que se disse anteriormente, não se pode concluir que Paulo tenha desprezado a história de Jesus por irrelevante ou desimportante. O fato de que Paulo apenas a cite porque era utilizada contra ele por seus oponentes não denota menosprezo. Seu foco de atenção repousa no acontecimento histórico da morte do Crucificado, que era talvez o que menos enfatizavam os outros apóstolos. De fato, parece que Paulo já não tem olhos senão para olhar para Jesus na cruz, porque ali descobre a ação redentora de Deus na história.

Paulo olhava para o Crucificado, de acordo com sua própria tradição, como um maldito de Deus (cf. Dt 21,22-23). A partir da interpretação que os helenistas faziam da morte de Jesus com o modelo do Servo de Iahweh (cf. Is 53,3-4), Paulo contemplou a cruz não como o sinal da condenação de Deus daquele crucificado, mas como o modo de Jesus dizer como é Deus. Jesus aceitou o terrível final na cruz sem reservar para si a vida porque foi isso o que descobriu e aprendeu de Deus. Deus tinha sido assim com ele. Jesus, definitivamente, revela quem é Deus imitando-o totalmente na cruz (cf. 1Cor 2,1; Rm 1,16). Isto, logicamente, ajudou Paulo a relativizar o uso que seus opositores faziam da tradição de ditos e feitos de Jesus contra sua missão.

Por outro lado, Paulo também contribuiu para o desenvolvimento do culto a Cristo, tal como aparece nos testemunhos que traz sobre as invocações que as assembleias de crentes lhe faziam sob a ação do Espírito (cf. 1Cor 12,3; 16,22; Rm 10,13). No entanto, é importante notar que, além de uma total ausência de cultos sacrificais para Jesus e liturgias de adoração como Deus, suas orações são dirigidas ao Pai (seja como ação de graças, seja como súplica ou louvor). Inclusive, os chamados hinos cristológicos não são hinos a Cristo, mas sobre Cristo (cf. Fl 2,6-11); do mesmo modo, as orações não são "a Cristo", mas "por meio de Cristo" (cf. 1Ts 5,23-25). Foram os discípulos de Paulo, como vimos no capítulo anterior, que desenvolveram sua cristologia. Estas matizações impedem tirar consequências precipitadas, como às vezes se tem feito, na hora de afirmar que Paulo declarou que Jesus é Deus (HURTADO, 2008).

Paulo utilizou categorias hebraicas e helenistas para desenvolver a imagem de Jesus: a imagem de Senhor (*Kyrios*, mais importante no âmbito helenista) e de Cristo (*Mesiah*, mais utilizado no meio judeo-palestino) se uniram à de Filho de Deus. Paulo é herdeiro e impulsionador dessas imagens que oferecem um conjunto peculiar. A contribuição de Paulo para a imagem de Jesus não reside, porém, na combinação destes títulos, mas no significado que, em sua opinião, o próprio Jesus lhes deu por meio de sua vida e de sua morte. Jesus foi o homem cuja morte reflete melhor do que nenhum outro acontecimento histórico quem e como é Deus: crucificado. A ressurreição de Jesus foi a confirmação, da parte de Deus, da total identificação com ele como Filho e de sua exaltação à categoria de Senhor.

Essa contribuição paulina parte da necessidade de dar nome às experiências pessoais que ele havia tido, centradas quase exclusivamente no acontecimento da morte e ressurreição de Cristo, que obscureceram a vida histórica de Jesus. Para isso, Paulo esforçou-se para que os modos de falar de Cristo e a imagem que mostrava dele estivessem mais enraizados na experiência presente de viver "em Cristo" do que no passado de Jesus de Nazaré. Paulo é, portanto, um desses seguidores de Jesus que disseram mais coisas a respeito dele do que as que ele dissera de si mesmo.

Em conclusão, podemos dizer que a imagem que Paulo tem e oferece de Jesus, seus traços e características, está condicionada por três fatos significativos.

Primeiro, tal como vimos, a tradição de ditos de Jesus foi utilizada por outros discípulos de Jesus, aqueles que negavam a Paulo o título de apóstolo, para afirmar a permanente vigência da lei mosaica e das prerrogativas étnicas de Israel, que Paulo questionava.

Segundo, em sua experiência pessoal, especialmente no acontecimento de sua vocação, os ditos e feitos de Jesus desempenharam um papel menor, ao passo que o acontecimento decisivo foi a interpretação de sua morte na cruz e a posterior reivindicação por parte de Deus.

Terceiro, essa reivindicação (a ressurreição) significou, do ponto de vista da cosmovisão de Paulo, a entronização de Jesus como Senhor do mundo, seu reconhecimento como Filho de Deus e protótipo de uma nova criação e de uma nova humanidade (Rm 1,3-4), que se verificava na congregação de todos os chamados em condição de igualdade (judeus e pagãos, escravos e livres, homens e mulheres; Gl 3,28). Isto é, o que o Jesus da história esperava para o futuro, Paulo considera-o já presente pela ação do Ressuscitado. Este último ponto explica, ulteriormente, a desestima de Paulo pela tradição de Jesus, visto que não respondia totalmente ao projeto de Deus, que só podia ser posto em prática depois da entronização de Cristo como Senhor da história.

Bibliografia

AGUIRRE, Rafael, (ed.), *Así empezó el cristianismo*, Verbo Divino, Estella, 2010.

BARBAGLIO, Giuseppe, *Jesús de Nazaret y Pablo de Tarso*. Confrontación histórica, Secretariado Trinitario, Sígueme, Salamanca, 2009.

BOYARIN, Daniel, *A radical Jew: Paul and the politics of identity*, University of California Press, Berkeley, CA, Londres, 1994.

CONZELMANN, H., *El centro del Tiempo*, Fax, Madrid, 1974.

DUNN, James D. G., *¿Dieron culto a Jesús los primeros cristianos? Los testimonios del Nuevo Testamento*, Verbo Divino, Estella, 2011.

FREDRIKSEN, Paula, *From Jesus to Christ: the origins of the New Testament images of Jesus*, Yale University Press, New Haven-London, [2]2000.

HURTADO, Larry W., *Señor Jesucristo. La devoción a Jesús en el cristianismo primitivo*, Sígueme, Salamanca 2008.

MAYORDOMO-MARÍN, Moisés, *Argumentiert Paulus logisch?: eine Analyse vor dem Hintergrund antiker Logik*, Mohr Siebeck, Tubinga, 2005.

PESCE, Mauro, *Le due fasi della predicazione di Paolo: dall'evangelizzazione alla guida delle comunità*, Dehoniane, Bolonha, 1994.

SANDERS, Jack T., The criterion of coherence and the randomness of charisma: Poring through some "aporias" in the Jesus tradition, *New Testament Studies* 44 (1998) 1-25.

WEDDERBURN, Alexander J. M., *Paul and Jesus: Collected essays*, T & T Clark, London-New York, 2004.

WHITE, L. Michael, *De Jesús al cristianismo: el Nuevo Testamento y la fe cristiana, un proceso de cuatro generaciones*, Verbo Divino, Estella, 2007.

Capítulo 8
A reconstrução de Paulo no cristianismo nascente

O relato que Lucas faz de Paulo no livro dos Atos dos Apóstolos foi, sem dúvida, o que mais colaborou para a imagem que ficou no imaginário cristão e cultural do "apóstolo dos gentios". Nesta imagem, destacam-se vários traços: sua encarniçada e extensa perseguição aos cristãos; sua queda do cavalo a caminho de Damasco (posto que não haja nenhuma cavalgadura no texto, as representações renascentistas determinaram a imagem daquele relato, baseado no modo literário helenista que aparece em 2Mac 3); sua decidida missão universal para anunciar o Evangelho de Cristo, primeiro aos judeus e, em seguida, aos pagãos devido à rejeição daqueles; a coragem e a sabedoria com que apresenta o Evangelho a todos, especialmente às autoridades locais e imperiais com as quais se encontra; sua incansável missão por todo o Mediterrâneo para expandir o Evangelho; seus sofrimentos e contratempos que, em vez de freá-lo, estimulam-no; seu anúncio levado até Roma; o testemunho, enfim, de uma vida a serviço do Evangelho que, graças a seu empenho e ao constante apoio do Espírito, abriu as portas do mundo para a boa notícia de Cristo (MARGUERAT, 2008).

1. Os silêncios de Lucas sobre Paulo

Paulo é a personagem que, de longe, Lucas dedica mais páginas em sua obra (Atos dos Apóstolos) e vai magistral e progressivamente concentrando a narrativa nele. Começa com uma presença casual na morte de Estêvão, guardando a roupa dos que o lapidam (At 7,58–8,3); em seguida, introduz sua vocação, apresentando-a com tintas legendárias e fantásticas (9,1-31); e quase de imediato, apresenta-o em plena atividade missionária em Antioquia, acompanhado de Barnabé (13–14). Essa atividade como missionário subalterno dura pouco, porque em seguida passa à primeira linha de ação depois da assembleia de Jerusalém (15); e, a partir daqui,

TERCEIRA PARTE • Questões abertas ao debate atual

desenvolve toda a sua atividade independente, como líder eminente e indiscutível, de modo que aparece sozinho e confrontado com as autoridades judaicas e romanas (22-28), até converter-se em herói da história.

Esta apresentação progressiva está amparada pela presença de outras personagens que vão introduzindo Paulo no relato e que protagonizarão alguns dos conflitos mais importantes da história. Assim, Paulo aparece em cena pela mão de Barnabé, mas também de Estêvão, de Filipe, de Pedro ou de Tiago, mesmo que ele seja protagonista da maior parte do relato. Com todos eles, Paulo terá estreita e cordial sintonia que lança um manto de paz e de entendimento, ainda que, entretanto, se mostre artificial. Conforme veremos, Lucas suaviza, disfarça ou silencia boa parte dos conflitos que tiveram os primeiros seguidores de Jesus, embora, na realidade, tenha sido o que permitiu levar o Evangelho para além das fronteiras da Judeia. Entre estes, convém mencionar quatro, em grande medida relacionados.

O primeiro foi protagonizado pelos chamados "hebreus" e "helenistas" de Jerusalém (At 6,1-7) e teve razões mais profundas do que a inocente falta de atenção às viúvas que Lucas menciona. O autor de Atos introduz, na sequência deste conflito, o discurso de Estêvão, que lhe custará a morte por lapidação e que dará início à expulsão dos helenistas para fora de Jerusalém, hostilidade que não afetou os de língua hebraica de Jerusalém. Estes, provavelmente, viram os acontecimentos com preocupação, mas não punham em dúvida a função do templo e da lei como consequência de sua fé em Jesus, como aqueles, e isto criou uma distância entre ambos os grupos. Portanto, foi a tensão provocada entre os crentes em Jesus de origem helenista e os demais helenistas não crentes em Jesus, e não a atenção às viúvas, o que realmente dividiu a missão dos seguidores de Jesus em dois âmbitos tão diversos, como vimos no capítulo quarto. Os crentes em Cristo de origem helenista fugiram da Judeia e se dedicaram de corpo e alma à missão aos pagãos, ao passo que os crentes em Jesus de origem hebraica ficaram na Judeia e desenvolverem a missão aos judeus. Paulo aparece ao longe na cena lucana.

O segundo foi consequência do primeiro, o acontecido entre a missão dos helenistas de Antioquia, que aceitavam pagãos sem circuncidá-los, e a percepção que tinham daquela missão os crentes em Jesus que ficaram em Jerusalém (At 15,1-7), e que provocou uma assembleia para resolver o conflito (At 15,6-29 e Gl 2,1-10). Embora Lucas a descreva como um mar de tranquilidade no qual todos pensam a mesma coisa, a realidade deve ter sido mais complicada, porque não se resolveram os problemas, como vimos no capítulo quarto.

O terceiro, de novo consequência dos anteriores, aconteceu também em Antioquia, entre Paulo e Pedro, influenciado este por Tiago (cf. Gl 2,11-14), que queria impor aos pagãos determinadas práticas judaicas que Paulo não aceitou; a respeito deste conflito, nada diz Lucas nos Atos.

O quarto e último que menciono aqui também não é reportado por Lucas, pelo menos não explicitamente. Como consequência do conflito anterior, Paulo havia saído de Antioquia e criado comunidades de maioria gentia. Ao fim de alguns anos de missão independente, apresentou-se, por fim, em Jerusalém para que Tiago aceitasse o dinheiro que levava e, de passagem, a obra que havia feito com os não judeus. Lucas omite claramente toda referência a este conflito, mesmo que dele estivesse bastante consciente, uma vez que o menciona em At 24,17. Falamos também disso no capítulo quarto.

Nestes quatro conflitos, Paulo teve grande protagonismo, mas o que Lucas diz a respeito dele não coincide com as demais fontes que temos. Tudo isso apresenta uma série de problemas que se podem resumir em uma constatação: o relato de Lucas, contando com dados históricos (alguns explícitos e outros implícitos), não é uma crônica da vida e da missão de Paulo. O evangelista construiu um relato e algumas personagens a serviço de suas intenções e interesses teológicos.

2. As coincidências e as discrepâncias sobre Paulo em suas cartas e nos Atos

Vamos aprofundar a apresentação que Lucas faz de Paulo nos Atos, fixando-nos nas coincidências e discrepâncias que podemos detectar entre as diversas fontes, fundamentalmente as cartas originais de Paulo e Atos, mas levando em conta também as cartas deuteropaulinas, as pastorais e os Atos Apócrifos de Paulo e Tecla (cf. PIÑERO SÁEN; CERRO CALDERÓN, 2004, 2005). Isso nos levará a uma conclusão inevitável: a apresentação de Paulo nos Atos e em suas cartas reflete dois projetos teológicos diferentes.

Entre os pontos de conexão, podemos descobrir várias coincidências biográficas. Assim, por exemplo, tanto em suas cartas como em Atos, Paulo aparece em cena após determinado período de hostilidade com o grupo dos helenistas fora de Jerusalém (Gl 1,13; At 9,21). Em ambas as fontes, vem caracterizado como zeloso e fanático defensor das tradições de seus antepassados, que incluem o cumprimento da lei (Gl 1,14; Fl 3,6; At 22,3); também em ambas, as palavras de Jesus em sua última ceia são muito semelhantes entre si e diferentes dos demais testemunhos sinóticos (1Cor 11,23-26; Lc 22,14ss). Curiosamente, também em ambas Paulo aparece como curandeiro (2Cor 12,12; At 13,9-11; 14,8-10; 16,16-18; 19,11-12; 20,7-12; 28,7-8), uma característica que se desenvolverá muito na literatura apócrifa. Respeitante às referências históricas, ambas as fontes coincidem, por exemplo, na menção da fuga de Damasco pela muralha, pouco tempo depois de sua vocação (2Cor 11,33; At 9,25). Tem-se dito que os trechos escritos na 1ª pessoa do plural ("nós") em Atos, nos quais o autor refere-se a ele e Paulo, refletem uma fonte de Lucas muito próxima de Paulo, mas isto é incerto.

No entanto, no que tange ao pensamento, ao projeto e a detalhes de sua missão, as discrepâncias é que adquirem um protagonismo ineludível.

Apresentarei em uma tabela as divergências sobre a figura de Paulo, seu pensamento, horizonte e lugar entre os seguidores de Jesus, tal como aparecem em suas cartas e no relato de Lucas (PERVO, 2012, p. 347).

Paulo em suas próprias cartas	Paulo em Atos
Paulo atribui-se o título de Apóstolo e ser testemunha direta da ressurreição (cf. 1Cor 9,1; 15,3-9; Gl 1,1…).	Lucas nega-lhe o título de Apóstolo e de ter "visto" o Ressuscitado (cf. At 9).
Paulo é o missionário dos gentios, ao passo que Pedro é o dos judeus (Gl 2,9-10).	Pedro assume posturas paulinas para aparecer como o primeiro missionário aos gentios (At 10; 15).
Paulo se rebela contra a circuncisão dos crentes em Cristo de origem pagã (Gl 5,1-12).	Paulo circuncida Timóteo, que é pagão (16,3).
Paulo é orador pobre (1Cor 2,4; 2Cor 10,10).	Lucas apresenta-o como os oradores antigos, com discursos brilhantes (At 13; 14; 17; 20; 22; 26).
Paulo prega o Evangelho nas casas e cria assembleias que mantém com cartas.	Paulo realiza discursos públicos nos quais faz exegese dos textos sagrados e da história sagrada; não é fundador de assembleias nem escreve cartas.

Paulo tem conflitos com suas assembleias, e seus adversários teológicos são outros crentes em Cristo, inclusive líderes (1Cor 8; 10; 15...).	Paulo não tem conflitos com suas comunidades nem com outros líderes, e os adversários são judeus não crentes em Jesus.
Paulo não está subordinado a Jerusalém e mantém uma relação tensa com os dali.	Paulo aparece vinculado e subordinado a Jerusalém.
Paulo diz que nada lhe impuseram para os pagãos na assembleia (Gl 2,5-10), além da coleta.	A assembleia de Jerusalém conclui-se com quatro imposições aos gentios (15,20.29).
A justificação que Jesus oferece é "sem as obras da lei" (Rm 3,20); a lei não tem função na justiça de Deus (Rm 7,7-25).	Paulo cumpre a lei e respeita as tradições de seus antepassados (18,18; 21,23-26; 28,17).
Centralidade da cruz no querigma paulino (1Cor 1,17-18.22-25; 2,1-2; Gl 3,1...)	Centralidade da ressurreição no querigma lucano (2,22-36; 3,15-21; 13,26-39; 23,6-9; 26,6-8).
A morte de Jesus tem sentido redentor (Rm 3,24-26; 1Cor 15,3...), na medida em que, mais do que qualquer outro acontecimento, revela a ação de Deus.	Lucas não atribui uma dimensão redentora à morte de Jesus; toda a sua vida, não somente sua morte, tem dimensão redentora (2,22; 3,26; 10,36-39; 13,23-26). A morte está marcada pela fórmula de contraste: à ação de morte do homem corresponde a ação salvadora de Deus (5,30).
Em Paulo, a escatologia é iminente (1Ts 4,17; 1Cor 15,51-52...).	A escatologia não é iminente (1,6-11...).
O debate sobre a função da lei (e o sentido da história sagrada) é a primeira consequência teológica do acontecimento da cruz.	O debate sobre a lei já foi superado. Lucas quer apresentar Paulo (aos seguidores de Jesus) como o herdeiro da tradição judaica, das promessas feitas aos pais.
Paulo defende a salvação de Israel e espera sua incorporação ao Israel do Espírito (Rm 9,1-5); Paulo aparece totalmente inserido no judaísmo plural de seu tempo.	Paulo, nos Atos, já não espera a incorporação de Israel e renunciou a ela (At 28,23-28); Paulo (os seguidores de Jesus) distanciou-se da corrente hegemônica judaica do tempo de Lucas.

Esta tabela apresenta um resultado desconcertante: o Paulo das cartas originais e o do livro dos Atos parecem duas pessoas com histórias e projetos irreconciliáveis. Para além da pergunta, não oportuna, agora, sobre a possibilidade de conciliação de duas visões tão diferentes dentro do cânone, convém interrogar-se a respeito de Lucas e das razões para propor uma imagem de Paulo tão diferente. Por que faz uma apresentação aparentemente tão distorcida de Paulo? Lucas não conhecia as cartas de Paulo? Os destinatários dos Atos não conheciam essas cartas, a ponto de não perceberem a divergência? Como se explica esta evolução do Paulo de suas cartas originais para o Paulo dos Atos? Como chegamos do Paulo histórico e do projeto de Paulo tal como aparece em suas cartas, ao Paulo dos Atos e ao projeto de Lucas, refletido em sua obra? Apresentarei os traços mais importantes da reconstrução que Lucas faz de Paulo cerca de quarenta anos depois de sua morte e, em seguida, explicarei as razões desta reconstrução.

3. A reconstrução de Paulo

A tabela anterior oferece-nos alguns dos traços distintivos da imagem de Paulo nos Atos. Estas e outras características fazem parte de uma estratégia narrativa e teológica de Lucas, na qual a reconstrução da figura de Paulo demonstra ser uma peça-chave. No entanto, Lucas não foi o único que transformou a memória de Paulo em fins do primeiro século e durante o segundo século. As cartas pseudoepígrafas ou os Atos Apócrifos de Paulo e Tecla (escritos, estes últimos, durante o segundo e o terceiro séculos) fizeram também a mesma coisa. Mencionarei cinco características desta estratégia de reconstrução de Paulo.

Em primeiro lugar, como vimos, "Paulo", nos Atos, tem uma formação retórica helenista que impressiona e convence com seus discursos (At 14,8-18; 17,22-33); tem também uma educação judaica farisaica elitista (At 22,3-5; 23,6; 26,10); possui a cidadania romana herdada, não adquirida (At 22,25-28); ostenta qualidades taumatúrgicas impressionantes, que fazem com que até sua roupa tenha poder sanativo (At 13,6.12; 19,1-7;.11-12) etc. Tudo isso busca a atração narrativa, a espetaculosidade. Lucas quer apresentar o protagonista de seu relato com determinadas qualidades elevadas e elitistas; por isso, o caracteriza segundo o que se espera do herói de uma história impressionante. Com seu relato das origens da fé em Jesus, Lucas busca a acolhida entre pessoas cultas; para isso, reveste o portador da fé em Jesus até Roma daquelas qualidades que fazem dele um modelo honorável.

Em segundo lugar, Lucas utiliza a personagem "Paulo" como fio condutor de seu relato. O herói desta história aparece de modo tímido, mas vai conquistando o protagonismo e a história se vai concentrando progressivamente nele: começa, como dissemos, com uma presença ocasional na morte de Estêvão (At 7,58–8,3); antes de atrair o foco da trama, Paulo aparece como uma personagem cruel, ambiciosa, implacável contra os crentes em Jesus de origem helenista (At 8,3; 9,1-2); emerge pela primeira vez como protagonista na cena da vocação, posto que necessite da assistência de outros crentes, como Ananias, para que a mudança se complete (At 9,1-31); ganha ainda mais protagonismo, mas não o papel principal, durante sua atividade em Antioquia como companheiro e assistente de Barnabé (At 13–14); por fim, passa à primeira linha de ação a partir do capítulo 15, depois da assembleia de Jerusalém, e é o protagonista principal até a viagem a Jerusalém (At 21); antes de terminar, nos capítulos finais, aparece sozinho e confrontado com as autoridades judaicas e romanas (At 22–28), de modo que se converte no herói da história; para concluir, Lucas não narra sua morte, como quem quer deixar sua presença para sempre em Roma. Desse modo, Lucas transforma Paulo de judeu cruel no início da fé em Jesus em herói ao estilo romano, fruto da ação do Espírito e exemplo do que Deus é capaz de fazer com qualquer um, por mais abjeto que seja. Esta progressiva apresentação, muito acurada, cria uma tensão narrativa que ajuda o leitor a identificar-se com o destino do protagonista: de perseguidor dos crentes em Cristo, converte-se no maior propulsor.

Em terceiro lugar, Lucas interessa-se muito em separar o tempo dos Doze (At 1–6) do tempo de Paulo (At 13–28), mediante o recurso a figuras intermediárias: Estêvão (At 6–7), que provoca uma crise em Jerusalém e a expulsão dos helenistas; Filipe (At 8), que anuncia o Evangelho além da Judeia; Barnabé (At 9), que introduz Paulo na missão de Antioquia; e Pedro, que se converte no primeiro missionário aos gentios e que recebe a legitimação para seu desenvolvimento na casa de Cornélio (At 10). Paulo aparece, na realidade, como herdeiro da missão de Pedro e, assim, como herdeiro e continuador da única missão que funda suas raízes em Israel e se prolonga até à igreja nascente do tempo de Lucas. Dessa forma, quando Paulo se apresenta em Roma e acolhe os judeus e os pagãos, o faz como o nexo de união entre Israel e o cristianismo nascente (apesar da rejeição de Israel com a qual se conclui o relato de At 28). Esta ideia é uma das mais importantes para Lucas: Paulo concentra em sua pessoa o projeto eclesial dos começos do segundo século, que é a herança de Israel.

As cartas deuteropaulinas desenvolvem a mesma ideia de um Paulo inclusivo, mesmo que não entre Israel e a *ekklêsia* (que era o projeto que encontramos nas cartas originais de Paulo: Gl 3,28; Rm 3,22-12; 10,12-13), mas entre judeus e pagãos, para além de Israel. Em outras palavras, enquanto Paulo quis integrar os pagãos dentro de Israel, mas fracassou, seus discípulos irmanaram na *ekklêsia* judeus e pagãos crentes em Cristo, fazendo dela o verdadeiro objeto da missão de Jesus (Ef 1,23). Em Ef 2,15-16, seus autores explicam como a cruz supôs a reconciliação de judeus e pagãos "em seu corpo", que é a *ekklêsia*, não Israel, cujas "leis e mandamentos" foram "anulados". Nesta segunda geração, o "Paulo" das cartas deuteropaulinas anuncia o "mistério" escondido que é a criação da *ekklêsia*. Paulo já não é somente o anunciador, o missionário, o construtor; converte-se em parte integrante do anúncio do Evangelho e do mistério (Cl 1,24-26).

Em quarto lugar, nos Atos, Lucas realiza uma superposição da figura de Paulo à de Cristo (PERVO, 2012, p. 249-253): ambos começam sua história com um batismo e com a recepção do Espírito (At 9,17-18; Lc 3,20-21); ambos estão acompanhados pelo cumprimento das profecias do AT (At 9,15-16; Lc 1,30-35); ambos contam com precursores (Estêvão, Barnabé e Pedro, e João Batista); ambos iniciam sua missão como mestres itinerantes e a caminho; ambos são reconhecidos como instrumentos "escolhidos" por Deus (At 9,15. Lc 9,35); ambos desenvolvem sua missão como desígnio de Deus para com uma cidade que representa o centro de sua visão (Roma e Jerusalém); ambos padecem uma paixão com os mesmos ingredientes: predição (At 20,23-25; 21,4.11-13 e Lc 9,22.34; 18,31), discurso final (At 20,17-35; Lc 22,14-38), discussão com os saduceus sobre a ressurreição (At 23,6-10; Lc 20,27-39), bofetada por parte dos servidores do sumo sacerdote (At 23,1-2; Lc 22,63-64), julgamento perante o Sinédrio (At 22,30–23,10; Lc 22,66-71), julgamento diante do governador romano (At 21,1-22; Lc 23,1-5), julgamento diante do rei herodiano (At 26; Lc 23,6-12), novamente julgamento diante do governador romano (At 26,6-12; Lc 23,13-25), ambos são declarados inocentes pelas autoridades romanas (At 23,29; 25,25; 26,31; Lc 23,14.15.47), ambos são objeto dos desejos de morte da multidão (At 22,22; Lc 23,18).

Resulta um trabalho de simetria assombroso, que tem um claro objetivo: Lucas apresenta a história de Paulo como uma espécie de Evangelho, um modelo de vida que serve para transmitir a boa notícia de Jesus, como se quisesse apresentar em Paulo a figura de Cristo ressuscitado (MATTILL, 1975, p. 145). Lucas inicia um caminho que levará à veneração de Paulo no segundo século: Paulo deixa de ser o discípulo ou o apóstolo para ser o santo, o mediador e o protetor. Apresenta-se identificado com Cristo: de pregador passa a pregado (fonte da revelação); não é meramente portador da mensagem de salvação, mas é também figura redentora na medida em que faz parte desse anúncio redentor.

Nas cartas pastorais, dá-se algo parecido: Paulo aparece como único autor e somente ele recebe o título de apóstolo; converte-se no primeiro protótipo de crente e fundador da *ekklêsia* (1Tm 1,15; 2Tm 1,13; o contraste com 1Cor 15,8-9 é claro); ele está na origem da tradição, do depósito, que "Timóteo" deve proteger (2Tm 1,14). Com as orientações para a organização da comunidade que "Paulo" lhe dá, Timóteo estabelece a casa patriarcal greco-romana como o modelo de referência da *ekklêsia*.

De igual modo, nos Atos Apócrifos e de Paulo e Tecla, Paulo apresenta-se ressuscitado, como Cristo, diante do imperador para ser testemunha do Evangelho em Roma (*AtApPl* 14,6). Igualmente, Tecla, coprotagonista com Paulo neste relato, vê Paulo como Cristo que lhe aparece (*AtApPl* 3,21). Este desenvolvimento aproveita as ambiguidades das próprias cartas de Paulo para ampliar alguns aspectos de acordo com o devir dos seguidores de Jesus nos séculos segundo e terceiro.

Em quinto lugar, o sofrimento de Paulo converte-se em figura do sofrimento dos seguidores da Igreja nascente, como Cristo era modelo de Paulo (1Ts 1,6; 1Cor 11,1). Em At 9,16.23, Paulo está, desde o momento de sua vocação, determinado a sofrer em nome de Cristo e a enfrentar a ameaça de morte; todo o relato de sua vocação (At 9,1-30) tem como objetivo mostrar a mudança de perseguidor a testemunha perseguida. Os paralelos que Lucas estabelece entre a paixão de Cristo e os sofrimentos de Paulo sublinham esta leitura. Assim, Lucas legitima o lugar que deseja que Paulo tenha na memória dos crentes de seu tempo: o sofrimento pela Igreja é uma garantia de que seu projeto está validado por Deus. Com isso, também apresenta o destino de todo crente: a hostilidade e o conflito com as autoridades vão ser constantes entre os seguidores de Jesus no segundo século; no entanto, apesar disso, a Igreja nascente superará os obstáculos porque Deus está com ela, como estava na missão de Paulo.

As cartas deuteropaulinas desenvolvem também esta ideia para explicar o sofrimento de Paulo como colaboração para a missão da Igreja universal: é participação dos sofrimentos de Cristo (Cl 1,24; Ef 3,1); nelas ainda se mantém o fundamento cristológico do apóstolo. As cartas pastorais, entretanto, demonstram

TERCEIRA PARTE • Questões abertas ao debate atual

que o sofrimento de Paulo, sua paixão, são em benefício da Igreja (2Tm 2,8-13); a referência a Cristo se esfuma. Nos Atos Apócrifos de Paulo e Tecla, o anúncio do martírio de Paulo é feito pelo próprio Cristo, que afirma: "Serei crucificado uma segunda vez" (*AtApPl* 13,2).

Em conclusão, podemos dizer que o "Paulo" do segundo século distanciou--se do Paulo de suas cartas originais; deixou de ser o Paulo de Tarso que viveu nos anos cinquenta para ser uma personagem, o protagonista de certos relatos narrados a partir de começos do segundo século, um pilar-chave do processo de construção da identidade do cristianismo nascente. Esta personagem ganhou em autoridade; seu *status* dentro da pluralidade de crentes já não é posto em discussão. É uma personagem autorizada, legitimada pelo serviço à Igreja nascente e pelo sofrimento que suportou para fazer da *ekklêsia* o que ela é no início do segundo século.

Quais são as razões que movem Lucas e os discípulos de Paulo a apresentá-lo deste modo? O que acontece entre a composição das cartas de Paulo (nos anos cinquenta) e a finalização do livro dos Atos (cinquenta anos mais tarde) que explique esta reconstrução?

4. Paulo como modelo da Igreja no início do segundo século

Como indicamos antes, há um consenso atual entre os exegetas para datar o livro dos Atos entre final do primeiro século e início do segundo. Lucas realiza sua tarefa praticamente ao mesmo tempo que os discípulos de Paulo recopilam suas cartas originais, compõem novas em seu nome e começam a fazer circular um *corpus* crescente de textos paulinos. Entre a data de composição das cartas originais de Paulo e a do livro dos Atos devemos situar uma série de acontecimentos que marcam estes quarenta ou cinquenta anos de intervalo.

Em primeiro lugar, tal como vimos no capítulo sexto, é provável que em algumas cidades se tenha começado imediatamente a recopilar as cartas originais de Paulo, como o testemunha 2Cor 10,10, no caso de Corinto. Depois de sua morte, este intercâmbio continuou e se multiplicou, como aparece em Cl 4,16.

Em segundo lugar, após a morte de Paulo, suas cartas adquiriram um valor cada vez maior, fazendo dele uma personagem sempre mais conhecida fora das comunidades que fundou. Vários autores (como Clemente de Roma, Inácio de

Antioquia, Policarpo de Esmirna ou Marcião) conheciam a existência de coleções de cartas de Paulo que circularam para além de suas assembleias, fazendo dele um apóstolo muito autorizado.

Em terceiro lugar, aproveitando este fenômeno de popularização da figura de Paulo, seus discípulos começaram a escrever cartas em seu nome para difundir o que ele havia dito, aquilo que se podia derivar de sua tradição, ainda que apenas estivesse em suas cartas originais. Assim, nos anos oitenta se compuseram as cartas chamadas deuteropaulinas (Cl; Ef; 2Ts) e, no início do segundo século (contemporâneas, talvez, do livro dos Atos), as chamadas cartas pastorais (1Tm, 2Tm e Tt). Estes dois grupos de cartas pseudoepígrafas desenvolveram o pensamento de Paulo em aspectos fundamentais que ele apenas havia iniciado, como a eclesiologia ou a ética. Em todo caso, refletem a imagem que o cristianismo nascente foi fazendo de Paulo e o uso de sua tradição para estabilizar e dar identidade ao progressivo conjunto de crentes do segundo século.

Em quarto lugar, o livro dos Atos desenvolve, principalmente, um aspecto de Paulo: sua atuação, sua missão, sua identidade como missionário ativo no anúncio do evangelho até Roma; narram-se os feitos mais significativos do "missionário das nações". Por último, os Atos Apócrifos de Paulo e Tecla desenvolvem ainda mais este aspecto, convertendo-se em uma hagiografia muito popular a partir do final do século segundo e durante todo o século terceiro.

Esta brevíssima revisão das diferentes transformações da memória de Paulo revela que sua lembrança foi transmitida através de diferentes canais, não somente mediante suas cartas originais, mas também nas reconstruções que seus diversos discípulos, Lucas ou os autores dos Atos Apócrifos fizeram (para não mencionar as intepretações que dele fizeram os Padres, Marcião etc.). Isto foi possível, entre outras razões, porque o cânone das cartas de Paulo estava longe de completar-se e a tradição oral era muito mais viva e estava mais autorizada e difusa do que os textos.

Lucas, portanto, quando compôs o livro dos Atos, não precisou ter acesso às cartas de Paulo para saber a respeito dele; teve também acesso à memória oral de Paulo, à lembrança atualizada que suas assembleias foram compondo para renovar sua memória e torná-lo relevante em cada etapa. Lucas serviu-se desta memória para reconstruir a vida do apóstolo, seu pensamento e doutrina paralelamente ao crescimento do *corpus* paulino. Isto quer dizer que a memória de Paulo evoluiu não somente em uma direção, mas em muitas, permitindo o desenvolvimento de diversas facetas de sua figura. Um aspecto era o de Paulo escritor e teólogo, que se desenvolveu fundamentalmente nas cartas deuteropaulinas (principalmente Cl e Ef); outro era o de missionário e animador de comunidades, que se desenvolveu acima de tudo nas cartas pastorais (1Tm, 2Tm e Tt); outro, o de taumaturgo e pregador, que se desenvolveu fundamentalmente nos Atos Apócrifos; e outro era o mais canônico (no sentido normativo, quando não formativo) que conservava seu caráter modelar, sua autoridade, seu esforço e seu sofrimento que legitimaram o movimento dos crentes em Cristo, um grupo cada vez mais distante das correntes hegemônicas judaicas. Este é o aspecto que Lucas mais enfatiza nos Atos e é o que ficou no imaginário cristão. A memória de Paulo, portanto, serviu como ponto de apoio para o desenvolvimento plural do cristianismo em um tempo novo; reconstruiu-se sua vida, suas cartas e sua doutrina com o objetivo de fazer de Paulo uma referência segura na construção da identidade do crente em Cristo do segundo século (WHITE, 2014).

Lucas e os demais autores desta transformação buscaram, com sua reconstrução de Paulo, superar a crise de identidade dos crentes do início do segundo século. A memória de Paulo, melhor do que a de nenhum outro, legitimava o que queriam ser, porque ele começou anunciando o Evangelho aos judeus, mas estes o rejeitaram majoritariamente; no entanto, não se truncou aí a promessa de Deus, porque Paulo o pregou em seguida aos pagãos, assegurando, assim, a continuidade das promessas de Deus. O paralelismo entre Pedro e Paulo no relato lucano tem também esta função: mostrar que a missão que se fez entre os judeus e entre os gentios é a mesma. Nesta linha, Clemente Romano, no ano 96, fará desta dupla "os dois apóstolos" de Cristo (BARBAGLIO, 1992, p. 257-267). Esta múltipla reconstrução, portanto, recupera Paulo como símbolo de unidade; ele aglutina em si mesmo as duas grandes tendências que ainda existiam no segundo século: a tradição mais judaizante, que não se havia desprendido (nem queria) dos costumes e práticas judaicas, e a traição mais helenística, formada fundamentalmente por pagãos que jamais haviam praticado a Torá. Consequentemente, Paulo aparece como uma personagem capaz de criar comunhão, como referência a que todos podiam recorrer, inclusive mais do que Pedro, que não representava, como Paulo, o universalismo a que aspiravam Lucas e a maioria dos crentes em Cristo do segundo século.

Nesta história, destacam-se dois aspectos de Paulo que evoluíram notavelmente: seu *status* no cristianismo nascente (que se elevou até tornar-se inquestionável) e seu sofrimento como instrumento de legitimação e autorização ou empoderamento. Isto exemplifica o alcance desta grande transformação: se, nos anos cinquenta, Paulo não passava de uma personagem marginal que representava uma corrente minoritária, no cristianismo nascente do início do segundo século já havia passado para o centro, havia sido reabilitado de sua marginalidade para representar correntes hegemônicas. Este deslocamento para o centro aconteceu por duas razões: primeiramente, porque suas comunidades deixaram de ser minoritárias devido a seu grande crescimento; em segundo lugar, porque, graças ao trabalho dos sucessores de Paulo (que escrevem as cartas pseudoepígrafas) e de autores como Lucas, sua figura se descolou de alguns traços radicais, e ele foi apresentado de modo que todos pudessem aceitá-lo como modelo.

Esta tarefa de desradicalização, de atualização de Paulo, centrou-se em vários pontos dos quais reporto apenas três.

Em primeiro lugar, compensou-se a teologia da cruz (que fazia repousar na morte de Jesus o poder redentor do projeto de salvação de Deus) com a teologia da salvação, mais equilibrada (a redenção de Deus se realiza em toda a vida de Jesus: encarnação, vida, mensagem, feitos, morte, ressurreição, ascensão e doação do Espírito).

Em segundo lugar, suavizou-se (e inclusive se eliminou) a resistência de Paulo em adotar o modelo patriarcal para a organização das assembleias de crentes (que se foram assimilando cada vez mais aos modelos hegemônicos greco-romanos e, assim, conseguiram "domesticar" Paulo).

Em terceiro lugar, descolou-se Paulo de sua radical resistência ao cumprimento da lei mosaica para alcançar a "justiça" de Deus, e foi apresentado muito mais flexível com ela (inclusive, circuncidando um de seus companheiros de missão). As afirmações de Paulo sobre o relativo valor da lei agora se mostravam perigosas, porque podiam incitar comportamentos antinômicos (rebeldes) que se revelariam fatais nas novas circunstâncias, de modo que seu conceito de "justiça" (que era a atuação gratuita de Deus para considerar justos a todos) chegou a significar, predominantemente, "fazer o correto", "comportar-se segundo as leis": Paulo converteu-se em guia e mestre da ética para o segundo século.

Não poucos autores, como já disse no capítulo sexto, defendem de um modo ou outro que o *corpus* paulino foi o núcleo, o embrião que aglutinou em torno de si um conjunto crescente de textos considerados escritura sagrada para os crentes em Cristo. Esse núcleo terminaria, ao fim de vários séculos, formando o cânone cristão de 27 textos (além da Bíblia Hebraica). No entanto, isto só foi possível graças a esse trabalho de desradicalização, de desmarginalização e de centralização, feito tanto pelos discípulos de Paulo, mediante as cartas pseudoepígrafas, quanto por Lucas, através do relato dos Atos. Eles recuperaram Paulo para a Igreja nascente e o converteram no embrião do cristianismo que estava surgindo (DUNN, 2011, p. 147).

O que Lucas fez com Paulo não foi uma exceção; na realidade, podemos dizer que também ele fez o mesmo com o Evangelho de Marcos. Este, como Paulo, representava uma corrente de crentes em Jesus polêmica e distanciada de determinadas tradições e instituições judaicas que, no tempo de Lucas, já haviam sido superadas. No início do segundo século, Lucas percebe um risco potencial para a identidade da Igreja nascente naquelas tradições que polemizam demasiado com a herança judaica e defendem renúncia à sua herança. Paulo e Marcos são, talvez, os que melhor representavam essa postura crítica em relação às tradições judaicas. Por isso, Lucas atualizou ambos, reescrevendo o Evangelho de Marcos no Evangelho de Lucas, e as cartas de Paulo no livro dos Atos dos Apóstolos.

Conclusão

Podemos concluir dizendo que Lucas (como os demais autores que transformaram sua memória) recuperou Paulo para a grande Igreja na terceira geração, mas transformando-o: fez dele o cumpridor da lei, o que representava como ninguém a raiz judaica dos crentes em Cristo, que havia sabido adaptá-la às novas circunstâncias, criando comunidades mistas, complexas, abertas, respeitosas e dialogantes com o Império Romano. Lucas não mostra especial interesse biográfico, histórico ou doutrinal por Paulo. Para ele, não é uma autoridade doutrinal; não tem interesse por seu pensamento, nem por suas cartas. O autor dos Atos não é propriamente paulinista. Lucas está interessado em justificar a chegada do Evangelho de Jerusalém a Roma; em mostrar a relação entre Israel e a Igreja através de uma figura autorizada das origens do cristianismo; em fundamentar a nova realidade de seus destinatários, uma comunidade marcadamente pagã, com raízes judaicas; em legitimar esta abertura mediante a autoridade e a missão de Pedro e de Paulo. Lucas está interessando em mostrar a continuidade histórico-salvífica de Israel até à Igreja, apesar da descontinuidade com o judaísmo, centrado na Torá (e o judaísmo messiânico dos crentes em Cristo de Jerusalém). A ruptura com a sinagoga (talvez a situação na qual se encontra sua comunidade) não significa para ele ruptura com a tradição judaica nem com as promessas de Deus no AT.

Esta mudança tem explicação, ademais, nas transformações da primeira geração (Paulo) à segunda e à terceira (Lucas e pseudoepígrafas). Em primeiro lugar, a escatologia iminente já havia sido abandonada e era necessário um novo enfoque que justificasse o ser discípulo de Jesus sem renunciar a um projeto histórico. Em segundo lugar, a relação com o Império agora se via em outra perspectiva, que deixava de lado a visão apocalíptica que havia dominado a primeira geração. Lucas adota uma visão muito mais possibilista, de diálogo e de negociação com as autoridades, com os modelos sociais (como o patriarcado). Em terceiro lugar, os grupos seguidores estão começando a organizar-se e a gerir a autoridade segundo estes modelos e não segundo os mais equívocos de Paulo. Em quarto lugar, o pensamento teológico também se está desenvolvendo em outras linhas inexistentes até então, como a teologia da história de Lucas. Estas novas circunstâncias exigiram de Lucas e de outros um novo modo de apresentar as origens e seus protagonistas, especialmente Paulo.

Até certo ponto, os oponentes de Paulo, que lhe negavam o título de apóstolo e defendiam uma postura mais moderada do que a dele em relação à vigência dos preceitos rituais (Gl e 2Cor) haviam triunfado no final do primeiro século. O Paulo dos anos cinquenta estava defasado, parado em um tempo escatológico que já não o era, com opções radicais que já não atraíam a muitos, com ideias carismáticas e ambíguas que não conferiam estabilidade, com uma teologia rudimentar, exigindo elaboração... Lucas viu-se na obrigação de recuperar Paulo para salvá-lo do esquecimento e do ostracismo, mesmo que não se tenha limitado a isto, mas o tenha transformado: converteu-o no herói, no modelo, no santo que dava identidade aos crentes do começo do segundo século e que oferecia soluções para os problemas de uma Igreja com vocação universal, aberta ao mundo e herdeira de Israel, ainda que para isso tivesse que mudar o próprio Paulo, como fez com o Jesus de Marcos.

Bibliografia

BARBAGLIO, Giuseppe, *Pablo de Tarso y los orígenes cristianos*, Sígueme, Salamanca, ²1992.

DUNN, James D. G., *Jesus, Paul, and the Gospels*, W. B. Eerdmans Pub. Co., Grand Rapids, MI, 2011.

MARGUERAT, Daniel, Paul après Paul: une histoire de reception, *New Testament Studies* 54 (2008) 317-337.

MATTILL, A. J., The Jesus-Paul parallels and the purpose of Luke-Acts: H. H. Evans reconsidered, *Novum Testamentum* 17 (1975) 15-46.

PERVO, Richard I., *Pablo después de Pablo*: cómo vieron los primeros cristianos al apóstol de los gentiles, Sígueme, Salamanca, 2012.

PIÑERO SÁENZ, Antonio; CERRO CALDERÓN, Gonzalo del, *Hechos apócrifos de los apóstoles*. I, Hechos de Andrés, Juan y Pedro, Biblioteca de Autores Cristianos, Madrid, 2004.

PIÑERO SÁENZ, Antonio; CERRO CALDERÓN, Gonzalo del, *Hechos apócrifos de los apóstoles*. II, Hechos de Pablo y Tomás, Biblioteca de Autores Cristianos, Madrid, 2005.

WHITE, Benjamin L., *Remembering Paul*: ancient and modern contests over the image of the Apostle, Oxford University Press, Oxford-New York, 2014.

QUARTA PARTE
Para aprofundar

Capítulo 9
Relevância atual de Paulo e sua tradição

Chegando ao final do caminho, vamos voltar o olhar sobre o percurso que fizemos, os resultados obtidos, os lugares a que nos levou etc. É o momento de fazer o balanço e avaliar tanto os resultados, a visão de conjunto que este livro oferece, quanto sua utilidade.

Um modo de avaliar nosso percurso é lembrar os primeiros resultados que extraímos de nosso breve olhar sobre a história da pesquisa em torno de Paulo no capítulo primeiro. Ali concluíamos que a leitura de seus textos deve ser feita levando-se em conta uma série de critérios que evitem os problemas que prejudicaram o olhar sobre Paulo nos séculos precedentes e permitam recuperar sua originalidade e sua importância. Sintetizados, eram estes seis: (1) superar a oposição judaísmo-cristianismo; (2) situar Paulo em seu lugar; (3) aceitar sua ambiguidade e incoerência; (4) hierarquizar suas afirmações, ideias e opções; (5) emoldurar os dados em uma visão teológica correta; (6) utilizar outras análises (históricas, sociais...), além da teológica. Os seis critérios foram aparecendo explícita ou implicitamente ao longo destas páginas; a tarefa do leitor ou da leitora é avaliar sua utilidade e sua correta aplicação aqui.

Dessas primeiras conclusões surgiram também alguns pressupostos e opções metodológicas que nos guiaram e que também podemos avaliar agora, perguntando-nos se foram unidos logicamente de modo suficiente em uma visão de conjunto e se, portanto, se justificaram ou se teríamos necessidade de outros. Eram estes cinco: (1) o *corpus* paulino é um conjunto de cartas escritas ao longo de três gerações; (2) é necessário contextualizar corretamente tanto Paulo como suas cartas na complexa rede de situações históricas do judaísmo do primeiro século; (3) as ideias e afirmações teológicas de suas cartas são fruto de um diálogo com as circunstâncias históricas, uma "teologia de situação"; (4) as ciências sociais e

QUARTA PARTE • Para aprofundar

históricas ajudam o leitor atual a evitar anacronismos e etnocentrismos, quando se interpretam os textos de Paulo; (5) é necessário levar em conta o peso da tradição e das imagens hegemônicas de Paulo para evitar projetar nos textos o que "já sabemos". Cabe também ao leitor ou leitora avaliar agora sua adequação e justificação na visão de conjunto.

A pergunta mais importante neste momento, não obstante, não é em que medida cumpri o que me havia proposto ou se o leitor ou leitora aprova as opções prévias e a visão de conjunto. Do ponto de vista histórico-crítico, que é o que adotamos principalmente, uma avaliação deste tipo seria correta e útil. Não cabe ao historiador nem julgar nem atualizar textos ou vidas passadas; basta-lhe ser rigoroso com os dados, sincero em seus pressupostos e claro em suas exposições. Contudo, disse no primeiro capítulo, que todo pesquisador que olha para o passado, incluída a figura de Paulo, pode perguntar-se legitimamente a partir de onde se situa, por que se coloca determinadas perguntas e outras não; o que lhe causa indignação e o que o atrai em seu objeto de estudo... Isso resulta útil para ficar consciente dos preconceitos inconscientes. Por outro lado, como todo estudioso das ciências humanas sabe, a pesquisa nestes campos (tanto faz se a história, a filosofia, a teologia, a exegese, a sociologia...) não oferece resultados exatos, de modo que o estudo quase sempre transcorre por territórios que deixam uma margem ao explorador para orientar-se e decidir por qual caminho enveredar.

Portanto, todo pesquisador pode (deve?) avaliar também os efeitos de sua pesquisa, as consequências, conscientes ou inconscientes, que se derivam da escolha de determinados pressupostos, da seleção dos dados, da apresentação dos resultados, da visão de conjunto que oferece; pode perguntar-se pela utilidade de seu trabalho, pelas possibilidades que seu estudo oferece aos sinceros anseios por um mundo justo, pacificado, solidário e fraterno... Não fazê-lo não é ser mais objetivo ou tomar distância do objeto de estudo; é ser inconsciente, ignorante ou, pior ainda, manipulador. Creio que esta é uma tarefa urgente da exegese e da teologia (tanto como da história), da qual provavelmente não sairão muito favorecidas, porque há muita apologética encoberta, muitas agendas teológicas que querem legitimar uma imagem de Deus, ou um modelo eclesial, ou uma visão do mundo, ou determinados interesses particulares. Assim, a pretensa objetividade não passa de projeção dos próprios desejos, ilusões ou medos (do que, talvez, este livro não está isento). Também é fácil encontrar ataques camuflados de objetividade, desejos de desmontar argumentos contrários a todo custo, agendas anticlericais que desqualificam qualquer pesquisa feita por crentes... Creio que uma resposta negativa à pergunta pela utilidade de um estudo sobre Paulo como o que apresentei aqui enfraqueceria profundamente todo este livro, o trabalho de elaboração de minha parte e o de leitura de sua parte, leitor ou leitora. A avaliação final está em suas mãos.

De minha parte, quero oferecer algumas pistas que ajudem a formar uma opinião sobre a utilidade e a relevância atuais de tudo o que foi dito. Para este objetivo, escolhi três dessas contribuições paulinas: (1) o projeto de Paulo no marco do judaísmo de seu tempo (projeto histórico e teológico); (2) a relação de Paulo e seu projeto com o Império e com o mundo (resistência e submissão; cidadania e universalismo; mestiçagem); (3) a estratégia de autoestigmatização e a imagem de Deus (e suas consequências para o modo de entender a redenção). Pode ser que não sejam nem sequer as mais relevantes de Paulo e de seus discípulos, mas são boas janelas que permitem descobrir algumas de suas contribuições (ideais, opções, circunstâncias, estratégias, conflitos etc.) e perguntar por seu sentido original e pelos desenvolvimentos que tiveram, analisar até que ponto seu uso hoje se mostra coerente com aquele, sugerir possibilidades inéditas etc.

1. O projeto de Paulo no marco do judaísmo de seu tempo e do cristianismo nascente

Paulo foi judeu antes e depois de sua vocação; nasceu e morreu judeu. A revelação do Crucificado (outro judeu) não debilitou sua identidade judaica, mas aprofundou-a, radicalizou-a (no sentido de voltar às raízes). Ser crente em Jesus significou para ele recuperar as raízes judaicas, aprofundar o sentido da aliança, relacionar-se com Iahweh face a face... O cristianismo, como religião surgida a partir do final do segundo século, não foi resultado do projeto histórico de Paulo, mas, ao contrário, de seu fracasso. Ele pretendia que todo o Israel aceitasse o verdadeiro rosto de Iahweh, que se descobria no acontecimento histórico de um crucificado pelo Império Romano com a conivência das autoridades hierosolimitanas e que, como consequência, reinterpretaria e reposicionaria algumas tradições e instituições judaicas. Paulo foi um reformador do judaísmo com um projeto intrajudaico (neste sentido, igual a Jesus).

Mas fracassou. Paulo não conseguiu que Israel acreditasse que aquele crucificado era o Messias de Iahweh; seu projeto da *ekklêsia* como exemplo do que devia ser todo o Israel, como antecipação do futuro do povo eleito, frustrou-se. A maior

QUARTA PARTE • Para aprofundar

parte dos judeus de seu tempo continuou a acreditar que aquele crucificado não era o Messias e a considerar a lei como uma marca da eleição que separava os circuncisos dos gentios, algo exigível a todo aquele que aspirasse a entrar na aliança, a olhar face a face o Deus verdadeiro, sem cair fulminado por seu olhar. A guerra judaica por volta do final dos anos sessenta do primeiro século, a conquista de Jerusalém e a destruição do templo, ocorridas depois da morte de Paulo, traçaram outro mapa de rota para o judaísmo, que se viu sem terra e sem templo. A tradição farisaica, muito apoiada na importância da lei para restaurar a aliança, foi a mais bem situada para enfrentar esta profunda crise de identidade, e a proposta paulina de renovar o judaísmo a partir da fé em Jesus ficou relegada à marginalidade.

Teria ficado à margem e reduzida a uma minoria se os discípulos de Paulo e o evangelista Lucas não tivessem recuperado e transformado seu projeto para oferecê-lo como aglutinante de um crescente grupo de crentes em Cristo que tinham também uma profunda crise de identidade (como grupo, não eram judeus, não eram pagãos: eram ambas as coisas e nenhuma delas...). Essa recuperação do projeto da *ekklêsia* e sua transformação para apresentá-la como herdeira das promessas de Israel e com vocação universal, tirou Paulo e seu projeto intrajudaico do ostracismo e lhe deu nova vida, mas desligando-os de seu caráter imanente ao judaísmo e à história caduca, para dar-lhes um horizonte novo, para além de Israel e da história dos homens. A *ekklêsia* que, no projeto de Paulo, era um meio (caduco) para o fim iminente da chegada do reino de Deus (perene), instalou-se na história com uma dimensão transcendente que fez dela um fim em si mesma, assumindo aquele caráter perene do reino de Deus que ficou relegado como motivo teológico. De certo modo, poder-se-ia dizer que, embora Paulo tenha fracassado historicamente, não o fez teologicamente, no sentido de que seu projeto teológico de visibilizar o Deus do Crucificado teve continuidade neste projeto, posto que profundamente transformado para adaptar-se às novas circunstâncias históricas.

Desse modo, do ponto de vista histórico, o cristianismo não é o resultado nem da missão de Jesus nem da de Paulo, mas de um processo complexo e prolongado durante quatro gerações, em que os discípulos da segunda e da terceira gerações souberam dar àquela primeira missão uma dimensão nova, superando suas limitações históricas e conjunturais. Isto não equivale a dizer que o cristianismo não pode apelar a seu enraizamento na missão de Jesus e de Paulo; de fato, creio que pode e deve fazê-lo legitimamente, sempre e quando for suficientemente coerente com a dimensão teológica daquela missão de Jesus e de Paulo (a apresentação do rosto de Deus que o Crucificado mostrou). Creio que demasiadas vezes se dá por pressuposta esta conexão, o que leva a graves erros, distorções e traições. Caberia, pois, perguntar ao cristianismo de hoje (aos cristãos de hoje) se ele pode apelar, para sua legitimação e continuidade, à fidelidade às ideias teológicas fundacionais.

Neste mesmo sentido, seria também oportuno perguntar-se pelas consequências daquela transformação da primeira à segunda e à terceira gerações, pelas mudanças que supôs nas intuições originais de Paulo; penso, por exemplo, em sua ideia de relativização da lei. Isto é, para dar-lhe estabilidade e continuidade, os crentes em Cristo depois de Paulo foram dotando-se de crenças e de práticas (que afloram com nitidez na segunda e terceira gerações, conforme visto) que permitiam aos seguidores de Jesus entender a si mesmos e as próprias experiências de acordo com esse marco de interpretação. No entanto, graças aos mesmos mecanismos pelos quais o judaísmo havia convertido a lei em sinal de identidade e não de relação com Deus, a Igreja nascente fez repousar nessas práticas e crenças próprias a fronteira de pertença e os sinais de identidade do crente (RIVAS REBAQUE, 2010). Já não se podia ser crente em Jesus sem afirmar o conjunto de crenças que faziam parte do depósito; não se podia ser crente sem realizar os rituais e demais práticas (e do modo como se realizavam). Esse conjunto de crenças e práticas que serviram para dar identidade ao cristianismo e constituí-lo como religião ante outras religiões (ao judaísmo, por exemplo), transformou-se, para muitos, em algo similar ao que Paulo havia criticado profundamente: a exaltação da lei (a norma, o dogma, o sacramento...) ao *status* de critério de discernimento daqueles que Deus quer e acolhe. Não aceitar estas práticas e crenças do cristianismo que surgia equivalia a uma condenação à perdição eterna.

Esta descrição imperdoavelmente abreviada e caricaturada pode, não obstante, servir como exercício de reflexão. Paulo teve de crer no Crucificado apesar das interpretações predominantes em sua própria tradição, que o consideravam um maldito. Este dado parece uma característica fundamental da fé em Jesus: nas origens, o descobrimento e a aceitação do rosto de Deus revelado no Crucificado supunham uma profunda transformação do contexto cultural e religioso em que essa experiência se dava. E não parece um dado conjuntural; ou seja, não se deve unicamente às circunstâncias históricas ou às características religiosas (supostas limitações) do judaísmo. Parece, ao contrário, um dado genuíno da experiência religiosa do Deus de Jesus: uma constante. Isso equivale a dizer que hoje a experiência de confiança no Deus de Jesus deveria convidar todo crente a revisar, discernir e

Quarta parte • Para aprofundar

transformar as instituições e tradições às quais pertence e nas quais tem lugar essa experiência; deveria, entre outras coisas, levá-lo a perguntar-se acerca da acomodação das estruturas aos fins pela adequação da linguagem, das formas, das relações pessoais e da organização interna à imagem do Deus de Jesus. Exercitar esta atitude crítica não deveria ser visto pelos que detêm responsabilidade nas igrejas como uma crítica (com perdão da redundância) ou infidelidade; deveria fomentar-se para que a instituição se desprenda de estruturas caducas, de linguagens sexistas ou racistas, de relações de dominação e de submissão, de busca ou manutenção de vantagens sociais... e da legitimação teológica de tudo isso. Não fazê-lo seria, na realidade, o pior serviço ao futuro do cristianismo. Quem prefere a luta pela sobrevivência e a defesa institucional perante supostas agressões laicistas, ou a afirmação imobilista de modelos e estruturas do passado, à depuração, à renovação e à adaptação aos tempos para visibilizar o Deus de Jesus, deveria ser visto como inimigo do futuro do cristianismo (GONZÁLES RUIZ, 2000).

Façamos umas perguntas retóricas. O que aconteceria se Paulo nascesse hoje no seio, digamos, da Igreja Católica e dissesse que havia tido uma revelação de Deus que o impulsionava, contrariamente à opinião de seu bispo e de todos os demais bispos, a chamar homossexuais, divorciados, mulheres que praticaram o aborto etc., e convidá-los a formar assembleias, sem pedir-lhes que antes passassem pelo confessionário, com o fim de mostrar a toda a Igreja Católica o que devia tornar-se? O que aconteceria se, no seio da mesma Igreja, Paulo insultasse os que se creem com autoridade porque têm nomeações ou estão bem conectados com Roma, dizendo-lhes que são "enviados de Satanás", porque agem impondo sua autoridade, obrigando a batizar ou confessar os que ele acolheu sem pedir-lhes nenhuma condição legal moral ou prévia? Não são situações comparáveis, efetivamente, nem pretendo que o sejam; são perguntas para ajudar a pensar o impacto que teve a missão de Paulo em seu tempo e as dificuldades e possibilidades que têm suas intuições para serem relevantes hoje.

Neste sentido, Paulo poderia, talvez, ajudar os cristãos de hoje a revisar os fundamentos de sua própria fé e de sua pertença. Não se trata de duplicar ou de mimetizar sua experiência e suas opções, mas de valorizar as possibilidades inéditas que oferecem para dar resposta hoje às exigências da fé no Deus de Jesus. Paulo poderia ajudar um cristão de hoje a perguntar-se, por exemplo, quanto há, em sua pertença à Igreja, de adesão a certas crenças e práticas, e quanto de experiência marginal, contracultural, desprovida de abrigo institucional, de novidade. Em tempos como estes, de grande oferta religiosa, dá-se o caso em que a pertença à maioria das religiões institucionalizadas (entre elas a Igreja Católica) está baseada em vinculações fortes a crenças e práticas que oferecem segurança aos crentes, entre outras coisas; no entanto, nem sempre esta forma de vincular-se se enraíza em experiências pessoais que transformam a identidade do crente. Por outro lado, as experiências religiosas que mais enfatizam a relação pessoal com Deus e põem menos ênfase nas estruturas, crenças e práticas costumam atrair outro tipo de crentes que não buscam tanto a segurança, mas a experiência que impressiona (WHITEHOUSE, 2004). Paulo favoreceu um modo de vinculação baseado na experiência gratuita, imerecida, inesperada de um rosto de Deus que acolhia e amava, sem levar em conta absolutamente a condição da pessoa. Paulo pôs a fé no Deus de Jesus, na aceitação de sua acolhida e amor gratuitos, acima da lei, como traço de identidade do crente em Cristo. Hoje é frequente ver que os que se dizem herdeiros do projeto de Paulo parecem colocar as leis eclesiásticas acima da fé paradoxal no Deus do Crucificado, e colocam mais ênfase em condições e exigências de caráter moral ou religioso do que na experiência pessoal, gratuita, de encontro com o Deus de Jesus.

2. A relação de Paulo e seu projeto com o Império e o mundo

Outra característica marcante da missão de Paulo foi seu modo peculiar de confrontar-se com os desafios de existir no Império, com a vocação de conquistá-lo (ao menos teologicamente). No entanto, como vimos no primeiro capítulo, os estudiosos situados na perspectiva pós-colonial evidenciaram que não existe uma clara linha divisória entre a cultura do dominador e a do dominado, mas que essa relação está marcada tanto pela atração como pela repulsa; tanto pelas resistências quanto pela cumplicidade, e que o colonizado tende a internalizar e replicar a cultura do colonizador, mesmo que seja de modo irônico ou ridículo. Isto quer dizer que é difícil, do ponto de vista dos valores culturais, identificar a relação entre o Império e Paulo como a do colonizador e do colonizado, porque toda cultura está mesclada de tradições, e não existem as culturas ou os povos puros. Neste caso, portanto, o Império e Paulo foram simultaneamente colonizadores e colonizados. Isto permite entender melhor o fato de que ambos se influenciaram mutuamente, aceitando ideias ou modelos, fazendo com que a *ekklêsia* se parecesse cada vez mais com uma instituição imperial, e que o Império assumisse alguns valores da fé em Jesus, tudo isso ao mesmo tempo em que se repeliam e se atraíam.

É muito difícil determinar, quando contemplamos o resultado final de um processo histórico longo e complexo, o que provém de um e o que provém do outro, porque, provavelmente, muitas características não têm uma origem identificável, mas são resultado de muitas misturas, cujos ingredientes perderam sua primeira referência. No entanto, em nosso percurso, pudemos identificar algumas características que tinham origem mais clara e determinada. Uma delas é a decidida assunção do modelo patriarcal depois da morte de Paulo a fim de organizar a *ekklêsia*. Em seu momento – eu não me atreveria a justificar o contrário –, provavelmente serviu para dar estabilidade, solidez e futuro ao anúncio da boa notícia de Deus. As assembleias organizadas carismaticamente por Paulo tinham poucas possibilidades de sobreviver para além de sua morte, se não tivessem encontrado fórmulas de institucionalização adequadas. Gerd Theissen explicou este desenvolvimento como "patriarcalismo de amor", o intercâmbio de benefícios mútuos neste processo (THEISSEN, 1985, p. 39-40).

No entanto, seria conveniente fazer uma avaliação do que este modelo supôs para a história do cristianismo. Por exemplo, um crente de hoje se pode perguntar quanto o modelo patriarcal ajudou aos seguidores de Jesus a desenvolver sua missão do anúncio do Evangelho e quanto a reforçar ou perpetuar determinadas instituições históricas. Poderia interrogar-se, igualmente, sobre o balanço do que possibilitou e do que silenciou; caberia, inclusive, a possibilidade de perguntar-se se continua sendo, hoje, um bom modelo para organizar as igrejas, ou demonstrar se um peso que impede precisamente o que pretendeu propiciar: a relevância atual da fé no mundo. Um olhar como o que lançamos legitimaria um questionamento profundo daquelas estruturas ("empréstimos" culturais, diria alguém) que, embora tenham sido úteis em seu momento, hoje estão impedindo o encontro do mundo com a boa notícia que os discípulos de Jesus anunciam. Além do modelo patriarcal, poderíamos incluir nesta categoria os modos de governo medievais, as estruturas democráticas, as linguagens esclerosadas, as liturgias opacas, a vinculação com as elites do poder político ou econômico etc.

Por outro lado, como fruto desse intercâmbio de valores, Paulo contribuiu decisivamente na construção de alguns conceitos fundamentais do pensamento do Ocidente. Não é fácil entender como as ideias de alguém que acreditava que o mundo estava chegando ao fim tenham podido contribuir para pensá-lo, precisamente, no tempo, na contingência de uma história que se prolonga como dores de parto intermináveis. Além de sua visão escatológica, Paulo partilhava algumas características da concepção apocalíptica, como o dualismo de poderes que atuam na história e o diagnóstico obscuro sobre o presente que, não obstante, era de profunda esperança no futuro imediato. Dessa maneira, seu modo peculiar de ver a realidade, mesmo que bastante condicionado por essas circunstâncias, deixou em herança uma série de conceitos e perspectivas que ajudaram pensadores posteriores a considerar o mundo de forma diferente.

Uma delas é a pergunta pelas possibilidades de nosso mundo, se outro mundo é possível, ou cabe apenas pensar no esgotamento do presente. O século XX foi, sem dúvida, um período especialmente desolador para a humanidade: milhões de mortos por razões étnicas, religiosas ou políticas, milhões de migrantes pelas mesmas razões, sempre com interesses econômicos de fundo (uns poucos se enriqueceram com tais morticínios), violência, fome, desigualdade, marginalização... O balanço para as esperanças humanas de construir outro mundo no qual não existam estas situações é demolidor. O começo do século XXI não tem sido melhor. Este momento ainda acrescenta um grau maior de desesperança, porque parece que se esgotam as reservas de humanidade no mundo. Paulo não viveu obviamente estas situações, mas conheceu outras não menos desumanizadoras, para as quais tinha um olhar específico, que deixou vestígios em pensadores posteriores. Sua convicção escatológica estava dominada pela certeza de uma justiça que ultrapassava a capacidade da injustiça humana e que lhe permitia afirmar que, por maior que fosse a transgressão, o prejuízo ou a destruição, maior seria a reconciliação e a reparação. Esta leitura, que poderia muito bem ser descartada como ilusória, foi precisamente um enorme estímulo em sua luta pela justiça e pela construção de uma realidade que se apresentasse como alternativa à injustiça dominante. Acreditar que estaria nascendo uma nova humanidade, mesmo entre dores de parto, foi a possibilidade real de criar um ensaio de mundo novo, grupos humanos que fossem reflexo do futuro, que visibilizassem as possibilidades ainda inéditas de ser pessoa segundo Deus, a *ekklêsia*. Porque acreditou nisso, tornou-o possível; sua fé nisso o tornou possível. Se não tivesse acreditado nisso, provavelmente o mundo teria conhecido maiores cotas de inumanidade. Mesmo que ainda hoje continue parecendo ilusório acreditar que outro mundo é possível, gerá-lo na imaginação, alimentá-lo com o desejo e a vontade, dedicar todas as energias a ele é o único modo para que nasça quando chegar seu tempo.

Também não é difícil encontrar hoje aqueles que têm um olhar radicalmente oposto aos anteriores, os adoradores do progresso, aqueles que veem nos conflitos e crises as melhores possibilidades de crescimento, de enriquecimento, de exploração, seja deste planeta, seja dos que nos rodeiam; aqueles que descobrem nas necessidades dos demais a oportunidade para uma progressão de seus resultados financeiros... Paulo tinha esse outro olhar apocalíptico, que o fazia dar-se conta da aparência das coisas, de que o que se vê nem sempre é a verdade profunda, que há uma dinâmica interna na história que transformará os resultados de uns e de outros... Paulo acreditava que os poderes, principados e potestades deste mundo seriam derrotados, que "o mundo passa". Uma vez mais, acreditar que aqueles que triunfam agora, à custa da injustiça ou da opressão, não serão os verdadeiros triunfadores na hora definitiva é o que lhe permitiu empreender uma tarefa patentemente impossível, descomunal para a pessoa: a de enfrentar o mal imperante. Acreditar nisso é que lhe possibilitou começar a realizá-lo. Paulo também pode ajudar hoje a imaginar possibilidades ainda inéditas, mesmo que se mostrem claramente irrealizáveis.

Neste sentido, umas das heranças de Paulo é o pensar a vida "desapossadamente", "como se não fosse própria"; pensar o mundo como se já não fosse existir. Esta ideia, que desenvolverei um pouco mais na seção posterior (sob o título de "A estratégia da autoestigmatização e a imagem de Deus"), reflete um dos olhares mais sugestivos que influenciaram autores como Søren Kierkegaard, Walter Benjamin ou Giorgio Agamben, e apresenta o modelo de messianismo que Paulo defende em termos de despojamento, de confusão da própria identidade com a do mundo, de autoentrega sacrifical por sua transformação, de exercício do poder sem possuí-lo, de respeito à caducidade e aparência do mundo em relação à sua própria vocação; não um novo mundo fruto da destruição do atual, mas a transformação do presente em sua melhor versão possível (MATE, 2006).

Também entre as contribuições de Paulo está sua ideia de construção de um mundo sem fronteiras, o que alguns chamaram de universalismo, posto que seja um conceito que se preste a mal-entendidos, principalmente quando reflete a ideia de que é uma visão do mundo que se estende acima das outras, anulando as diferenças. Esta ideia, que está na base de muitos debates atuais sobre imigração, globalização, direitos humanos, cidadania..., é uma tarefa pendente de nosso mundo. A ideia de Paulo de um mundo sem fronteiras (Gl 3,28) não consistia na criação de uma identidade que somaria todas as identidades individuais ou coletivas, apagando as diferenças de todas elas, de modo que ser crente em Cristo consistiria em ser, ao mesmo tempo, judeu e pagão, homem e mulher, escravo e livre. Tampouco consistia (pelo menos não só) em descobrir uma qualidade comum que pudesse estar na base de todas as identidades (pessoa, humanidade) e elevá-la à categoria de traço determinante da identidade da nova humanidade. Ao contrário, consistia na discriminação ou marginalização daquelas identidades ou traços de identidade que separam em vez de unir, que desagregam em vez de criar. Seu universalismo era o resultado de um acontecimento histórico cuja irrupção havia transformado o modo de se verem as pessoas e no qual todos os membros do corpo deviam estar conscientes de sua nova função no tempo presente: fazer parte de um todo, de uma humanidade nova, cidadãos do mundo de Deus (*oikoumenê*). Paulo não anula as diferenças entre pagãos e judeus (ou entre homens e mulheres, ou entre escravos e livres): faz com que todos descubram em seu ser pagão ou judeu, mulher ou homem, escravo ou livre, seu insubstituível lugar na nova humanidade. Se falta uma mão, o corpo está lesado; se falta o olho, o corpo não vê... Paulo não dilui essas identidades, mas as torna indispensáveis; obriga cada um a olhar o outro como indispensável, precisamente por sua diferença. A construção, hoje, de um universalismo assim poderia trazer uma série de benefícios, porque permitiria limar e mitigar elitismos, etnocentrismos, nacionalismos..., quando supõem prerrogativas ou privilégios de uns sobre outros. Ao mesmo tempo, permitiria entender a necessidade que cada povo e cultura, cada pessoa tem dos outros para a formação de uma *oikoumenê* que permitiria reduzir muitos conflitos atuais. Obviamente se trata de uma utopia que nem Paulo mesmo pôde cumprir. Contudo, essa vocação ainda chama à porta de muitos, de alguns dos que continuam a crer no Deus de Jesus e de outros que escutam esse chamado em outra ágora igualmente válida.

3. A estratégia da autoestigmatização e a imagem de Deus

Esta intuição é uma daquelas características próprias do carisma de Paulo, na qual podemos ver uma coincidência surpreendente com a de Jesus. Por isso também é muito difícil compreender e formular em termos de relevância atual. Apenas reunirei algumas ideias sugeridas nos capítulos e proporei alguma reflexão.

Quando desautorizaram Paulo como apóstolo por sua suposta incapacidade, incultura, falta de legitimação..., ele não se defendeu negando nada disso, mas

QUARTA PARTE • Para aprofundar

afirmando-o paradoxalmente e dando-lhe um sentido positivo. Vimos que, deste modo, Paulo conseguira, em primeiro lugar, esvaziar de conteúdo negativo aquelas etiquetas que pretendiam marginalizá-lo e invisibilizá-lo, descobrindo outras possibilidades inéditas nelas: sua capacidade para revelar a força que tem em si mesma a mensagem do Crucificado. Em segundo lugar, converteu esses traços estigmatizantes, precisamente por sua imitação do sentido teológico da cruz, em sinais de identidade que aspiravam a definir os membros da nova *oikoumenê*. E em terceiro lugar, a aceitação da marginalização e da negação que os rótulos negativos que lhe foram impostos supunham, apresentou-a como sinal da renúncia de Deus a exercer o poder e a imposição, a ira, a vingança ou o castigo (mesmo que parecesse merecido). Assumindo estes rótulos negativos, Paulo convertia-se em sinal e consequência da imagem de Deus descoberta no Crucificado, em oferta para ver o mundo e os demais com os olhos desse Deus, em construtor desse projeto de Deus.

Esta ideia de Paulo não foi unicamente estratégica ou retórica; fazia parte nucleal de seu anúncio, de seu Evangelho. Não se podia compreender verdadeiramente a identidade desse Deus falando dele como outros faziam, com sabedoria, com retórica, com palavras ou sinais poderosos que cativavam por si mesmos; isso confundia a mensagem porque podia passar uma imagem de um Deus que se impunha. Esse modo de viver assumindo positivamente (com sentido) valores e comportamentos considerados negativos já era um anúncio não verbal de Deus e do mundo futuro. Valia mais renunciar à própria ideia (mesmo que esta fosse melhor, mais ortodoxa), se isso ajudasse um irmão a não desligar-se do projeto comum; era preferível a incorporação de gente marginal, inútil ou desprezível à dos cultos, eficazes e poderosos, se isso lograsse despertar consciências e transmitir a imagem de Deus e do mundo que ele quer; era mais importante dar autoridade aos considerados idiotas ou inúteis do que aos doutores e peritos, se assim se fortalecesse a identidade comum, construída sobre o valor do outro, acima de suas capacidades; era preferível renunciar aos modos convencionais de poder e de imposição, inclusive à defesa dos próprios direitos legítimos, se deste modo se alcançasse a reconciliação, o saber-se descoberto por dentro sem ser rechaçado, o saber-se olhado na face sem ser desprezado nem aniquilado. A proposta de Paulo, que se conecta tão radicalmente com a de Jesus, demonstra-se hoje uma utopia irrenunciável. Se a humanidade perde este horizonte, talvez a contribuição mais genuína do cristianismo à humanidade, a fé em Jesus, perde seu sentido, e a humanidade, seu horizonte de salvação.

Por último, gostaria de assinalar uma consequência do que foi dito: a transformação da ideia de redenção. Introduziu-se em nossa cultura uma ideia particular de redenção, que afirma a necessidade do sacrifício voluntário de uma vida inocente para salvar outra. Recentes obras literárias ou cinematográficas de grande êxito de público e com grande influência no modo de conceber valores cívicos atuais têm em comum, precisamente, esta ideia: *Guerra das galáxias, Matrix, Harry Potter, O Senhor dos anéis* etc. Todas elas propõem um modo de entender o mundo que tem como ideia-base o combate das forças do bem e do mal; oferecem um relato de caráter intemporal, que busca repensar o mundo em que vivemos (talvez oferecendo visões alternativas), e apresentam uma imagem do herói profundamente marcada por sua debilidade inicial e vulnerabilidade, por seu caráter messiânico, carismático, defensor do princípio do bem, e por seu sacrifício final, a redenção que se obtém mediante sua vida entregue para conseguir um novo mundo, livre de todas as ameaças que o haviam acossado, até quase destruí-lo (a ideia de ressurreição tampouco está ausente). São relatos messiânicos modernos, que revelam não somente a influência de motivos bíblicos (mesmo que não exclusivamente), mas também a necessidade destas figuras em nossa cultura pós-moderna.

No entanto, o modelo de redenção que Paulo sublinhou ao olhar o Crucificado não é este. Nestas imagens, é fundamental a ideia da morte sacrifical do herói em uma batalha final com as forças do mal, que acabam vencidas com sua morte. Esta visão é mais apocalíptica do que a do próprio Paulo, que integrava uma profunda visão escatológica positiva. A morte de Jesus não foi consequência das forças do Mal (entendido como princípio supremo responsável por todo mal); quem matou Jesus foram as autoridades romanas em conivência com as hierosolimitanas. Tampouco morreu vítima de Deus, como se este precisasse de sua vida para aplacar a ira ou compensar-se do dano causado por outros. Jesus morreu na cruz porque não renunciou a viver como havia vivido, nem no final. Morreu do mesmo modo que havia vivido: retratando com suas palavras e gestos, com sua vida, como é Deus Pai. Sua morte é redentora porque reflete um Deus que não leva em conta os pecados (que os crentes consideravam distanciamento de Deus), mas que os ignora, como ignora a rejeição e o desprezo, a fim de conservar incólume sua liberdade para amar sem nenhuma condição nem condicionamento. Esta forma de entender a redenção da morte de Jesus põe a ênfase mais na nova imagem amorosa de Deus do que no modo sacrifical ou sofredor da morte de Jesus; mais na cosmovisão positiva de um mundo governado unicamente pelo amor benévolo de Deus do que na negativa

QUARTA PARTE • Para aprofundar

de um mundo em contínua batalha de princípios antagônicos; mais nas vantagens éticas e sociais que se derivam de um modo de vida que siga esse modelo do que nos sofrimentos e penalidades que todo seguidor de Jesus deve assumir; mais, enfim, na vida do que na morte.

Bibliografia

GONZÁLEZ RUIZ, José María, *La cruz en Pablo: su eclipse histórico*, Santander: Sal Terrae, 2000.

MATE, Reyes, *Nuevas teologías políticas: Pablo de Tarso en la construcción de Occidente*, Anthropos, Rubí, 2006.

RIVAS REBAQUE, Fernando, El nacimiento de la Gran Iglesia, in AGUIRRE Monasterio R. (ed.), *Así empezó el cristianismo*, Verbo Divino, Estella, 2010, p. 426-480.

THEISSEN, Gerd, *Estudios de sociología del cristianismo primitivo*, Sígueme, Salamanca, 1985.

WHITEHOUSE, Harvey, *Modes of religiosity: a cognitive theory of religious transmission*, Altamira Press, New York, 2004.

Bibliografia comentada

Quero apresentar uma breve seleção de obras sobre Paulo e sobre os temas de que tratamos neste livro. Os conteúdos e as perspectivas são inapreensíveis, e toda seleção exige critérios que fazem do resultado uma lista necessariamente incompleta, insuficiente e injusta; espero que, além disso, seja útil. Os critérios que utilizei para elaborar a lista são seis: (1) escolher unicamente dez obras; (2) que todos os livros citados sejam livros em espanhol, quer originais, quer traduções; (3) que tenham suposto alguma contribuição em seu âmbito (ou que sejam representantes de alguma corrente que o tenha feito); (5) que tenham deixado uma pegada reconhecível nas páginas precedentes; (6) que sejam obras com as quais o leitor que decidir lê-las aprenda algo.

- 1. Senén VIDAL, *Las cartas originales de Pablo* (Madrid: Trotta, 1996).

Este é o único livro original em castelhano que cito nesta lista e está por méritos próprios. Seu autor é, provavelmente, o melhor expoente em castelhano dos exegetas que trabalham em primeira mão. Suas obras sobre Paulo mereceriam mais espaço nesta lista; por exemplo, *El proyecto mesiánico de Pablo* (Salamanca, 2005), talvez sua obra mais sistemática sobre a cosmovisão paulina, ou *Pablo: de Tarso a Roma* (Santander, 2007), muito equilibrada entre o rigor e a divulgação. No entanto, considero que a que menciono acima traz uma originalidade maior ao panorama dos estudos paulinos em castelhano. Trata-se de uma edição bilíngue (grego e castelhano) das cartas indiscutivelmente paulinas, mas apresentadas tal como Paulo as escreveu originalmente, semelhantemente a como descrevi no capítulo seis. Traz uma cronologia convincente, algumas breves mas bem argumentadas razões para a reorganização das cartas e alguns sucintos comentários no rodapé delas. O texto das cartas se apresenta tal como Paulo pôde escrevê-las, encaixadas nas circunstâncias histórias em que nasceram, de sorte que o leitor pode lê-las de um modo novo e elaborar uma ideia de seu sentido original. Este livro teve uma edição posterior com o título *Las cartas auténticas de Pablo* (Bilbao, 2012), mas

Paulo na origem do cristianismo

a má distribuição do texto e a escassa qualidade da edição não compensam as melhoras introduzidas no conteúdo daquela primeira de 1996.

- 2. John Dominic CROSSAN e Jonathan L. REED, *En busca de Pablo*: el Imperio de Roma y el Reino de Dios frente a frente en una nueva visión de las palabras y el mundo del apóstol de Jesús (Verbo Divino, Estella, 2006). [Tradução em português: *Em busca de Paulo: como o apóstolo de Jesus opôs o Reino de Deus ao Império Romano*, São Paulo, Paulinas, 2007).

Este livro, cujo original foi publicando em inglês em 2004, tem a peculiaridade de ser escrito por um exegeta (CROSSAN) e um arqueólogo (REED); esta convergência de diferentes metodologias e perspectivas, assim como de perguntas diversas, faz do livro um bom exemplo das possibilidades da interdisciplinaridade. Está muito bem escrito e se lê com facilidade e agilidade. Ao longo de sete capítulos (mais prólogo e epílogo) e quinhentas páginas, os autores vão debulhando as possibilidades de colocar os textos de Paulo (as cartas originais) no contexto cultural em que nasceram, pondo em evidência seu caráter alternativo, sua novidade e sua coragem em muitos aspectos. O capítulo cinco ("Deus, deusas e evangelhos") pode redundar especialmente útil para o leitor, uma vez que, a partir dos restos arqueológicos, apresentam-se as dimensões e a ideologia do conceito de poder, e como se representava em público; ajuda também na compreensão das relações sexuais. Os textos de Paulo, lidos com este pano de fundo, iluminam-se com novos significados.

- 3. Pamela EISENBAUM, *Pablo no fue cristiano; el mensaje original de un apóstol mal entendido* (Verbo Divino, Estella, 2014).

A autora, de tradição judaica, é professora de Origens do Cristianismo na universidade cristã. Este livro é um representante (quase único em castelhano) da chamada "nova perspectiva radical" (como descrevemos no primeiro capítulo). O livro tem catorze capítulos e cerca de quatrocentas páginas. É bem escrito e se lê com facilidade. Boa conhecedora do tema que analisa e do pano de fundo judaico, entre seus méritos está o de ajudar a corrigir excessos na história da intepretação de Paulo, como o que dá título a seu livro e, principalmente, a evitar as leituras antissemitas que dele se fizeram com frequência. No entanto, como acontece reiteradamente, as posturas "radicais" tendem a ignorar ou interpretar

Bibliografia comentada

mal alguns dados. Neste livro, conforme sua leitura avança, o argumento vai perdendo força até que, nos últimos capítulos, o leitor crítico, que recorda outros textos de Paulo não citados pela autora, assiste a uma perda de credibilidade do argumento fundamental: que Paulo manteve a Torá para os judeus crentes em Jesus e ofereceu a fé em Cristo para os gentios. Não obstante, o livro merece ser lido e se pode aprender muito com ele.

- 4. Richard I. PERVO, *Pablo después de Pablo: como vieron los primeros cristianos al apóstol de los gentiles* (Sígueme, Salamanca, 2012).

Com um título mais eloquente do que o que foi dado nesta tradução (*The Making of Paul: Constructions of the Apostle in Early Christianity*), o autor escreveu em 2010 um dos melhores livros sobre a "construção" da memória de Paulo nos séculos subsequentes à sua morte, como vimos no capítulo oitavo. Ao longo de seis capítulos e algo mais de quatrocentas páginas, Pervo vai mostrando, racional e convincentemente, as diferentes imagens que os crentes em Cristo foram fazendo de Paulo, tal como ficaram refletidas na literatura cristã dos quatro primeiros séculos. O autor apresenta Paulo (e suas cartas) como pedra de toque do nascimento do cristianismo (e do cânone), e vai mostrando como se reconstruiu sua memória no restante dos escritos canônicos e nos apócrifos, bem como na literatura apostólica e patrística. Mesmo que algumas partes sejam mais áridas de ler, a leitura do conjunto compensa.

- 5. Wayne A. MEEKS, *Los primeros cristianos urbanos: el mundo social del apóstol Pablo* (Sígueme, Salamanca, 1988).

Este livro, cujo original inglês é de 1983, converteu-se em um clássico; prova disso é que o autor publicou recentemente uma segunda edição, na qual não acrescentou senão um suplemento bibliográfico de seis páginas (2ª edição espanhola de 2012). Foi um dos primeiros e melhores exercícios de exegese sócio-histórica das cartas de Paulo, em que o autor utiliza os conhecimentos do contexto social do Império Romano urbano (extratos sociais, instituições, relações e dependências, valores culturais...) para apresentar o melhor cenário no qual compreender a estratégia paulina de criação da *ekklêsia*. Nesse contexto social, apresenta de modo original e convincente o processo de formação das assembleias paulinas em estreita conexão com os modelos existentes, destacando a função das práticas e crenças próprias neste processo. Foi um dos estudos mais influentes para mostrar a importância de contextualizar corretamente os textos paulinos a fim de evitar anacronismos.

- 6. Giuseppe BARBAGLIO, *Pablo de Tarso y los orígenes cristianos* (Sígueme, Salamanca, 1989).

Embora este livro tenha já trinta anos (original italiano de 1985), representa muito bem a exegese italiana sobre Paulo (da qual é também bom expoente Romano Penna) e pode ser considerado, como o livro comentado anteriormente, um clássico. Elaborado segundo a exegese histórico-crítica, o autor é um grande conhecedor da literatura greco-romana e sabe interpretar Paulo com acuidade e originalidade. Posto que a apresentação de conjunto de Paulo se situe mais na perspectiva tradicional (da que falamos no primeiro capítulo), o resultado é de qualidade. O autor vai repassando todos os temas da biografia, da missão, da criação de comunidades, e, em uma última parte, de quase duzentas páginas, o desenvolvimento da memória de Paulo nas cartas atribuídas a ele e no resto da literatura cristã. Foi um dos melhores trabalhos para pensar a importância de Paulo nas origens do cristianismo e o fenômeno das diferentes reconstruções que se fizeram depois de sua morte.

- 7. Jurgen BECKER, *Pablo. El apóstol de los paganos* (Sígueme, Salamanca, 1996).

Originalmente publicado em alemão, em 1989 e reeditado em 1992, é um bom representante daquela a que chamamos no primeiro capítulo de "leitura tradicional" de Paulo. Trata-se de um livro de claro estilo alemão, muito prolixo em explicações e detalhes, no qual o autor mal cita outro estudioso. É uma obra de síntese e de maturidade. Focalizado como exercício de exegese histórico-crítica, o autor concentra-se em apresentar o desenvolvimento do pensamento de Paulo bem conectado com a criação das assembleias, e vai mostrando, passo a passo, o conteúdo das cartas originais de acordo com a situação de sua composição. Embora seja uma tentativa (não convincente, em minha opinião) de síntese de teologia paulina, o maior mérito é expor seu pensamento contextualizado em sua biografia. Trata-se de um trabalho sério, muito bem escrito e detalhado, apesar de nem todas as quase seiscentas páginas compensarem de igual modo a leitura.

Bibliografia comentada

- 8. Margaret Y. MACDONALD, *Las comunidades paulinas* (Sígueme, Salamanca, 1994).

Este livro contém a tese doutoral que a autora defendeu em 1986 em Oxford (e publicou em 1988). Sua originalidade reside em apresentar o *corpus* paulino, de modo sistemático, como um conjunto de escritos pertencentes a três gerações, tal como hoje se aceita geralmente. Para isso, a autora utiliza um modelo sociológico de institucionalização que explica o processo por que atravessa um grupo que nasce e se desenvolve através das gerações subsequentes, estudando quatro aspectos: sua atitude ante o mundo, suas estruturas de liderança, suas formas rituais e suas crenças. Com este modelo, que Macdonald explica no primeiro capítulo, a autora vai mostrando nos três capítulos restantes como cada uma das gerações de cartas atribuídas a Paulo (originais, deuteropaulinas e pastorais) evoluíram em relação à sua atitude diante do mundo, das estruturas de liderança, das formas rituais e das crenças. Conquanto, às vezes, a leitura se mostre árida e difícil, o conjunto constitui uma das obras mais originais e alvissareiras dos estudos paulinos de fins do século XX. Contribuiu enormemente para o crescente consenso que considera as cartas de Paulo pertencentes a três gerações de crentes.

- 9. James D. G. DUNN, *El cristianismo en sus comienzos II. Comenzando desde Jerusalén* (2 vols.) (Verbo Divino, Estella, 2012).

Este livro é a segunda parte de um projeto grandioso ("El cristianismo en sus comienzos") que o autor começou em 2003 e do qual a terceira parte está prestes a ser publicada. Busca apresentar a história das origens do cristianismo durante os dois primeiros séculos, e esta segunda parte, que agora comento (publicada em espanhol em dois volumes), abarca o período do ano 30 ao ano 70 d.C. O livro está centrado na figura de Paulo, em sua missão e no nascimento das primeiras assembleias de crentes em Cristo fora da Palestina. Aí está seu mérito e seu limite, porque, concentrando-se tanto na missão paulina, deixa pouca margem para que o leitor se faça uma ideia da grande pluralidade de projetos e de missões desta primeira geração. Entretanto, para além de alguma limitação como esta, a obra é um trabalho de maturidade de um dos maiores peritos em Paulo vivos, na qual faz uma análise histórica detalhada da expansão da missão paulina, sempre a partir do ponto de vista histórico-crítico. Dunn foi um dos iniciadores da "nova perspectiva" que mencionamos no primeiro capítulo, e esta é sua obra mais significativa em castelhano, embora em inglês suas obas sejam quase incontáveis.

- 10. Richard A. HORSLEY e Neil Asher SILBERMAN, *La revolución del reino: cómo Jesús y Pablo transformaron el Mundo Antiguo* (Sal Terrae, Santander, 2005).

O último livro que apresento é, também, fruto da colaboração de outro exegeta (HORSLEY) com outro arqueólogo ou historiador da arqueologia (SILBERMAN). O primeiro é o protagonista no desenvolvimento do argumento e o que mais deixa sua marca no enfoque. Horsley distinguiu-se por fazer histórica social do cristianismo primitivo e, ultimamente, por incorporar a perspectiva pós-colonial, da qual falamos no primeiro capítulo. Neste livro, ainda não se percebe com clareza a segunda, mesmo que o interesse por mostrar os mecanismos de resistência e sobrevivência em um ambiente hostil atravesse todas as suas páginas. O livro é uma apresentação do primeiro século do processo de nascimento do cristianismo a partir desta perspectiva. Praticamente a segunda metade do livro é dedicada à missão de Paulo no contexto do Império Romano, e destaca precisamente a inter-relação entre ambos e a sobrevivência da *ekklêsia*, mediante a contínua adequação entre a tendência à resistência e à submissão. Ainda que apresente algumas hipóteses que ele finde por não provar e a análise teológica dos temas paulinos seja amiúde superficial, o livro é bem escrito, lê-se com facilidade, e o conjunto resulta sugestivo.

Impresso na gráfica da
Pia Sociedade Filhas de São Paulo
Via Raposo Tavares, km 19,145
05577-300 - São Paulo, SP - Brasil - 2018